Kohlhammer

Die Autorin

Ulrike Funke schloss ihre Ausbildung zur Logopädin 1996 in Heidelberg mit dem Staatsexamen ab und eröffnete zwei Jahre später ihre eigene logopädische Praxis. Ihre Schwerpunkte liegen in der Interaktions- und Sprachanbahnung bei Menschen aus dem Autismus-Spektrum und bei Kindern mit tiefgreifenden Entwicklungsbeeinträchtigungen sowie der Mund- und Esstherapie bei Säuglingen und Kleinkindern. Mithilfe verschiedener Fortbildungen zum Thema Autismus und durch Einbezug weiterer Konzepte zur Kommunikations- sowie Wahrnehmungsförderung entwickelte sie das Therapiekonzept Komm! ASS®. Seit 2014 lehrt sie dies im deutschsprachigen Raum regelmäßig in Fortbildungen und Vorträgen. Das wichtigste Ziel ihrer Arbeit ist das Verstehen der anderen Wahrnehmung sowie der anderen Wahrnehmungsverarbeitung und darauf aufbauend das Ermöglichen eines lebendigen und freudvollen kommunikativen Austausches zwischen Menschen mit und ohne Autismus. 2017 gründete sie ein Autismuszentrum Nahe Heidelberg, welches sie mehrere Jahre leitete. Heute begleitet sie Kinder und ihre Familien in ihrer logopädischen Praxis und gibt ihr Wissen und ihre Erfahrungen an Fachkräfte, Angehörige und Interessierte weiter.

Ulrike Funke

Interaktion und Kommunikation im Autismus-Spektrum

Mit Komm!ASS® Sprache entdecken

2., erweiterte und überarbeitete Auflage

Verlag W. Kohlhammer

Dieses Werk einschließlich aller seiner Teile ist urheberrechtlich geschützt. Jede Verwendung außerhalb der engen Grenzen des Urheberrechts ist ohne Zustimmung des Verlags unzulässig und strafbar. Das gilt insbesondere für Vervielfältigungen, Übersetzungen, Mikroverfilmungen und für die Einspeicherung und Verarbeitung in elektronischen Systemen.

Pharmakologische Daten, d. h. u. a. Angaben von Medikamenten, ihren Dosierungen und Applikationen, verändern sich fortlaufend durch klinische Erfahrung, pharmakologische Forschung und Änderung von Produktionsverfahren. Verlag und Autoren haben große Sorgfalt darauf gelegt, dass alle in diesem Buch gemachten Angaben dem derzeitigen Wissensstand entsprechen. Da jedoch die Medizin als Wissenschaft ständig im Fluss ist, da menschliche Irrtümer und Druckfehler nie völlig auszuschließen sind, können Verlag und Autoren hierfür jedoch keine Gewähr und Haftung übernehmen. Jeder Benutzer ist daher dringend angehalten, die gemachten Angaben, insbesondere in Hinsicht auf Arzneimittelnamen, enthaltene Wirkstoffe, spezifische Anwendungsbereiche und Dosierungen anhand des Medikamentenbeipackzettels und der entsprechenden Fachinformationen zu überprüfen und in eigener Verantwortung im Bereich der Patientenversorgung zu handeln. Aufgrund der Auswahl häufig angewendeter Arzneimittel besteht kein Anspruch auf Vollständigkeit.

Die Wiedergabe von Warenbezeichnungen, Handelsnamen und sonstigen Kennzeichen in diesem Buch berechtigt nicht zu der Annahme, dass diese von jedermann frei benutzt werden dürfen. Vielmehr kann es sich auch dann um eingetragene Warenzeichen oder sonstige geschützte Kennzeichen handeln, wenn sie nicht eigens als solche gekennzeichnet sind.

Es konnten nicht alle Rechtsinhaber von Abbildungen ermittelt werden. Sollte dem Verlag gegenüber der Nachweis der Rechtsinhaberschaft geführt werden, wird das branchenübliche Honorar nachträglich gezahlt.

Dieses Werk enthält Hinweise/Links zu externen Websites Dritter, auf deren Inhalt der Verlag keinen Einfluss hat und die der Haftung der jeweiligen Seitenanbieter oder -betreiber unterliegen. Zum Zeitpunkt der Verlinkung wurden die externen Websites auf mögliche Rechtsverstöße überprüft und dabei keine Rechtsverletzung festgestellt. Ohne konkrete Hinweise auf eine solche Rechtsverletzung ist eine permanente inhaltliche Kontrolle der verlinkten Seiten nicht zumutbar. Sollten jedoch Rechtsverletzungen bekannt werden, werden die betroffenen externen Links soweit möglich unverzüglich entfernt.

2., erweiterte und überarbeitete Auflage 2024

Alle Rechte vorbehalten
© W. Kohlhammer GmbH, Stuttgart
Gesamtherstellung: W. Kohlhammer GmbH, Stuttgart

Print:
ISBN 978-3-17-043583-4

E-Book-Formate:
pdf: ISBN 978-3-17-043584-1
epub: ISBN 978-3-17-043585-8

Inhaltsverzeichnis

Vorwort		11
Herzlichen Dank!		14
1	Einführung	15
	1.1 Was ist Wahrnehmung?	15
	1.2 Jede Wahrnehmung ist einzigartig	15
	1.3 Eine ganz besondere Wahrnehmung	16
	1.4 Diagnose Autismus-Spektrum	18
2	**Wahrnehmung und Wahrnehmungsverarbeitung**	**20**
	2.1 Das vestibuläre Wahrnehmungssystem	22
	2.1.1 Mögliche Auffälligkeiten des vestibulären Wahrnehmungssystems	22
	2.1.2 Hilfen und Übungen zur Verbesserung der vestibulären Wahrnehmung	24
	2.2 Das propriozeptive Wahrnehmungssystem	24
	2.2.1 Mögliche Auffälligkeiten des propriozeptiven Wahrnehmungssystems in Bezug auf Arme, Beine und Kopf	25
	2.2.2 Hilfen und Übungen zur Verbesserung der propriozeptiven Wahrnehmung	27
	2.2.3 Mögliche Auffälligkeiten des propriozeptiven Wahrnehmungssystems in Bezug auf die inneren Organe (viszerale Wahrnehmung)	28
	2.2.4 Hilfen und Übungen zur Verbesserung der viszeralen Wahrnehmung	30
	2.3 Das taktile Wahrnehmungssystem	30
	2.3.1 Mögliche Auffälligkeiten des taktilen Wahrnehmungssystems	32
	2.3.2 Hilfen und Übungen zur Verbesserung der taktilen Wahrnehmung	34
	2.4 Das gustatorische Wahrnehmungssystem	36
	2.4.1 Mögliche Auffälligkeiten des gustatorischen Wahrnehmungssystems	36
	2.4.2 Hilfen und Übungen zur Verbesserung der gustatorischen Wahrnehmung	37
	2.5 Das olfaktorische Wahrnehmungssystem	38

		2.5.1	Mögliche Auffälligkeiten des olfaktorischen Wahrnehmungssystems	38
		2.5.2	Hilfen und Übungen zur Verbesserung der olfaktorischen Wahrnehmung	39
	2.6	Das visuelle Wahrnehmungssystem		39
		2.6.1	Mögliche Auffälligkeiten des visuellen Wahrnehmungssystems	39
		2.6.2	Hilfen und Übungen zur Verbesserung der visuellen Wahrnehmung	41
	2.7	Das auditive Wahrnehmungssystem		42
		2.7.1	Mögliche Auffälligkeiten des auditiven Wahrnehmungssystems	43
		2.7.2	Hilfen und Übungen zur Verbesserung der auditiven Wahrnehmung	44
	2.8	Exkurs: Eine andere Wahrnehmung im Mund, Gesicht und Halsbereich		47
		2.8.1	Nahrungsaufnahme	47
		2.8.2	Mundhygiene	51
		2.8.3	Stimmgebung	53
		2.8.4	Artikulation und Mimik	55

3	**Stimming**			**59**
	3.1	Umgang mit Stimming		60
	3.2	Begleitung bei Overload und Meltdown		64

4	**Fragmentierte versus multimodale Impulsverarbeitung**			**68**
	4.1	Monowahrnehmung		69
	4.2	Polywahrnehmung		70
	4.3	Zentrale Kohärenz und exekutive Funktionen		71

5	**Soziale Kompetenzen**			**76**
	5.1	Erste Fokussierungen und erster Blickkontakt		76
		5.2.1	Mimischer Austausch	79
		5.2.2	Erstes Turn-Taking und einfache (sprachliche) Imitationen	80
		5.2.3	Gemeinsame Aufmerksamkeit, gemeinsame Freude	82
		5.2.4	Triangulationen	82
		5.2.5	Selbstbewusstsein	84
	5.3	Aufbauende soziale Interaktionen		85
		5.3.1	Imitation und (Modell-)Lernen	86
		5.3.2	Symbolspiel	88
		5.3.3	Theory of Mind	90
		5.3.4	Selbstwirksamkeit	91
	5.4	Sprachentwicklung		91

		5.4.1	Zeigegesten und Gesten	91
		5.4.2	Spracherwerb	93

6 Die Therapiebausteine der Komm!ASS®-Therapie 97

6.1 Spezifisch-sensorischer Input 100
    6.1.1 Auswahl der Impulse 101
    6.1.2 Intensität und Dauer der Impulsgebung 102
    6.1.3 Dynamische und hochfrequente Impulsgebung 103
    6.1.4 Bewertung der erfolgten Impulsgebung 105
    6.1.5 Unpassende bzw. nicht entsprechende Impulsgebung 106

6.2 Impulskopplung 108
    6.2.1 Überforderung durch intensive Impulsgebung? 111
    6.2.2 Impulswahrnehmung auf Angebote erweitern, die wohltuend sind 112
    6.2.3 Impulswahrnehmung auf Angebote erweitern, die nicht im Fokus stehen oder Unbehagen auslösen 113

6.3 Variationen 114
    6.3.1 Variationen im Therapieablauf 116
    6.3.2 Variationen schützen vor Überforderung 117
    6.3.3 Variationen ermöglichen neue Schritte 117
    6.3.4 Variationen ermöglichen die Übertragung in den Alltag 119

7 Das gemeinsame Spiel entdecken 122

7.1 Anleitung zum gemeinsamen Spiel 124
    7.1.1 Einstieg in das gemeinsame Spiel 126
    7.1.2 Weiterer Verlauf beim gemeinsamen Spiel ... 127

7.2 Frühe Interaktion ermöglichen 128
    7.2.1 Gemeinsame Aufmerksamkeit ermöglichen, gemeinsame Freude erleben 130
    7.2.2 Blickkontakt und mimischen Austausch ermöglichen 131
    7.2.3 Turn-Taking und einfache Imitationen ermöglichen 134
    7.2.4 Selbstbewusstsein stärken 137
    7.2.5 Wechsel der Aufmerksamkeit und Triangulationen ermöglichen 140

7.3 Aufbauende soziale Interaktion ermöglichen 142
    7.3.1 Imitationen und (Modell-)Lernen ermöglichen 143
    7.3.2 Symbolspiel erleben 145
    7.3.3 Andere mit ihren Bedürfnissen wahrnehmen 146

		7.3.4	Theory of Mind ermöglichen	149
		7.3.5	Selbstwirksamkeit erleben	149
	7.4		Weitere Zielsetzungen	150
		7.4.1	Neue Impulse zulassen, neue Dinge erleben	150
		7.4.2	Warten lernen	152
		7.4.3	Motorische Fähigkeiten stärken	153
	7.5		Anbahnung von (Zeige-)Gesten	155
		7.5.1	Gesten	155
		7.5.2	Zeigegesten	156
8	**Gebärden**			**157**
	8.1		Auswahl der Gebärdensysteme	158
	8.2		Auswahl des Gebärdenwortschatzes	158
	8.3		Hilfen für die Einführung von Gebärden	159
	8.4		Gebärden erleichtern den Einstieg in die gesprochene Sprache	163
9	**Sprache und Sprachanbahnung**			**164**
	9.1		Hilfen für den Einstieg und die Festigung von Laut- und Sprachimitation	165
	9.2		Auswahl der Laute und Worte	167
	9.3		Stimmmodulationen	169
	9.4		Visuelle, taktile und propriozeptive Hilfen zur Lautbildung	169
	9.5		Sprache, Sprechen und Handeln zeitgleich	170
	9.6		Mit Sprache weitere Handlungen erlernen	173
10	**Emotionen und Empathie**			**175**
	10.1		Haben Autisten Gefühle?	177
	10.2		Die eigenen Emotionen verstehen	177
	10.3		Empathie verstehen lernen	178
11	**Die ersten Stunden – Therapieeinstieg**			**181**
	11.1		Struktureller Ablauf einer Therapiestunde	181
	11.2		Inhaltlicher Ablauf einer Therapiestunde	182
	11.3		Die erste Stunde	185
		11.3.1	Erstkontakt mit dem Kind	186
		11.3.2	Anamnese	192
		11.3.3	Aufklärung der Eltern	193
	11.4		Dokumentation der (ersten) Stunde/n	194
	11.5		Therapieplanung	195
12	**Entwicklungsverläufe**			**197**
	12.1		Neue Fähigkeiten zu Lasten von bereits Gelerntem	198
	12.2		Neue Fähigkeiten führen zu neuen Belastungen	198

	12.3	Bildung des Selbstbewusstseins und der Selbstwirksamkeit	199
		12.3.1 Aktive Abwehr	201
		12.3.2 Aktives gemeinsames Spiel	202
		12.3.3 Bedürfnisbefriedigung – das eigene Wohl steht im Fokus	203
		12.3.4 Provokation	203
		12.3.5 Schauspiel	204
		12.3.6 Explorations- und Entdeckerphase	204
		12.3.7 Besondere Konfliktsituationen bei der Identitätsentwicklung	207
	12.4	Therapiedauer	209
13		**Ergänzungen für Therapeutinnen**	**211**
	13.1	Die ersten Stunden für Therapeutinnen	211
	13.2	Multi-Tasking für Therapeutinnen	213
	13.3	Rituale	213
	13.4	Emotionale Therapiearbeit	214
	13.5	Belastende Therapiearbeit	215

Nachwort ... **216**

Literaturverzeichnis ... **217**

Stichwortverzeichnis ... **219**

Anhang

Befundbogen			**223**
	1	Eine andere Wahrnehmung?	223
	2	Die Wahrnehmungssysteme	225
	3	Multimodale Impulsverarbeitung	230
	4	Interaktion und Kommunikation	231

Zusatzmaterial zum Download ... **235**

Vorwort

Eine Herzensangelegenheit für mich, die Begleitung von Menschen aus dem Autismus-Spektrum.

Ich freue mich sehr, dass ich die Gelegenheit bekommen habe, das folgende Buch zum Therapiekonzept Komm!ASS® überarbeiten zu dürfen. In den letzten Jahren hat sich nicht nur das Verständnis in Bezug auf das Autismus-Spektrum verändert, sondern es hat sich auch ein achtsameres Bewusstsein für sprachliche Formulierungen entwickelt u. a. bei der Klassifizierung von Krankheiten, der Beschreibung der Besonderheiten besonders in Hinblick auf Diversität. Ich bin dankbar, dass ich auch den Buchtitel an diese Veränderungen angleichen durfte. Bei den Beschreibungen habe ich so oft wie möglich auf Begriffe wie Störung verzichtet und zudem die Stärken und die Ressourcen nochmals mehr in den Fokus gerückt. Auch der Begriff des »Führens«, der in der Erstausgabe noch im Untertitel zu finden war, wurde ersetzt. »Gemeinsames Spiel ermöglichen« mithilfe von achtsamem Lenken der Aufmerksamkeit auf wohltuende und regulierende Impulse entspricht dem/meinem aktuellen Verständnis deutlich besser. Dabei ist das Lenken nicht als Teil einer Anpassungsleistung zu verstehen, sondern soll vielmehr Sicherheit bieten und positives Erleben ermöglichen. Auch einige Fallberichte wurden angepasst und ausgetauscht, auch hier zeigt sich ein veränderter Blickwinkel, aber vielmehr auch das Wissen, welche Hilfen zu Beginn wirklich zielführend sind und welche erst zu einem späteren Zeitpunkt an Bedeutung gewinnen.

Der Blick auf die besondere Wahrnehmung der Menschen mit Autismus ist weiterhin mein wichtigster Fokus. Ich bin bemüht, dieses Wissen auch in den nächsten Jahren stetig zu erweitern. Ich wünsche mir, dass es besser möglich wird, die Wahrnehmung und die weitere Verarbeitung so zu verändern, dass Lernverhalten und insbesondere die Interaktion leichter fallen. Vor allem wünsche ich mir, dass die Belastungen der autistischen Menschen im Alltag verringert und die positiven Impulse gestärkt werden können.

Das »Komm« in Komm!ASS® steht einerseits für Kommunikation, andererseits aber auch für »Komm her!«, »Komm mit!« oder »Komm, wir machen das zusammen!« Das Kind darf Unterstützung und Bestärkung erfahren sowie Interaktion als eine Bereicherung erleben.

»Komm! Wir machen das«

Seit 2014 gebe ich mein Wissen im deutschsprachigen Raum regelmäßig in Fortbildungen und Vorträgen an Kolleginnen und Interessierte weiter, an alle, die mit Menschen mit Autismus leben oder arbeiten. Jede Diskussion,

Vorwort

Anregung und auch Kritik waren immer wieder Anstoß, differenzierter hinzuschauen und somit das Konzept weiterzuentwickeln.

Zielgruppe Komm!ASS® wurde für Menschen mit Autismus entwickelt, aber auch weitere Personengruppen profitieren davon:

- Menschen mit Syndromen, bei denen ebenfalls eine andere Wahrnehmung und Wahrnehmungsverarbeitung vorliegt (z. B. Down-Syndrom, Fetales-Alkohol-Syndrom, ADS/ADHS).
- Menschen, welche eine funktionelle Behinderung eines Sinnesbereichs aufweisen, benötigen multimodale Therapiekonzepte, um die anderen Systeme optimal nutzen und verknüpfen zu können: Personen mit schwergradigen Hör- oder Sehbeeinträchtigungen, körperlichen Behinderungen u. ä.
- Menschen mit eingeschränkter Konzentrationsspanne
- Menschen mit Regulationsschwierigkeiten
- Menschen mit Mutismus und weiteren isolierten Interaktionsschwierigkeiten zeigen mithilfe dieser Therapie ein gestärktes Selbstbewusstsein sowie in Stresssituationen flexiblere Reaktionen. So kann es gelingen, folgend ihre kommunikativen Fähigkeiten besonders im Alltag zu erweitern.

Mein Wunsch, Kindern und Eltern zu helfen und diese Erkenntnisse weiterzutragen, ist der Motor für meine tägliche Arbeit. Mit jeder Begegnung lerne ich das Spektrum Autismus besser zu verstehen.

Autismus verstehen Autismus verstehen, heißt erkennen, dass das beobachtbare Verhalten der Kinder, Jugendlichen und Erwachsenen eine notwendige und logische Reaktion ihrer anderen Wahrnehmung und Wahrnehmungsverarbeitung ist.

Ich möchte Sie einladen, sich auf diese Sichtweise und auf neue Unterstützungsmöglichkeiten sowie ein intensives Miteinander mit Menschen aus dem Autismus-Spektrum einzulassen.

Noch einige Anmerkungen vorab:

Menschen, die mit Personen aus dem Autismus-Spektrum arbeiten oder leben, sollen mit diesem Buch Erklärungen und Hilfen bekommen, um die Betroffenen besser verstehen und unterstützen zu können.

Komm!ASS® erleben Dieses Buch kann jedoch nur einen Teil dieser Überzeugungen und der praktischen Arbeit von Komm!ASS® vermitteln. Falls Sie Komm!ASS® erleben möchten, darf ich Sie einladen, eine Fortbildung zu besuchen oder persönlich mit mir Kontakt aufzunehmen. Erläuterungen in Präsenz in direktem Kontakt und bewegte Bilder können keine noch so ausführliche Erläuterung ersetzen.

Ich spreche vorwiegend von dem Kind mit Autismus oder dem autistischen Kind. Der Komm!ASS®-Ansatz ist jedoch gleichermaßen für erwachsene Menschen im Autismus-Spektrum geeignet. Bei den Übungen und Hilfen ist das sozial-emotionale Entwicklungsalter maßgebend; zusätzlich die sensorischen und motorischen Fähigkeiten, die Kognition und die Regulationsfähigkeiten.

Den Befundbogen im Anhang gibt es auch zum Download. Den Link dazu finden Sie im Anhang.

Aufgrund der besseren Lesbarkeit wird in diesem Buch die weibliche Form verwendet, diese bezieht sich immer zugleich auf weibliche, männliche und diverse Geschlechteridentitäten.

Hirschberg, Frühjahr 2024
Ulrike Funke

Herzlichen Dank!

Viele Menschen haben mich auf meinem Weg begleitet und haben deshalb großen Anteil an diesem Konzept und all dem, was sich daraus entwickeln durfte.

Einige haben mich (beruflich) in den letzten Jahren besonders inspiriert und unterstützt:

Yvonne, Julia, Silke, Johanna, Södje, Anke, Christine, Frank, Pia, Constanze… all meine Kolleginnen in der Praxis und im fachlichen Austausch. Sie unterstützen mich bei der aktiven Arbeit und ermöglichen mir Zeit für Fortbildungen und Studien. Die Absprachen zwischen den Therapien und den Lehrveranstaltungen motivieren mich immer wieder weiterzudenken und Dinge nochmals zu überarbeiten. Sie sind verantwortlich für neue Ideen, aber auch weitere Recherchen. Sie sind immer für mich da, wir diskutieren und reflektieren. Dank ihnen gelingt es mir, das Spektrum Autismus immer besser zu verstehen. Einen besonderen Dank an Anke für das mehrmalige Probelesen der überarbeiten Ausgabe und über die vielen kleinen Ergänzungen und Anmerkungen. Ich bin sehr dankbar für all diese Unterstützungen!

Danke an den Kohlhammer Verlag für die Möglichkeit, dieses Buch zu veröffentlichen und für die Unterstützung durch meine Lektorinnen. Danke auch an all die Leserinnen für die Rückmeldungen zur 1. Auflage dieses Buches. Es ist für mich heute noch immer unglaublich, wie viele Bücher verkauft und gelesen werden und wie viele Menschen ich so erreichen darf.

Herzlichen Dank auch an alle Menschen mit Autismus und ihre Angehörigen, für das Vertrauen, sich auf uns und unsere Arbeit einzulassen. Wir können gemeinsam das Abenteuer Interaktion erleben und zusammen neue Wege gehen. Die Bereitstellung von Fotos und Videomaterialien für Vorträge, Fortbildungen, Veröffentlichungen und zu Forschungszwecken sind unersetzlich. Danke für die unzähligen Erlebnisse und Geschichten!

Ganz besonderen Dank, immer und immer wieder von Herzen, an meinen Mann Peter, der mich mit seiner ruhigen Art immer wieder erdet, unterstützt und motiviert und der stets an mich glaubt. Du erlaubst es mir, so viele Tage im Jahr unterwegs zu sein und andere für diese Arbeit und diese Sichtweise zu begeistern. Im gleichen Atemzug danke an Ronny, auch du bestärkst mich immer wieder, wie wichtig diese Arbeit ist.

1 Einführung

1.1 Was ist Wahrnehmung?

Wahrnehmung und die folgende Wahrnehmungsverarbeitung sind ein aktiver, selektiver und konstruktiver Prozess. Die Informationen in Bezug auf den eigenen Körper und der umgebenden Umwelt müssen identifiziert, weitergeleitet, koordiniert und im Gehirn mit bereits gespeicherten Informationen verknüpft werden.

Dabei erfolgt die Aufnahme der Impulse über die Rezeptoren des spezifischen Sinnesorganes. Diese Informationen werden an das Gehirn weitergeleitet und in den jeweiligen Zentren der Großhirnrinde abgespeichert. Das Wahrgenommene wird dann mit bereits erworbenem Wissen verglichen, daraufhin erfolgt die Auswahl sowie Bewertung der Impulse und ggf. die Koordination und Verknüpfung in verschiedenen Gehirnarealen. Das folgende beobachtbare Verhalten ist somit auch eine Folge der Wahrnehmung und deren Verarbeitung.

1.2 Jede Wahrnehmung ist einzigartig

Der Prozess der Wahrnehmungsverarbeitung ist bei jedem Menschen einzigartig und individuell. Wahrnehmung ist eine subjektive Sicht auf die Wirklichkeit und jede Person nimmt ihre Wirklichkeit anders und somit ganz besonders wahr.

Wahrnehmung ist individuell

So können z. B. Berührungen, welche von einer Person bevorzugt werden, bei einer anderen Person Schmerzen auslösen. Bestimmte Musikstücke oder Geräusche werden von manchen Menschen als angenehm empfunden, für einige sind sie unangenehm oder nicht auszuhalten.

Die Wahrnehmung kann zudem variieren, je nach Tagesform, Gesundheitsstand, Stressbelastung und dem allgemeinen (Wohl-)Befinden. Bilder, welche an manchen Tagen faszinieren, wirken in anderen Situationen beängstigend. Musik, deren Rhythmus gestern als positiv anregend empfunden wurde, hört und fühlt sich am nächsten Tag vielleicht unangenehm an. Viele verschiedene Faktoren wirken sich auf den Prozess und das Ergebnis der Informationsaufnahme, der Bearbeitung und Bewertung von Impulsen aus.

Wahrnehmung ist variabel

> **Gut zu wissen: Migräne – eine kurzzeitig veränderte Wahrnehmung**
>
> Einige der Autismus-Symptome ähneln denen einer akuten Migräneattacke: Ein erhöhtes Druckgefühl im Kopf, eine Überempfindlichkeit des vestibulären, des visuellen oder auditiven Systems, eine erhöhte gustatorische und olfaktorische Sensibilität sowie weitere Symptome sorgen dafür, dass einige Informationen aus der Umgebung kaum, andere besonders intensiv wahrgenommen werden.
>
> Die Betroffenen möchten sich am liebsten in einen dunklen Raum zurückziehen, jede Aufgabe, jeder Austausch wird, wenn möglich, vermieden. Die stark belastenden unterschiedlichen Symptome vergehen im Laufe eines oder mehrerer Tage mit ausreichender Erholungszeit. Medikamente können die Schmerzen und weitere begleitende Symptome der Migräne lindern. Bald reagiert der Körper wieder wie gewohnt auf die unterschiedlichen Impulse, anstehende Aufgaben können bewältigt werden und auch Wohlbefinden und Freude sind wieder erlebbar.

Erfahrungen prägen die Wahrnehmung

Auch die eigenen Erfahrungen, Erlebnisse und Lernprozesse verändern die persönliche Wahrnehmung. Sie haben Einfluss darauf, ob und wie eine Information wahrgenommen wird und welche Reaktionen diese auslöst. Essen, was in jungen Jahren als wohlschmeckend eingestuft wurde, wird im Erwachsenenalter nur noch ungern gegessen, Aktivitäten, die einst Freude bereiteten, lösen nun vielleicht Angst aus. Besonders der Prozess der Selektion und welche Informationen als bedeutungstragend eingestuft werden, beeinflusst die weitere Handlung oder die folgenden Reaktionen.

1.3 Eine ganz besondere Wahrnehmung

»[Autistische Menschen] nehmen nicht nur viel mehr Reize bewusst wahr als nichtautistische Menschen, sondern reagieren auch anders, weil in ihrem Gehirn ein anderes Modell der Welt entsteht, auf das sie dann mit einem anderen, für die Umgebung unerwarteten Verhalten reagieren.[…] Sie werden mein Verhalten nicht einordnen können und als komisch oder gar abartig empfinden. Dass es innerhalb meines Systems ein korrektes Verhalten ist, spielt keine Rolle mehr« (Vero, 2014, S. 21 f.).

Ein Leben in Extremen

Die Wahrnehmung und damit die Aufnahme und Verarbeitung von Sinnesinformationen ist bei Menschen mit Autismus besonders. Im Vergleich zu den Empfindungen von neurotypischen Menschen werden viele Informationen entweder kaum wahr- oder aufgenommen (Hyposensibilität) oder besonders intensiv gespürt (Hypersensibilität). Abstufungen zwischen den beiden gegensätzlichen Intensitäten sind kaum zu beobachten, so dass entweder eine Unterstimulation oder eine Überstimulation des zentralen Nervensystems vorliegt. Für die Betroffenen bedeutet dies ein Leben in Extremen.

Ob in einer bestimmten Situation eine Hypo- oder Hypersensibilität für einen bestimmten Wahrnehmungsbereich vorliegt, lässt sich zum Teil schwer erkennen. Ist das gezeigte Verhalten eine Vermeidung eines Impulses oder ist es die intensive Suche nach dem gegensätzlichen Impuls? So kann das bei einer Überforderung gezeigte feste Schlagen auf die Ohren anzeigen, dass eine bestimmte auditive Information ausgeblendet werden soll, zugleich kann diese Handlung aber auch einer Suche nach einem starken Druck auf das Ohr und das Trommelfell zugeordnet werden. Die Beobachtung ähnlicher Situationen und der Vergleich, bei welchem Impuls, mit welcher Intensität eine Reaktion erfolgt, erfordert eine differenzierte Betrachtungs- und Vorgehensweise.

> »Bereits seit längerem weiß man, dass Menschen mit autistischen Störungen in allen Sinnessystemen empfindlicher reagieren können oder Wahrnehmungen anders empfinden können als nicht autistische Menschen. [...] Es fanden sich statistisch hochsignifikante Unterschiede: Die autistischen Kinder hatten im Durchschnitt eine mehr als doppelt so hohe Überempfindlichkeit. Es traten aber auch doppelt so häufig Unterempfindlichkeiten gegenüber Schmerzen auf« (Jansen & Streit, 2015, S. 221 f.).

Durch die kaum vorhandenen Abstufungen in der Bewertung und somit einem häufigen Erleben von Extremen kann es sein, dass eine leicht veränderte Information (evtl. eine Variation der Frequenz) eine völlig gegensätzliche Reaktion auslöst. Für Außenstehende erscheint dies oft widersprüchlich oder willkürlich. Erst mithilfe genauer Beobachtung und einem Verstehen der individuellen Wahrnehmungsbesonderheiten werden passende Hilfen möglich.

Scheinbar widersprüchliche Wahrnehmungsbesonderheiten

> **Gut zu wissen: Ähnliche Informationen können zu »scheinbar« gegensätzlichen Reaktionen führen**
>
> Ein Beispiel: Im Mundbereich kann der vordere Teil der Zunge eine Hyposensibilität gegenüber sanften Berührungsimpulsen aufweisen. Andererseits wird dort eine starke Druckinformation gesucht, infolgedessen wird das Essen regelrecht in den Mund gestopft. Im hinteren Zungenbereich werden jegliche Impulse als unangenehm wahrgenommen und bereits beim Gebrauch der Zahnbürste auf den mittleren oder hinteren Molaren wird der Würgereiz ausgelöst.
>
> Auch auf den gesamten Körper bezogen zeigen sich diese scheinbar widersprüchlichen Reaktionen. Es kann sein, dass Betroffene auf sanfte Berührungen sehr empfindlich reagieren und sie als schmerzhaft wahrnehmen. Andererseits genießen sie starke Impulse, wie eine Massage mit einem Ball oder das feste Ausstreichen der Haut mithilfe der Fingerknöchel.
>
> Auch beim Hören ist es möglich, dass bereits bei einer geringen Lautstärke eine bestimmte Sprechstimmlage, wie eine besonders hohe

> Frauenstimme, als unangenehm oder sogar schmerzhaft empfunden wird. Ein tiefer, aber doch deutlich lauterer Ton wird hingegen positiv bewertet, wie z. B. das Brummen eines Motors.

Verstehen und begegnen

Bei der Arbeit mit neurodiversen Menschen aus dem Spektrum ist erlebbar, wie anders die Wahrnehmung ist, im Gegensatz zur Wahrnehmung neurotypischer Menschen. Trotzdem ist ein gegenseitiges Verstehen möglich. Es gilt, Gemeinsamkeiten und Unterschiede zu finden und mithilfe dieses Wissens und einer intensiven Beobachtung das gezeigte Verhalten besser nachzuvollziehen und das Angebot darauf abzustimmen: Impulse, die keine oder negative Reaktionen auslösen, sollten vermieden werden. Vor allem aber sollten Impulse und Materialien ausgewählt werden, die eine positive Antwort erkennen lassen, um freudvolle Begegnungen sowie lebendiges Miteinander in Therapie und Alltag zu ermöglichen und um eine tragfähige Beziehung aufzubauen.

1.4 Diagnose Autismus-Spektrum

»Autismus ist eine komplexe und vielgestaltige neurologische Entwicklungsstörung. Häufig bezeichnet man Autismus bzw. Autismus-Spektrum-Störungen auch als Störungen der Informations- und Wahrnehmungsverarbeitung, die sich auf die Entwicklung der sozialen Interaktion, der Kommunikation und des Verhaltensrepertoires auswirken« (Autismus Deutschland e. V., 2018, Absatz 1).

Autismus im ICD-11

Das Wissen, dass Autismus ursächlich eine andere Wahrnehmung und Wahrnehmungsverarbeitung zugrunde liegt, hat sich erst in den letzten Jahren verbreitet und findet in der neueren Fachliteratur zunehmend Beachtung. Im ICD-11 ist Autismus unter dem Begriff Autismus-Spektrum-Störung (ASS) zusammengefasst. Das Autismus-Spektrum ist laut ICD-11 gekennzeichnet durch anhaltende Defizite, die die Fähigkeit betreffen, wechselseitig soziale Interaktionen und soziale Kommunikation anzustoßen und aufrechtzuerhalten. Kennzeichnend sind auch verschiedene einschränkende, sich wiederholende und unflexible Verhaltensmuster, Interessen und Aktivitäten. Diese sind für das Alter und den soziokulturellen Kontext der Person eindeutig untypisch oder exzessiv.[1]

Eine Einteilung innerhalb des Spektrums erfolgt in Bezug auf die unterschiedlichen Bereiche wie intellektuelle Entwicklung oder funktionel-

---

[1] Eigene Übersetzung aus dem Englischen der Definition von »Autism spectrum disorder« nach ICD-11 (Word Health Organization, 2018). Die WHO ist nicht verantwortlich für den Inhalt oder die Richtigkeit dieser Übersetzung. Im Falle von Unstimmigkeiten zwischen der englischen Fassung und der Übersetzung ist die englische Originalfassung die verbindliche und authentische Fassung.

ler Sprache, durch eine Bewertung von Schweregraden (leicht, mittelschwer, schwer, ausgeprägt, vorläufig). Die Schwierigkeiten der sozialen Fähigkeiten, als ein zentrales Merkmal im Autismus, werden dabei stets als gegeben vorausgesetzt.

Zu den Besonderheiten in der Wahrnehmung gehören eine Über- bzw. Unterempfindlichkeit »[...] gegenüber Geräuschen, Lichtverhältnissen, Temperaturen, Schmerzen, Textilien, Körperberührungen oder Geschmacksstoffen.« (Theunissen, 2016, S. 21).

Die Erkenntnis, dass eine andere Wahrnehmung Ausgangspunkt und auch Symptom im Autismus-Spektrum ist, sollte jedoch nicht nur in der Diagnostik und in der Beschreibung Beachtung finden, sondern insbesondere Auswirkungen auf die Bereiche Therapie, Begleitung und Alltagsgestaltung von Menschen mit Autismus haben.

<small>Neue Betrachtungen verändern die Therapie(-ziele)</small>

> »In vielen Einrichtungen für autistische Menschen setzen Therapien weiterhin beim Verhalten autistischer Menschen an. Das Verhalten ändern zu wollen, egal, wie störend es sein mag, macht aber keinen Sinn, denn es ist das richtige Verhalten auf eine andere Wahrnehmung. Wenn ein autistischer Mensch besser in der Gemeinschaft und damit auch im (Arbeits-)Leben zurechtkommen möchte, dann müssen er und seine Umgebung genau das verstehen und dann versuchen, an seinem Modell der Welt, sprich an seiner Wahrnehmung, zu arbeiten« (Theunissen, 2016, S. 113).

Komm!ASS® stellt einen Therapieansatz dar, der das Erkennen und Verstehen der neurodiversen Wahrnehmung, der spezifischen Wahrnehmungsbesonderheiten und der daraus resultierenden Verhaltensweisen als Ausgangspunkt für jegliche Intervention versteht.

<small>Wahrnehmung als Ausgangspunkt</small>

Eine nicht-defizitäre, sondern eine ressourcenorientierte Sichtweise beachtet und wahrt die Individualität, verbessert Unterstützungsmöglichkeiten sowie die Lebensqualität.

Im Folgenden wird zunächst isoliert auf die einzelnen Wahrnehmungsbereiche eingegangen. Im weiteren Verlauf werden die Schwierigkeiten sowie Möglichkeiten in Bezug auf vielfältige und multimodale Wahrnehmungsverarbeitung erläutert. Mit dem Ziel die Informations- und Wahrnehmungsverarbeitung positiv zu beeinflussen, um die Belastungen im Alltag zu mindern und um wechselseitige Interaktion und Kommunikation zu ermöglichen.

2 Wahrnehmung und Wahrnehmungsverarbeitung

Die Informations- oder Impulsaufnahme erfolgt über die Sinne. Es wird unterschieden zwischen den Sinnen und Sinnessystemen, welche Impulse in Bezug auf den eigenen Körper bieten, (Körper- oder Nahsinne), sowie denen, die Informationen über die Umwelt vermitteln (Fernsinne). Bei genauerer Betrachtung gibt es hier zum Teil Überschneidungen. So kann z. B. eine visuelle Information etwas über die Beschaffenheit oder die Form eines Gegenstandes aussagen und zugleich einen besonderen Stimulus für die Betrachtende bieten. So ist der Blick auf einen sich drehenden Kreisel, je nach Intensität, eher ein Impuls in Bezug für die vestibuläre Wahrnehmung als eine Information über den Kreisel. Um Kinder im Autismus-Spektrum zu verstehen, ist es wichtig, darauf zu achten, welche Information welche Reaktion auslöst und auf welchem Wahrnehmungssystem diese Reaktion begründet ist.

Die Betrachtung der physiologischen Entwicklung der Sinnessysteme beim Neugeborenen oder Säugling kann helfen einige Besonderheiten besser zu verstehen. Zu Beginn der kindlichen Entwicklung erfolgen die ersten Differenzierungen zumeist vom Groben ins Feine, also von besonders starken Kontrasten und am Körper gut spürbaren Impulsen zu differenzierten und sich erst im weiteren Verlauf entwickelnden nochmals differenzierteren Systemen.

Die folgenden Bereiche betreffen die Nahsinne, sie verarbeiten meist intensive, eindeutige und gut spürbare Informationen. Sie werden bereits früh in der embryonalen Entwicklung angelegt und haben auch in den ersten Wochen und Monaten der Kindesentwicklung eine wichtige Bedeutung für die gesamte Entwicklung:

- das propriozeptive Wahrnehmungssystem mit dem viszeralen Wahrnehmungssystem
- das vestibuläre Wahrnehmungssystem

Die folgenden Systeme sind bereits deutlich spezifischer und differenzierter, sie sind bald weitere wichtige Informationsträger:

- das taktile Wahrnehmungssystem mit dem thermischen Wahrnehmungssystem
- das gustatorische Wahrnehmungssystem

Grundlage Körpersinne — Ein gut ausgebildetes Gefühl für den eigenen Körper und somit integrierte sowie aufeinander abgestimmte Wahrnehmungsbereiche bilden die Grundlage für eine gute Gesamtentwicklung des Kindes.

Wenn das Kind sich mithilfe der Körpersinne selbst spüren kann, wenn es sich sicher fühlt, es »satt und warm« versorgt ist, wird es offen für einen Austausch mit dem Gegenüber. Wenn dieser Kontakt mit dem Erleben weiterer wohltuender Impulse gekoppelt ist, wird sich daraus Beziehung entwickeln.

Vom »Ich« zum »Du«

Mithilfe der Fernsinne werden bald auch Informationen der umgebenden Umwelt verarbeitet. Hier erfolgt die Informationsaufnahme zumeist ohne einen direkten Körperkontakt mit dem wahrgenommenen Gegenstand bzw. der Information. Die Verarbeitung der Fernsinne ist eine wichtige Voraussetzung für komplexe, höhere Leistungen:

- das olfaktorische Wahrnehmungssystem
- das visuelle Wahrnehmungssystem
- das auditive Wahrnehmungssystem

Die Fernsinne verhelfen zu einem Bild von der Umgebung, von Abläufen im Umfeld und auch von dem, was ggf. als Nächstes passieren könnte. Auf die Überschneidungen, dass ein »Fernsinn« zum Teil auch einen körperlichen Stimulus bietet, wie bei der engen Verbindung des vestibulären und des visuellen Wahrnehmungssystems, wird im Weiteren gesondert hingewiesen.

Fernsinne erweitern das Wissen

> **Gut zu wissen: Die Begriffe Haptik und haptische Wahrnehmung in der sensorischen Integration**
>
> Die haptische Wahrnehmung bezeichnet das aktiv tastende oder begreifende Erkunden der Umwelt. Dies umfasst Informationen aus dem propriozeptiven wie auch dem taktilen Wahrnehmungssystem und bezieht somit auch viszerale sowie thermische Impulse mit ein.
>
> Die passive Aufnahme mechanischer sowie thermischer Informationen wird dem gegenüber oft als taktile Wahrnehmung bezeichnet und beschreibt das Erleben eines Druckes von außen oder auch einer Berührung von einer anderen Person. Teilweise wird bei dieser Einteilung die propriozeptive der taktilen Wahrnehmung zugeordnet.
>
> Im vorliegenden Buch bezieht sich der Begriff taktile wie auch propriozeptive Wahrnehmung sowohl auf das aktive Erkunden als auch auf das passive Erleben von Impulsen. Die beiden Systeme werden zwar isoliert beschrieben, aber es gilt zu beachten, dass die Übergänge fließend sind.

Die tiefgreifenden Besonderheiten der Wahrnehmung sowie der weiteren Verarbeitung der verschiedenen Sinnessysteme werden als sensorische Integrationsstörungen bezeichnet. Im Folgenden werden die jeweiligen Wahrnehmungssysteme sowie die Auffälligkeiten von Menschen im Autismus-Spektrum beschrieben, anschließend werden mögliche Hilfen aufgeführt.

Jedoch sind nicht alle »Auffälligkeiten« (besonders isoliert gesehen) auch behandlungsbedürftig. Eine Vielzahl von Verhaltensweisen sind einfach nur

Jeder Mensch ist besonders

»anders« und entsprechend sollte den Kindern hier mit Toleranz und Verständnis begegnet werden. Ob ein neurodiverser Mensch z. B. zur Beruhigung dem Schleudern der Wäschetrommel zuschaut oder ob die neurotypische Person den Wellengang am Meer oder einen Sonnengang betrachtet, macht kaum einen Unterschied. Aber bereits hier wäre ein besseres Verständnis für die jeweiligen Besonderheiten und Interessen hilfreich, um Kindern, Jugendlichen und Erwachsenen weitere spannende Angebote zu präsentieren, bei denen ihre »Sicht der Welt« Beachtung findet.

2.1 Das vestibuläre Wahrnehmungssystem

Bei der vestibulären Wahrnehmung erfolgt die Aufnahme der Informationen über die Gleichgewichts- und Gravitationsrezeptoren. Das vestibuläre System sitzt im Innenohr und ermöglicht es, Gleichgewicht und Körperhaltung zu wahren. Eine isolierte Betrachtung eines einzelnen Wahrnehmungssystems ist vor allem bei vestibulären Impulsen unzureichend, da das Zusammenspiel mit den anderen Bereichen hier besonders vielfältig ist.

> »Probleme mit dem Gleichgewichtssinn wirken sich [nämlich] auf sämtliche andere Funktionen aus« (Goddard Blythe, 2005, S. 103).

> »Lange bevor das Gehirn visuelle und auditive Reize verarbeitet, nimmt es Gleichgewichtsreize wahr und reagiert darauf. Diese vestibuläre Aktivität ist einer der Bausteine, auf den später die Entwicklung des Sehens und Hörens aufbauen kann« (Ayres, 2016, S. 89).

2.1.1 Mögliche Auffälligkeiten des vestibulären Wahrnehmungssystems

Folgendes Verhalten ist bei vorwiegender Hyposensibilität zu beobachten – zumeist verbunden mit einer intensiven Impulssuche:

- Häufiges selbststimulierendes Wiegen und Schaukeln des Oberkörpers
- Schaukeln/»Kippeln« mit dem Stuhl
- Das Kind liebt es hochgenommen oder hochgeworfen zu werden – häufiges Einfordern von »Engelchen flieg« oder »Reitspielen«.
- Trampolin, Schaukel oder Karussell werden intensiv genutzt; ein Aufhören ist kaum möglich.
- Ständiger Bewegungsdrang der Kinder
- Plötzliches Aufstehen, häufiges Wechseln in den Zehenspitzengang, Drehen um die eigene Achse oder schnelle (Wechsel-)Bewegungen des gesamten Körpers

Auch nächtlicher Bewegungsdrang

2.1 Das vestibuläre Wahrnehmungssystem

- Verharren mit dem Kopf nach unten oder starkes Hin- und Herschlagen des Kopfes

Wichtig: Intensive visuelle Impulse können auch eine Anregung für das vestibuläre System sein, wie das längere und nahe Betrachten eines Kreisels oder von Lichtspielen mit starken Kontrasten!

Folgendes Verhalten ist bei vorwiegender Hypersensibilität zu beobachten, zumeist verbunden mit einer Impulsvermeidung:

Passivität ist keine »Faulheit«

- Schon geringe vestibuläre Impulse lösen Unbehagen oder Panik aus.
- Kaum Lageveränderungen: Wenn das Kind eine Position eingenommen hat, verharrt es darin über einen längeren Zeitraum. Schon als Säugling reagieren die Kinder mit Schreien oder sich Versteifen, wenn sie hochgenommen werden oder wenn sie auf dem Arm leicht geschaukelt werden.
- Bewegungsunmut: Bewegungen werden vermieden oder nur langsam ausgeführt. Die Kinder kommen spät oder nicht in Bewegung, kaum Robben und Krabbeln, spätes Laufen.
- Bewegungsangebote wie Trampolin, Schaukel oder Rutsche werden abgelehnt.

Wichtig: Visuelle Impulse können auch zu einer Übererregung des vestibulären Systems führen, u. a. beobachtbar bei Übelkeit und Erbrechen beim Autofahren oder auch beim Fernsehen!

Abb. 2.1: Beim Schaukeln zielgerichtete Aufgaben bewältigen können

2.1.2 Hilfen und Übungen zur Verbesserung der vestibulären Wahrnehmung

Positiv wahrnehmbare vestibuläre Impulse anbieten:

Balanceübungen

- Schaukeln in verschiedenen Grundpositionen und in verschiedene Richtungen: sitzend, stehend oder auf dem Bauch bzw. Rücken liegend; vorwärts, rückwärts und seitlich, mit teilweise schnellem Anhalten oder Richtungsänderungen; bäuchlings auf einem Pezziball vor- und zurückrollen
- Balancieren auf Bänken und Wackelbrett; Sitzen auf dem Wackelkissen
- Drehen in der Affenschaukel bzw. auf dem Drehstuhl oder »Kreisel« spielen, um die eigene Achse drehen; Rollübungen auf der Matte oder seitlich, einen Hang herunterrollen; Purzelbaum
- Springen auf dem Trampolin, wippen, rutschen und hüpfen

2.2 Das propriozeptive Wahrnehmungssystem

Den eigenen Körper spüren

Mithilfe der Propriozeptoren werden Informationen aus dem Körperinneren aufgenommen. Das propriozeptive System liefert Mitteilungen über Muskeln, Sehnen und Gelenke. So kann gespürt werden, wo sich der Körper im Raum befindet, welche Haltung oder Lage er einnimmt, welche Bewegungen möglich sind und in welchem Spannungszustand sich Muskeln und Sehnen befinden, ob der Körper sich bewegt und wenn ja, in welche Richtung. Dies geschieht mithilfe von Stellungssinn, Bewegungssinn, Kraftsinn und Spannungssinn, so wird es möglich, zu gehen, zu greifen und etwas anzuheben, stets mit der richtigen Kraftdosierung ohne dabei zu fest aufzustampfen, ohne etwas zu zerdrücken oder wieder fallen zu lassen. Mithilfe von Zug und Druck bekommt das Gehirn u. a. Informationen über die Stellung des Körpers, ohne dass es einer zusätzlichen visuellen Kontrolle bedarf.

Die Propriozeptoren übertragen auch Impulse in Bezug auf die viszerale Wahrnehmung. Es werden Informationen der inneren Organe aufgenommen und übermittelt, wie Hunger- oder Sättigungsgefühl oder ein möglicher Druck auf Darm oder Blase.

Häufig wird das propriozeptive Wahrnehmungssystem auch dem taktilen Wahrnehmungssystem zugeordnet (▶ Kap. 2.3). Mit der taktilen Wahrnehmung wird jedoch mehr das Wahrnehmen über die Haut wie ein sanftes Streicheln oder ein Streichen über Oberflächen verbunden. Die propriozeptive Wahrnehmung umfasst hingegen starke Druck- und Zugimpulse für Faszien, Muskeln, Knochen und Gelenke und wird deshalb gesondert aufgeführt.

Bedingt durch das Erleben in Extremen nehmen Menschen mit Autismus auch die Informationen über das propriozeptive Wahrnehmungssystem zumeist in besonderer Intensität wahr oder suchen diese. Infolgedessen weisen einzelne Körperregionen einen zu geringen Muskeltonus (Hypotonus), andere einen zu starken Muskeltonus (Hypertonus) auf. Auch ein stetiger Wechsel zwischen diesen beiden Spannungszuständen ist möglich, ein eutoner Muskeltonus ist jedoch kaum zu beobachten.

Besonderheiten vom Körpertonus

> »Ohne hinzuschauen wissen Sie genau, wo Ihr Körper den Stuhl oder Boden berührt und wie Ihre Füße stehen. Ich kann das nicht. Meine Körperwahrnehmung ist dafür zu gering. […] Ich muss schauen, um zu wissen, ob und wie ich sitze, wo meine Füße sind und was die Arme machen.
> In der Schule habe ich nach dem Melden oft vergessen den Arm wieder herunter zu nehmen, weil ich so mit der Antwort (und den vielen anderen Reizen) beschäftigt war. Ich habe ihn einfach vergessen« (Vero, 2014, S. 99).

> »Ich habe erst verstanden, wieso die Leute immer behaupten, ich würde beim Abschied verkehrt herum winken, als ich mich eines Tages in einem großen Spiegel sah. Da begriff ich, dass ich mir beim Winken selbst auf Wiedersehen sagte!« (Higashida, 2018, S. 51).

Im Folgenden wird das propriozeptive Wahrnehmungssystem unterteilt in die Bereiche »Extremitäten«, wie Arme und Beine, »den Kopf« sowie die »viszerale Wahrnehmung«, das Spüren der inneren Organe. Damit werden die Zielsetzungen besser erkennbar und die Angebote können differenzierter erfolgen.

2.2.1 Mögliche Auffälligkeiten des propriozeptiven Wahrnehmungssystems in Bezug auf Arme, Beine und Kopf

Folgendes Verhalten ist bei vorwiegender Hyposensibilität zu beobachten – zumeist verbunden mit einer intensiven Impulssuche:

Boxen und Treten um den eigenen Körper zu spüren

- Schlagen und Boxen gegen Gegenstände oder Personen
- Wedeln mit den Händen und Armen
- Häufiges in die Hände klatschen
- Verschieben oder Hochheben von Möbeln oder schweren Gegenständen
- Hineinstecken der Finger in Vertiefungen oder Drücken von Tasten und Schaltern
- Kaum differenzierte Fingerbewegungen, z. B. fehlender Pinzettengriff
- Steck-, Stapel- und Drehspiele werden nicht gespielt, Spielmaterial wird eher als Wurfmaterial genutzt.
- Kein »Handgeben«, sondern Abklatschen
- Werfen oder Fangen erscheinen ungelenk und werden mit viel Druck ausgeübt.
- Treten, Aufstampfen, sich auf die Knie fallen lassen
- Hüpfen oder Herunterspringen von Erhöhungen zum Stauchen und Spüren der Beine

- Zähneknirschen oder -klappern, Beißen in die eigene Hand oder in einen Gegenstand
- Druck mit dem Kinn gegen einen Widerstand, Schläge gegen den Kiefer (bieten auch Informationen im Bereich der Schultern und des Nackens).
- Den Kopf längere Zeit nach unten hängen lassen – hier führt der erhöhte »Blutdruck« zu dem gewünschten Impuls.
- Ruckartiges Werfen des Kopfes nach hinten, Purzelbäume oder »Head-Bangen«
- Schläge mit der Faust gegen den Kehlkopf
- Auch intensive auditive Impulse können eine Anregung für das propriozeptive System sein, wie das Bevorzugen von sehr lauten Geräuschen und die Durchführung dieser nahe am Trommelfell!

Passivität als Schutz

Folgendes Verhalten ist bei vorwiegender Hypersensibilität zu beobachten – zumeist verbunden mit der Impulsvermeidung:

- Schon kaum spürbare, tiefenstimulierende Impulse können Unbehagen oder Schmerz auslösen.
- Deutlicher Bewegungsunmut, Bewegungen werden nur minimal oder verlangsamt ausgeführt, Kinder kommen spät oder nicht in Bewegung, kaum Robben und Krabbeln, spätes Laufen
- Kein Heben oder Schieben von schweren Gegenständen, kein (ausdauerndes) Festhalten
- Einzelne Körperteile werden nicht in Bewegung gebracht; der gesamte Körper geht in Aktion oder führt diese an, ein isoliertes Ausstrecken der Hände oder Arme ist nicht möglich.

Abb. 2.2: Den eigenen Körper spüren

2.2.2 Hilfen und Übungen zur Verbesserung der propriozeptiven Wahrnehmung

Positiv wahrnehmbare Druck-, Zug- und Vibrationsimpulse anbieten für Sehnen, Muskeln und Gelenke:

- Stimulierungen der Füße und Fußsohlen, der Beine bis hin zum Becken. Gemeinsames Laufen und Hüpfen, feste Massagen, Druckimpulse, Abklopfen oder Abrollen *(Keine Angst vor Berührungen)*
- Stimulierungen der Finger, Handflächen, Ellenbogen und Oberarme sowie der Schulter. Schieben von schweren Kisten, Werfen von schweren Bällen oder Boxen gegen einen Boxsack. Hängen an Stangen, Heben von schweren Gegenständen. Händische Mobilisation durch die Therapeutin, wie »Aufziehen« der Gelenke, Abklatschspiele, Bewegungsspiele wie »Engelchen flieg«.
- Abrollen mit einem Pezziball, einer Faszienrolle.
- Einrollen oder Ablegen in/unter einem Teppich oder einer Matte, mit zusätzlichen Gewichts- oder Klopfimpulsen.
- Gebärden, ausgeführt mit ausladenden Bewegungen oder intensiven Kontaktpunkten (▶ Kap. 8)
- Vielfältige Bewegungs- und Sportangebote schaffen: Klettern, Hampelmann, Tanzen, Boxen, Trampolin u. ä.; auf dem Spielplatz, im Turnraum, in der Natur oder auf dem Weg dorthin. *(Vielfältige Bewegungsangebote anbieten)*
- Hilfen beim Arbeiten am Tisch anbieten, wie einen Stuhl mit Armlehnen oder Unterstützung und Begrenzungen für die Beine und Füße, Gewichtsdecke, Gewichtskissen oder zusätzliche Massagen der Extremitäten.
- Alltagsabläufe verändern, damit der eigene Körper mehr in den Fokus rückt: Intensivieren der Spürinformation beim An- und Ausziehen der Jacke, der Schuhe oder beim Händewaschen (hier durch festes Reiben und Kneten der Hände).
- Vielfältige Spürinformationen auch für den Kindergarten oder die Schule empfehlen: wie Druckmassagen, festes »Trampeln« mit den Füßen auf den Boden oder Gewichtsdecken auf dem Schoß.
- Schwimmen und Wasserspiele: Wasser bietet unterschiedliche und ganz besondere Impulse für Sehnen, Muskeln und Gelenke, zudem verändert es durch den Auftrieb das Eigengewicht des Körpers. *(Vielfältige Impulse beim Schwimmen)*
»Neben der veränderten Atmung werden Herz-Kreislauf angeregt, die Haut vielfältig stimuliert (Temperatur, Streicheln, Druck), und bei der kleinsten Bewegung entstehen vestibuläre, propriozeptive und kinästhetische Reize« (Cherek, o. J., S. 4).

Fallbeispiel: Florian, 7 Jahre, im Autismus-Spektrum

Nonverbal, situatives Sprachverständnis vorhanden, vermeidet Interaktion, bisher vorwiegend Verhaltenstherapie

Florian ist von Anfang an von den unterschiedlichen Spielmaterialien in meinem Therapieraum begeistert. Egal, ob Steckspiel oder Kugelbahn, er erfasst schnell die jeweiligen Funktionen und kann sie zielsicher durchführen. Es zeigt sich jedoch, dass er alle Spiele alleine spielen möchte. Sobald ich versuche, diese in Form eines gemeinsamen Spiels anzubieten, versucht er, sich meinen Interaktionsangeboten zu entziehen. Auch als ich ihm eine Kratzmassage mit einer Bürste an seinem Arm anbiete oder das Eis hervorhole, entzieht er sich dem Angebot und dreht sich von mir weg. Weitere Spielangebote, wie ein Sound-Puzzle und eine Trommel, möchte er ebenfalls nicht annehmen. Seine Anspannung steigt stetig. Deshalb verspreche ich ihm, dass wir nun noch einmal die Seifenblasen fliegen lassen und dass wir dann die heutige Stunde beenden.

Bevor wir starten, möchte ich Florian noch einmal im Sitzsack neu positionieren. Ich umfasse mit beiden Händen fest seinen Oberkörper und setze ihn mit viel Schwung kräftig in die Unterlage. Florian hält inne. Ich registriere seine kurzzeitig veränderte Körperhaltung. Noch einmal umfasse ich ihn und wiederhole die Impulsgebung – jetzt schaut er deutlich erstaunt auf. Ein erstes Mal sucht er meinen Blick. Eine dritte Runde folgt und es ist ein kurzes Lachen zu hören. Ich verändere mein Angebot: Ich nehme seine Füße und biete über seine gestreckten Beine einen festen Druckimpuls in Richtung Becken. Dabei wird sein Becken noch fester in den Sitzsack gedrückt. Erneut zeigt Florian Blickkontakt, dieses Mal über mehrere Sekunden. Als nächstes Angebot nehme ich die vorher abgewehrte Bürste und streiche damit fest über Florians Handfläche. Dieses Mal kann er die Stimulation annehmen, interessiert schaut er erst auf die Bürste und dann zu mir. Florian nimmt einige weitere Massagen und propriozeptive Impulse für seinen gesamten Körper freudig an und zeigt dabei eine lebendige Interaktion. Als sein Blick nicht mehr ganz so interessiert ist, andere Gegenstände seine Aufmerksamkeit vermehrt bündeln, beende ich die Stunde. Ich bin mir sicher, dass ich in der folgenden Woche an diese wohltuenden Impulse gut anknüpfen kann.

2.2.3 Mögliche Auffälligkeiten des propriozeptiven Wahrnehmungssystems in Bezug auf die inneren Organe (viszerale Wahrnehmung)

Folgendes Verhalten ist bei vorwiegender Hyposensibilität zu beobachten – zumeist verbunden mit einer intensiven Impulssuche:

- Anrempeln oder Fallenlassen auf den Boden, gegen Zimmerwände und Begrenzungen

- Andrücken und besonders festes Umarmen von Personen
- Verdrehen des gesamten Oberkörpers, starke Mitbewegungen des Oberkörpers beim Gehen
- Spätes oder kaum wahrnehmbares Sättigungsgefühl
- Häufiges Hüpfen oder Herunterspringen von Erhöhungen um u. a. den gesamten Oberkörper sowie Becken- und Bauchraum besser zu spüren
- Verspätete oder ausbleibende Sauberkeit, Darm und Blase werden selten/spät entleert, häufig sind Einläufe notwendig, wiederkehrende Blasenentzündungen
- Emotionen werden kaum gespürt (▶ Kap. 10)

Eine volle Blase oder ein voller Darm um den Körper zu spüren

Folgendes Verhalten ist bei vorwiegender Hypersensibilität zu beachten, zumeist verbunden mit einer Impulsvermeidung:

Einfrieren des Oberkörpers

- Auch kaum spürbare, den Oberkörper betreffende Impulse können Unbehagen oder Schmerz auslösen. Kinder klagen z. B. häufig über Bauchschmerzen.
- Essen und Trinken nur in geringen Mengen
- Deutlicher Bewegungsunmut: Bewegungen werden nur minimal oder verlangsamt ausgeführt.
- Jegliche Dreh- oder Streckbewegungen werden vermieden → Bewegungen wie ein »Roboter« oder »Einfrieren des Oberkörpers«.
- Das Anheben oder Bewegen von schweren Gegenständen wird vermieden.
- Teilweise besonders frühe Sauberkeit, Druck auf Darm und Blase werden intensiv gespürt, evtl. besonders häufiger Toilettengang
- Emotionen werden intensiv gespürt und führen zur Überforderung (▶ Kap. 10)

Gut zu wissen: Hilfen zur Sauberkeitserziehung

Auch die Sauberkeitserziehung zeigt sich bei Kindern mit Autismus oft deutlich verzögert. Unter anderem bedingt durch die Besonderheiten der viszeralen Körperwahrnehmung wird auch der Druck von Darm und Blase »anders« gespürt. So kann es sein, dass dieser Druck als angenehm empfunden wird und die Kinder deshalb den Toilettengang vermeiden. Im Gegensatz dazu ist es auch möglich, dass der Druck nicht oder zu spät wahrgenommen wird und die Windelversorgung deshalb bestehen bleibt.

Zur Einleitung der Sauberkeitserziehung muss erst die Körperwahrnehmung verbessert werden. Übungen zur Stärkung des propriozeptiven und des taktilen Wahrnehmungssystems zeigen sich hierbei zielführend. Eine entspannte Umgebung hilft zusätzlich, dass es den Kindern leichter fällt, »Druck« gezielt abzulassen. Eine Stütze unter den Füßen knickt den Oberkörper leicht ab und entspannt den unteren Rücken. Eine Massage, welche den Tonus nochmals verringert, könnte ebenfalls helfen.

(Symbol-)Spiele, aber auch Bücher können die Abläufe zudem visuell und kognitiv, vor allem aber spielerisch, in den Fokus rücken.

2.2.4 Hilfen und Übungen zur Verbesserung der viszeralen Wahrnehmung

Positiv wahrnehmbare Druck-, Zug- und Vibrationsimpulse für den gesamten Oberkörper anbieten:

- Gemeinsames Hüpfen durch den Raum, auf einer Matte oder einem Trampolin
- Verdrehen, Strecken und Beugen des Oberkörpers, z. B. Hampelmann
- Boxen oder Werfen von schweren Bällen, Heben und Schieben von schweren Gegenständen
- Massagen oder Druckimpulse, Abklopfen des Oberkörpers und des Rückens: mit Kissen, Pezziball, Schaumstoffrolle oder einer Faszienrolle
- Das Kind liegt unter einer Matte oder wird in eine Matte eingerollt und erfährt zusätzliche Gewichts- oder Klopfimpulse.
- Bewegungsspiele wie »Hoppe-hoppe Reiter«
- Gebärden, ausgeführt mit Bewegungen, welche besonders den Oberkörper mobilisieren (▶ Kap. 8)
- Vielfältige Bewegungs- und Sportangebote: Yoga, Tanzen, Boxen, Trampolinspringen, Schaukeln u. ä.
- Lautes Rufen, Schreien oder Tönen, gemeinsames Singen oder lautes Lachen zur Aktivierung des Zwerchfells, der Lunge und auch des Kehlkopfes
- Hilfen beim Arbeiten am Tisch anbieten: Druckwesten, einen Stuhl mit seitlicher Begrenzung, eine bewegliche Rückenlehne oder zeitweise »Pucken« des Oberkörpers, Sitzen auf einem Ballkissen, intensives Räkeln des Oberkörpers.
- Spio® Anzüge oder andere Kompressionskleidung
- Alltagsabläufe so verändern, dass das Spüren des Oberkörpers mehr in den Fokus rückt: Beim An- und Ausziehen großflächige Druckimpulse in diesem Bereich anbieten, vor dem Einschlafen eine Bauchmassage, »Pucken« des Oberkörpers.
- Bei fordernden starken Emotionen zeitgleich Bauch- und Rückenstimulationen anbieten (▶ Kap. 10).

Lautes Rufen oder Lachen um den eigenen Körper zu spüren

2.3 Das taktile Wahrnehmungssystem

Kontakt zur Außenwelt

Die Haut ist das Sinnesorgan für die taktile Wahrnehmung. Hier befinden sich Rezeptoren, welche die verschiedenen taktilen Informationen aufnehmen: Berührung, Druck, Temperatur, Oberflächenbeschaffenheit und Schmerz.

Über die Haut und mithilfe taktiler Informationen begreift das Kind sich als körperliches Wesen. Es spürt die Haut als eigene Begrenzung und als Möglichkeit zum Kontakt zu seiner Umwelt. Berührungen sind wichtig für die sinnvolle Erfassung der Umgebung und in den ersten Lebensmonaten grundlegend, um Beziehung aufzubauen. Im weiteren Verlauf ist eine gute Sensibilität besonders der Fußsohlen und Handflächen die Basis vieler Bewegungen und Handlungen.

> **Gut zu wissen: Warum die Begriffe »Schmerzwahrnehmung« und »Schmerzrezeptoren« kritisch betrachtet werden sollten**
>
> Um Verletzungen und Entzündungen im Körper wahrzunehmen und darauf zu reagieren, verfügt der Körper über ein weit verzweigtes System, welches auf Schmerzimpulse spezialisiert ist. Auf der Haut, an Muskeln und Gelenken, aber auch in Auge und Ohr können mithilfe von Schmerzrezeptoren extreme Reize mithilfe von speziellen Rezeptoren erkannt werden. Diese Nozizeptoren oder auch Schmerzrezeptoren leiten gefährdende Impulse, wie zum Beispiel Hitze und starken Druck, besonders schnell weiter, damit zeitnah eine adäquate Reaktion erfolgen kann.
>
> Bedingt durch die andere Körperwahrnehmung nehmen viele Personen im Autismus-Spektrum aber diese intensiven und damit auch den Körper verletzenden Impulse nicht als Schmerz wahr. Die für den Körper zumeist schädigenden Stimuli werden nicht als solche erkannt, nicht als solche wahrgenommen und der damit verbundene Schutzmechanismus wird nicht ausgelöst. Im Gegenteil werden diese Informationen häufig sogar als wohltuend empfunden und deshalb gezielt gesucht.
>
> Andererseits kann eine sanfte Berührung ein Schmerzempfinden auslösen. Auch wenn diese Impulse keine direkten Schädigungen für den Körper bedeuten, werden sie von der jeweiligen Person als Schmerz wahrgenommen. Die entsprechenden Impulse werden abgewehrt und führen zu starker körperlicher Erregung, bis hin zu einem für den Betroffenen bedrohlichen Allgemeinzustand.
>
> Die Funktion der Schmerzrezeptoren ist für die körperliche Gesundheit des Menschen unabdingbar. Besonders in Bezug auf die Wahrnehmung neurodiverser Menschen ist diese Begrifflichkeit jedoch fehlerhaft. Schmerz ist etwas Individuelles, es ist eine Interpretation, eine Einordnung des Erlebens. Die Schmerzrezeptoren oder besser Nozizeptoren sollten demnach eher als besondere Nervenfasern bezeichnet werden, die den Körper u. a. vor Verbrennungen oder anderen mechanischen Verletzungen schützen können, indem sie besonders schnelle Reaktionen auslösen.
>
> Bei neurodiversen Menschen ist diese Reaktion außer Kraft gesetzt. Ob die Nozizeptoren grundsätzlich in ihrer Funktionsweise anders verknüpft sind und zum Teil gegensätzlich reagieren oder ob die bereits erhöhte Anspannung im Körper diese Verschaltung beeinflusst, bedarf weiterer Untersuchungen.

> Das Wissen um dieses individuelle Empfinden in Bezug auf Schmerzen könnte in einer kritischen Betrachtung und eventuell mit der Verwendung anderer Begrifflichkeiten gestärkt werden.
>
> Somit wird es leichter möglich, autistischen Menschen und weiteren Personen mit einer scheinbar »falschen« Schmerzwahrnehmung passende Angebote zu machen, wie zum Beispiel beim selbstverletzendem Stimming, (▶ Kap. 3). Das Wissen um die Nozizeptoren sowie um die abweichenden Empfindungen und die damit verbundenen Schutzreaktionen ist ein weiterer hilfreicher Schritt, um jedem Menschen mit seiner individuellen Wahrnehmung zu begegnen.

»Viele autistische Menschen berichten, dass es für sie unangenehm ist, berührt zu werden. Dies gilt insbesondere für leichte, sanfte und unerwartete Berührungen, die oft wie ein Schmerz erlebt werden. Auch Händeschütteln ist häufig unangenehm. Berührungen in Form eines festen Händedrucks bzw. einer festen Umarmung können dagegen, vor allem dann, wenn sie erwartet und gewollt werden, durchaus als angenehm erlebt werden« (Tebartz van Elst, 2018, S. 80 f.).

2.3.1 Mögliche Auffälligkeiten des taktilen Wahrnehmungssystems

Folgendes Verhalten ist bei vorwiegender Hyposensibilität zu beobachten – zumeist verbunden mit einer intensiven Impulssuche:

- Impulse über die Haut werden nicht gespürt.
- Anhaltendes Streichen über Oberflächen, Strukturen oder interessante Materialien
- Ständiges Nesteln an den Fingern, Haaren oder weiteren Körperbereichen
- Ausziehen der Schuhe und Strümpfe, um den glatten Boden, die rauen Steine, den Kies zu spüren
- Verkriechen in Zimmerecken, Schränken oder unter Teppichen
- Häufiges Treten oder festes Andrücken des Körpers gegen Wände und Begrenzungen *(Kämpfen statt Kuscheln)*
- Kein Kuscheln oder Anschmiegen als Kontakt zu anderen Menschen, sondern Treten, Schlagen oder intensives Festklammern
- Selbstverletzende Verhaltensweisen wie Kratzen oder Kneifen, um sich zu spüren und regulieren zu können (▶ Kap. 3).
- Ein »anderes« Schmerzempfinden: Verbrennungen oder Abschürfungen werden nicht gespürt, das entsprechende Weinen oder Schreien bleibt aus.
- Suche nach thermischen Impulsen, wie kalte Fliesen oder Fensterscheiben, Favorisieren von Eis

Wichtig: Besonders starke taktile oder auch thermische Impulse sind evtl. eher dem propriozeptiven Wahrnehmungssystem zuzuordnen!

Folgendes Verhalten ist bei vorwiegender Hypersensibilität zu beobachten – zumeist verbunden mit einer Impulsvermeidung:

2.3 Das taktile Wahrnehmungssystem

- Ein sanfter Körperkontakt, ein leichter Händedruck oder ein Streicheln werden als unangenehm oder schmerzhaft empfunden.
- Kein Anfassen oder Festhalten von Gegenständen
- Socken, Schuhe, Strumpfhosen, Mützen werden abgewehrt.
- Nur einige, bestimmte Stoffe und Oberflächen werden toleriert (»Lieblingshose« oder »Lieblingsshirt«).
- Nähte, Bündchen und Reißverschlüsse verwirren.
- Schwierigkeiten beim Haare waschen, da der Wasserstrahl (Druck oder Temperatur) unangenehm ist
- Schwierigkeiten beim Haare kämmen oder -schneiden, da Berührungen der Kopfhaut, der Haare bzw. Haarwurzeln einen Schmerzimpuls auslösen
- Kleinste Verletzungen werden als schmerzhaft empfunden
- Thermische Überempfindlichkeit: Warme Kleidung wird abgelehnt, großes Unwohlsein in den Sommermonaten, Eis und kalte Speisen werden abgelehnt, Vermeidung von Kälte im Winter oder kaltem Wind.

Die liebevolle Umarmung wird zum Schmerzauslöser

Alltagsabläufe eskalieren

Fallbeispiel: Julian, 3 Jahre, im Autismus-Spektrum

Seit einigen Wochen möchte Julian an windigen Tagen nicht mehr aus dem Haus gehen. Es dauert etwas, bis wir herausfinden, dass nicht der kalte Wind die Ursache seines Unwohlseins ist, sondern dass ihm in der Vergangenheit, bei einem Spaziergang ein Blatt auf den Kopf geweht wurde. Bei Wind hat Julian nun stets Angst, dass er sich erneut »verletzen« könnte.

Fallbeispiel: Andre, 5 Jahre, im Autismus-Spektrum

Mit einer starken Erkältung kommt Andre in die Therapiestunde. Die gesamte Unterlippe ist durch eine Herpesinfektion entzündet. Immer wieder berührt Andre, scheinbar ohne einen Schmerz zu spüren, mit seiner Hand oder auch den Zähnen die entzündete Hautstelle. Nach einigen Minuten läuft etwas Schleim aus der Nase an seine Oberlippe. Sofort verzieht Andre das Gesicht. Dieser Impuls scheint für ihn sehr unangenehm. Ich versuche ihm zu helfen, indem ich vorsichtig seine Nase abputze. Auch die Berührung mit dem Tuch an seiner Lippe ist für Andre kaum auszuhalten.

2.3.2 Hilfen und Übungen zur Verbesserung der taktilen Wahrnehmung

Positiv wahrnehmbare Spürimpulse anbieten, anfangs eher ein fester Druckimpuls, im Weiteren in Form einer sanften Berührung:

- Ganzkörperliche Massagen durchgeführt mit den Händen, mit Bällen, Massagegeräten, Bürsten und weiteren Materialien (auch mit Ölen oder Cremes)
- Vibrationen (durchgeführt mit den Händen oder mit einem Vibrationsgerät), großflächiges Streichen, Abklopfen oder prägnantes Zupfen der Haut
- Fühl- und Kuschelspiele, um Ertasten zu lernen und um neue Erfahrungen und Materialien zuzulassen
- Schwimmen und Wasserspiele: Wasser bietet bei Bewegung Druck- und Zugimpulse, aber auch taktile Informationen.
- Anbieten von thermischen Impulsen wie Eis oder Wärmekissen

Die Stimulationen erfolgen an den Extremitäten und im Gesicht (über die Wangen, zu den Lippen bis in den Mund).

Abb. 2.3: Verschiedene Materialien vermitteln wichtige Informationen über den eigenen Körper und über unsere Umwelt

Gut zu wissen: Eisstimulation – ein besonderer thermischer Impuls

Das Eis ist in den vielen Therapiestunden ein wertvolles Hilfsmittel. Es bietet einen starken thermischen Impuls, welcher wiederholend oder auch konstant gesetzt werden kann. Durch die Kälte ziehen sich die Blutgefäße zusammen, die Muskeln spannen sich an und die Wahrnehmung fokussiert sich auf den jeweiligen Bereich.

Ob die ersten Stimulationen an den Armen oder Beinen oder im Gesicht angeboten werden, ist individuell. Einige Kinder suchen besonders im Kopfbereich nach spannenden Impulsen, andere wehren diese hier eher ab. Die jeweiligen Vorlieben und die Tagesform sind entscheidend für die Wahl des zu stimulierenden Körperbereiches. Der erste Impuls wird nur kurz gesetzt. Anschließend sollte dann ein Druckimpuls folgen, um eine Übererregung zu vermeiden, dies ggf. mit einem Handtuch, um die noch verbleibende Feuchtigkeit auf der Haut aufzunehmen. Bei Bedarf kann der Druckimpuls mit einer zusätzlichen Vibration gekoppelt werden, welche regulierend wirkt und einem möglichen überfordernden Hyperfokus auf die ungewöhnliche thermische Information entgegenwirkt.

Um die Wahrscheinlichkeit einer Abwehrhandlung zu vermindern, wird der Impuls anfangs nur kurz angeboten. So ergibt sich vielleicht der Wunsch, nach einer Wiederholung, welche aktiv eingefordert wird. Je nach Reaktion des Kindes wird der Eiskontakt beim nächsten Mal verlängert und das »Abschwächen oder Ablenken« verzögert.

Nach wenigen Stunden versuchen einige Kinder bereits ein Stück vom Eis abzubeißen. Auch intensives Ablecken oder das komplette Umfassen mit den Lippen und darauffolgendes kräftiges Saugen sind häufig zu beobachten. Die starken Impulse und folgenden Aktivitäten führen langfristig auch zu einer Verbesserung der orofazialen Fähigkeiten.

Das Eis ist jedoch nicht nur ein Hilfsmittel zur Verbesserung der taktilen-thermischen Wahrnehmung sowie der Motorik, sondern es ist auch ein ganz besonderer Motivationsträger. Besonders die impulssuchenden Kinder lieben langanhaltende Eisstimulationen. Es zeigen sich Momente mit guter Aufmerksamkeit, einem verbesserten Ich-Bewusstsein und folgend einem lebendigen Kontakt. Zusätzlich hat es einen hohen »Regulationscharakter«, sodass Übungen und Angebote in Kombination mit dem Eis häufiger wiederholt oder neu variiert werden können und einfach mehr Freude bereiten. Die Eisstimulation ist Therapie und Motivation zugleich.

Eis – ein besonders spannender Impuls

Ganzkörperliche und gesichtsspezifische Impulsgebung

Abb. 2.4:
Das Eis als Therapiematerial ist berührend und motivierend

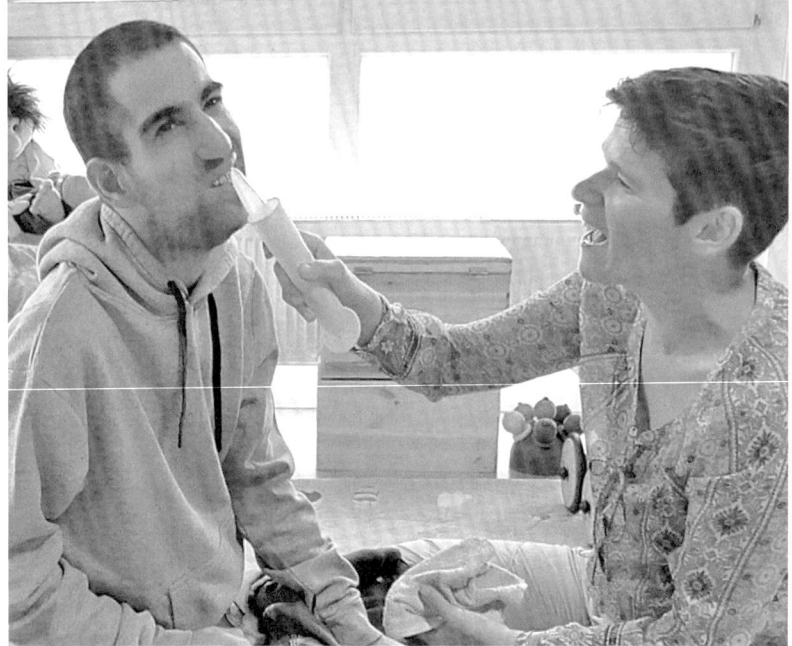

2.4 Das gustatorische Wahrnehmungssystem

Das gustatorische Wahrnehmungssystem (Schmecken oder Geschmackssinn) dient der Kontrolle der aufgenommenen Nahrung. Die Zunge nimmt gustatorische Informationen über die Geschmacksknospen auf. Mithilfe der Geschmacksqualitäten (sauer, süß, bitter, umami und salzig) gelingt dem Menschen eine Überprüfung, was für ihn bekömmlich ist. Bitter und sauer können eventuell auf giftige oder verdorbene Lebensmittel hinweisen, süß und salzig auf nährstoffreiches Essen.

Um das erste Lebensjahr ist die gustatorische Wahrnehmung im engen Zusammenspiel mit der olfaktorischen und der taktilen Wahrnehmung ein wichtiges System, um die Umwelt zu erkunden.

2.4.1 Mögliche Auffälligkeiten des gustatorischen Wahrnehmungssystems

Folgendes Verhalten ist bei vorwiegender Hyposensibilität zu beobachten – zum Teil verbunden mit einer intensiven Impulsuche:

- Viele Geschmacksinformationen werden kaum wahrgenommen.
- Essen und Trinken werden nicht mit Genuss oder Entspannung verbunden.
- Essen und Trinken werden vermieden oder vergessen.
- »Hamstern« von Essen – Suche nach Druckimpulsen anstatt Geschmacksinformationen
- Das Kind bevorzugt starke geschmackliche Informationen, wie salzig, scharf oder bitter (Laugengebäck, Peperoni, Knoblauch, Oliven, Chili usw.).
- Das Pica-Syndrom bezeichnet das Essen von nicht essbaren Dingen. Substanzen mit »bitterem« oder anderem besonders intensiven Geschmack, wie Erde, Steine und Zigarettenstummel werden in den Mund genommen und zum Teil auch geschluckt.
- Essen von Zahncreme, Ablecken von Cremes oder Seifenblasenflüssigkeit

Pica-Syndrom

Wichtig: Intensive gustatorische Stimuli können auch ein Stimulus für das taktile oder propriozeptive System darstellen!

Folgendes Verhalten ist bei vorwiegender Hypersensibilität zu beobachten – zum Teil verbunden mit einer Impulsvermeidung:

- Auch gering dosierte Geschmacksinformationen werden als unangenehm wahrgenommen.
- Essen und Trinken werden vermieden oder führen zu einer erhöhten Erregung.
- Geschmacksarme Lebensmittel wie Brei oder Joghurt werden bevorzugt.
- Beim Essen sind begleitende Körperstimulationen notwendig wie Wippen, Herumlaufen, Tönen oder Ablenker wie Tablet, Handy oder ein Spielzeug.
- Zahnpflege ist nur ohne Zahncreme möglich.

Die Essensituation belastet die ganze Familie

Wichtig: Intensive gustatorische Stimuli können auch zu einer Übererregung des taktilen oder propriozeptiven Systems führen!

2.4.2 Hilfen und Übungen zur Verbesserung der gustatorischen Wahrnehmung

Positiv wahrnehmbare Geschmacksimpulse anbieten:

- Neue Gewürze anbieten oder vorhandene Gewürze und Zusätze intensivieren oder verringern/vermeiden
- Bei pikanten Speisen: Pfeffer, Salz, Laugen nutzen
- Bei süßen Speisen: Zitrone, Ananas, Joghurt, Quark usw. hinzufügen
- Butter oder Fett als intensiven Geschmacksträger nutzen
- Eine veränderte Temperatur der Gerichte verändert auch den Geschmack.
- Saure Gurken, Chilis oder Mentholbonbons (zusätzlicher thermischer Impuls)

2.5 Das olfaktorische Wahrnehmungssystem

Das olfaktorische Wahrnehmungssystem oder auch die Riechwahrnehmung ist die Wahrnehmung von Gerüchen aus unserer Umwelt. Das olfaktorische System ist eng mit der Amygdala und somit dem vegetativen Nervensystem verbunden. Geruchsimpulse werden vorwiegend unbewusst aufgenommen, ungefiltert und direkt verarbeitet und führen deshalb zu einer emotional besonders starken Erregung. Gerüche und damit zusammenhängende Erinnerungen werden häufig über einen langen Zeitraum abgespeichert und lösen zumeist unbewusst auch nach vielen Jahren starke Emotionen aus.

2.5.1 Mögliche Auffälligkeiten des olfaktorischen Wahrnehmungssystems

Folgendes Verhalten ist bei vorwiegender Hyposensibilität zu beobachten – zum Teil verbunden mit einer intensiven Impulssuche:

- Geruchsinformationen werden kaum oder gar nicht wahrgenommen.
- Der eigene, evtl. extreme Körpergeruch wird nicht als störend wahrgenommen.
- Parfüm oder Deodorant wird übermäßig verwendet.
- Häufiges intensives Riechen an Gegenständen, Tieren und Personen: Die Betroffenen halten sich die Gegenstände direkt vor die Nase bzw. gehen mit dem ganzen Körper nah an andere Personen heran.
- Einige Betroffene finden das Spiel mit (den eigenen) Fäkalien interessant, da dieser intensive Geruch als prägnante Information wahrgenommen wird.
- Essen und Trinken werden nicht mit Genuss oder Entspannung verbunden.
- Essen und Trinken werden vermieden oder vergessen.
- Brandgeruch, ein wichtiges Warnsignal, wird nicht identifiziert.

Fäkalien – eine ganz besondere Information

Folgendes Verhalten ist bei vorwiegender Hypersensibilität zu beobachten – zum Teil verbunden mit einer Impulsvermeidung:

- Auch gering dosierte Geruchsinformationen werden als unangenehm wahrgenommen.
- Bestimmte Kleidung und somit auch andere Personen werden abgelehnt, da Duftstoffe in Waschmittel, Parfüm, Deodorant oder Cremes als unangenehm empfunden werden.
- Hustenbonbons, Kaugummis, Knoblauch und weitere stark riechende Lebensmittel führen zu Abwehrreaktionen, sowohl beim eigenen Verzehr als auch im Kontakt mit anderen.
- Bestimmte Räume oder Situationen werden gemieden, da der spezifische Geruch z. B. in der Küche (beim Kochen und Backen) oder im Badezim-

»Ich kann dich nicht riechen«

mer (durch den Toilettengang und durch Putzmittel) nicht ertragen werden kann.

2.5.2 Hilfen und Übungen zur Verbesserung der olfaktorischen Wahrnehmung

Positiv wahrnehmbare Geruchsimpulse anbieten:

- Gerüche in Alltagssituationen in den Fokus rücken — *Alltagserlebnisse nutzen*
  - bei der Gartenarbeit: frisch gemähtes Gras, frischer Rindenmulch, verschiedene Blumen oder Kräuter
  - beim Kochen/Backen/Braten – hier erfahren, wie sich der Geruch von verschiedenen Lebensmitteln durch die Verarbeitung verändert
  - bei der Körperpflege – vor und nach dem Waschen oder Eincremen an der Haut riechen, mit verschiedenen Shampoos, Cremes etc. experimentieren. Vorsicht: Dies immer in Begleitung, da es sein könnte, dass Kinder z. B. eine gut riechende Lotion auch ablecken möchten!
- Riechspiele anbieten; Dinge an ihrem Geruch erkennen, u. a. mit Geruchsölen
- Bevorzugte Gerüche intensivieren bzw. abändern

2.6 Das visuelle Wahrnehmungssystem

Mithilfe der visuellen Wahrnehmung werden optische Impulse über das Auge aufgenommen und im Gehirn weiterverarbeitet. Dabei können spezifische Informationen über Form, Umriss, Tiefe, Größe, Durchlässigkeit, Lage und Abstand von Gegenständen aufgenommen werden. Viele visuelle Informationen bestehen über einen längeren Zeitraum und können so lange wie nötig oder auch nochmals angeschaut werden. Andere Informationen sind wechselnd oder in Bewegung, damit bieten sie einerseits besonders spannende Impulse, andererseits sind Einzelheiten schwieriger zu erkennen oder der Gegenstand muss mit den Augen verfolgt werden. Hier werden zusätzliche Fähigkeiten, wie visuelle Fixierung und zeitliche Organisation benötigt.

2.6.1 Mögliche Auffälligkeiten des visuellen Wahrnehmungssystems

Folgendes Verhalten ist bei vorwiegender Hyposensibilität zu beobachten – oft verbunden mit einer intensiven Impulssuche:

- Verschiedene visuelle Informationen werden nicht wahrgenommen, das Kind scheint »schlecht zu sehen«.
- Kein oder kaum Blickkontakt
- Das zu Betrachtende wird nah an die Augen herangeführt, um etwas zu erkennen.
- Gegenstände werden lange Zeit betrachtet, um etwas zu erkennen.
- Starke Kontraste, wie starke Farben, werden bevorzugt.
- Dinge werden schon bei leichter Dämmerung nicht erkannt.
- Glitzer- oder Leuchtspiele werden besonders bevorzugt.
- Ein hoher Medienkonsum, da hier das Erkennen durch starke Lichtimpulse leichter fällt.
- Dinge können visuell nicht vom Hintergrund getrennt betrachtet werden (Figur-Grund-Wahrnehmung).
- Farb- und Formzuordnung gelingt nicht.
- Dinge können räumlich nicht mit weiteren in Bezug gebracht werden (Raum-Lage-Wahrnehmung).
- Bewegte Objekte können visuell nicht verfolgt werden.
- Gegenstände werden hin und her bewegt, um einen spannenden visuellen Impuls zu schaffen.
- Das Kind wechselt ständig den visuellen Fokus (▶ Kap. 4.2).

Wichtig: Besonders intensive visuelle Stimulierungen können auch bedingt sein durch eine Impulssuche in Bezug auf das vestibuläre System!

> »Auch visuell beschreiben viele autistische Menschen ausgesprochene Überempfindlichkeiten. So wird helles oder grelles Licht oft als unangenehm oder schmerzhaft beschrieben. Viele autistische Menschen meiden helles Sonnenlicht oder benutzen exzessiv Sonnenbrillen, um sich vor der Lichtintensität zu schützen. Auch die Flimmerfrequenzen von Neonröhren, die von nicht-autistischen Menschen meist gar nicht bemerkt werden, können für autistische Menschen ausgesprochen unangenehm sein« (Tebartz van Elst, 2018, S. 80).

Folgendes Verhalten ist bei vorwiegender Hypersensibilität zu beobachten – oft verbunden mit einer Impulsvermeidung:

- Glitzer, gebündelte Lichter oder helles Tageslicht blenden, das Kind möchte häufig eine Sonnenbrille tragen oder der Raum soll abgedunkelt werden.
- Konzentriertes Betrachten einzelner Gegenstände, weitere Informationen werden nicht wahrgenommen, Monowahrnehmung (▶ Kap. 4.1).
- Vorwiegend Fokussierung einzelner Details – das Gesamtbild bietet zu viele Informationen an.
- Kleinste visuelle Veränderungen im Alltag wie ein umgestelltes Möbelstück, eine neue Brille usw. verwirren.
- Wechselnde Lichtverhältnisse verwirren.

Wichtig: Intensive visuelle Stimulierungen können auch zu einer Übererregung des vestibulären Systems führen!

> »Aber die Augen, die wir Menschen beim Sehen benutzen, funktionieren doch alle gleich, oder? Gut, ihr blickt vielleicht auf genau dieselben Dinge wie wir, aber die

Art, wie wir sie wahrnehmen, scheint sich zu unterscheiden. Wenn ihr einen Gegenstand seht, erfasst ihr ihn offenbar zuerst als Ganzes, und erst später folgen die Einzelheiten. Aber uns Autisten springen zuallererst die Einzelheiten ins Auge und erst danach setzen sich ganz allmählich die verschiedenen Teile zu einem Ganzen zusammen. Bei welchem Teil unser Auge sich zuerst festhält, hängt von verschiedenen Dingen ab. Wenn eine Farbe sehr leuchtet oder eine Form sehr auffällig ist, dann wird unsere Aufmerksamkeit zuerst dorthin gelenkt, unsere Seele ›ertrinkt‹ sozusagen darin, und wir können uns auf nichts anderes mehr konzentrieren« (Higashida, 2018, S. 79).

2.6.2 Hilfen und Übungen zur Verbesserung der visuellen Wahrnehmung

Positiv wahrnehmbare visuelle Impulse anbieten:

- Die bedeutungstragende visuelle Information, wie das eigene Gesicht oder das Spielmaterial in einem geringen Abstand zum Kind präsentieren. — *Blickkontakt ermöglichen*
- Deutlich sichtbare Emotionen besonders in Form von Mimik anbieten, wie große Augen, hochgezogene Augenbrauen, Stirnrunzeln, einen lachenden oder weinenden Mund (▶ Kap. 10), ein »großes Gesicht« zeigen.
- Materialien mit intermittierenden oder changierenden Impulsen anbieten, wie Glitzerkugeln, Seifenblasen, Kreisel, Leuchtspiele oder Spiele und Bilderbücher mit schimmernden Oberflächen oder Glitzeraufdruck.
- Materialien bzw. Spiele mit klaren visuellen Informationen anbieten:
  - vorwiegend Primärfarben
  - deutliche visuelle Formen und Strukturen (Feuerwehrautos oder Müllwagen zeigen starke Signalfarben und bieten eine große Fläche)
  - keine »Wimmelbilder«

  Materialien für ältere Kinder, Jugendliche und Erwachsene weisen zumeist weniger Kontraste oder prägnante visuelle Informationen auf und haben somit einen geringen Aufforderungscharakter.
- Materialien mithilfe von Tüchern, Lupen, farbigen Scheiben und Taschenlampen impulsstärker gestalten
- Arbeit an Leuchttischen oder am Bildschirm
- Gegenstände und Karten in Bewegung bringen, wie diese vor den Augen des Kindes hin und her bewegen oder eine Rampe herunterkullern lassen. — *Bewegte Objekte*
- Die visuelle Information mithilfe einer (Schaukel-)Bewegung und somit einer Stimulation für das vestibuläre System intensivieren: Das Kind liegt bäuchlings auf der Schaukel oder dem Pezziball und wird hin und her bewegt. Das angebotene Material liegt auf dem Boden.
- Die visuelle Aufmerksamkeit des Kindes »einfangen«: Den Gegenstand nah vor die Augen des Kindes führen, das Kind damit abholen und es bis zu einem gewünschten Zielobjekt mitnehmen.

- Gebärden anbieten: die sich bewegenden Hände bieten eine spannende, in Gesichtsnähe ausgeführte Information. Intensive dynamische Bewegungen erleichtern das Anschauen des Gegenübers (▶ Kap. 8).
- Das eigene Gesicht und das ausgewählte Material in einem geringen Abstand zum Kind präsentieren, um den Wechsel der Aufmerksamkeit und somit auch Triangulationen zu ermöglichen.

2.7 Das auditive Wahrnehmungssystem

Die auditive oder akustische Wahrnehmung bedeutet die Aufnahme von Schallinformationen. Schwingungen aus der Umgebung gelangen über das Ohr und auch über unseren Körper (Knochenschallleitung) über den Hörnerv an das Großhirn.

Der Prozess der Weiterverarbeitung wird in auditive Teilfunktionen unterteilt:

- Selektion (Herausfiltern von Einzelinformationen)
- Lokalisation (Richtung und Entfernung der Schallquelle)
- Diskrimination (Unterscheiden von verschiedenen auditiven Informationen)
- Verstehen des Sinnbezuges (gesprochene Sprache sowie auditive Signale)
- Dichotisches Hören (beidohriges Hören)
- Merkfähigkeit (Speichern von auditiven Informationen)

Bei Auffälligkeiten sind diese Teilfunktionen im Einzelnen oder in ihrer Gesamtheit betroffen. Wenn auditive Impulse nicht wie oben beschrieben verarbeitet werden, wirkt sich dies auf viele Alltagsabläufe aus. Insbesondere sind die gezielte Fokussierung bedeutungstragender Informationen und die (lautsprachliche) Kommunikation betroffen.

> »Die Wahrnehmung ist oft extrem sensibel. Das betrifft vor allem, aber nicht ausschließlich, den akustischen Kanal. So können oft leise Geräusche wie das Summen von Elektrogeräten gehört werden, was nicht selten irritiert. Laute und vielgestaltige Geräusche wie z. B. in einer Fußgängerzone, im Straßenverkehr, einem vollen Supermarkt oder einer belebten Gaststätte werden als unangenehm bis schmerzhaft erlebt und daher gemieden. Der Begriff Reizüberflutung ist fast allen autistischen Menschen unmittelbar eingängig, während nicht-autistische Menschen befragt nach Reizüberflutung meist erst einmal nachfragen, was damit denn gemeint sein solle. Als besonders unangenehm wird von vielen autistischen Menschen das Reden in Großgruppen erlebt« (Tebartz van Elst, 2018, S. 78).

Um sich im Alltag zu orientieren oder um sich auszutauschen, sind das Ticken der Uhr, das Rauschen einer nahegelegenen Straße sowie der rhythmische Schlag des eigenen Herzens unwichtige Informationen. Schwierigkeiten in der Informationsauswahl können jedoch dazu führen, dass diese Impulse sehr intensiv wahrgenommen werden. Andere bedeutungstragende Geräusche für die jeweilige Situation, wie lautsprachliche Äußerungen werden nicht gehört.

2.7.1 Mögliche Auffälligkeiten des auditiven Wahrnehmungssystems

Folgendes Verhalten ist bei vorwiegender Hyposensibilität zu beobachten – oft verbunden mit einer intensiven Impulssuche:

- Verschiedene auditive Informationen werden nicht wahrgenommen. Das Kind scheint »schlecht zu hören«.
- Das Kind zeigt kaum oder keine Reaktion auf bestimmte Geräusche wie die Türklingel oder das Geräusch eines heranfahrenden Autos.
- Das Kind reagiert nicht auf seinen Namen.
- Spiele mit Sound- oder Musikfunktion werden direkt an das Ohr gehalten.
- Das Kind hält sich gerne an lauten und belebten Orten auf.
- Die Feuerwehr, das Müllauto oder ähnliches bieten spannende auditive Informationen
- Das Kind hört nicht, dass jemand den Raum betritt und erschrickt, wenn es kurz darauf angefasst wird oder jemand nah vor ihm steht.
- Das Kind produziert laute Geräusche, wie Quietschen, Schreien, Kreischen, Händeklatschen oder auch das wiederholte Zuwerfen von Türen sowie lautstarkes Manipulieren von Objekten.
- Das Kind schlägt sich mit den Händen auf die Ohren.

Hörstörung oder andere Wahrnehmung?

Wichtig: Einer besonders intensiven auditiven Impulssuche kann auch eine Stimulation der propriozeptiven Wahrnehmung zu Grunde liegen – über die Knochenleitung oder über das Trommelfell!

Folgendes Verhalten ist bei vorwiegender Hypersensibilität zu beobachten – oft verbunden mit einer Impulsvermeidung:

- Verschiedene auditive Informationen führen schnell zu Unwohlsein und Übererregung. Dies können auch relativ leise Geräusche sein, die eine besondere Frequenz aufweisen wie das Ticken der Uhr oder das Summen elektrischer Geräte.
- Bestimmte, für das Kind besonders wichtige Geräusche, werden wie mit »Luchsohren« gehört: die Mutter holt ein Bonbon aus der Tasche oder das Öffnen der Kühlschranktür, s. Monowahrnehmung (▶ Kap. 4.1).
- Keine/kaum gezielte Selektion auditiver Informationen: Wenn mehrere Menschen sich in einem Raum befinden und unterhalten, ist es nicht möglich einem Gespräch zu folgen. Alle Informationen sind gleich wichtig, s. Polywahrnehmung (▶ Kap. 4.2).

- Aufforderungen und Aussagen, die in einem ruhigen Kinderzimmer oder im Therapieraum gehört und verstanden werden, sind in einem Gruppenraum nicht abrufbar.

Wichtig: Intensive auditive Stimulierungen können auch zu einer Übererregung des propriozeptiven Systems führen!

Weitere beobachtbare Verhaltensweisen bedingt durch ein nicht ausreichendes Zusammenspiel beim dichotischen Hören, wie einer unterschiedlichen Intensität oder Verarbeitungsgeschwindigkeit beider Ohren:

- Richtungshören ist nicht möglich: Das Kind dreht sich bei einem gehörten Geräusch in die falsche Richtung.
- Die Entfernung zur Geräuschquelle wird nicht korrekt erkannt, Gefahren können nicht eingeschätzt werden.

»Die Kinder, die mich damals ›Tonbandgerät‹ nannten, hatten Recht. Das war zwar gemein, trotzdem: Ich bin ein Tonbandgerät. Nur so kann ich überhaupt sprechen. Das ich mich heute nicht mehr anhöre wie ein Tonbandgerät, verdanke ich einzig und allein den vielen Sätzen und Phrasen in meinem Gedächtnis, die ich frei kombinieren kann« (Grandin, 2008, S. 28).

2.7.2 Hilfen und Übungen zur Verbesserung der auditiven Wahrnehmung

Positiv wahrnehmbare Hörimpulse anbieten:

- Die bedeutungstragende auditive Information in einem geringen Abstand zum Kind präsentieren, damit diese besser fokussiert werden kann. »Störgeräusche« wie das Ticken der Uhr oder Geräusche aus dem Nachbarraum erfahren so keine Aufmerksamkeit.
- Auditiv faszinierende Materialien auswählen, welche die Kinder positiv aufhorchen lassen und die Fokussierung verbessern:
  - Spiele mit prägnanten auditiven Impulsen (Soundpuzzle, Soundwürfel und weitere Spiele mit Geräuschfunktion)
  - Musikinstrumente und Materialien mit eindeutigen gut wahrnehmbaren Klängen, wie Trommel, Triangel oder Klangbaum
- Gegenstände/Materialien »klangvoll« anbieten, indem diese lautstark an-/aufeinander-geschlagen, gestapelt oder in einer Kiste kräftig bewegt werden.
- Intensität verändern: Der Klangbaum wird mit vielen tönenden Kugeln bestückt oder es wird eine kleine Holzkugel ausgewählt mit einem ganz besonderen akustischen Klang.
- Dynamik verändern: Das Trommeln erfolgt nur über einen kurzen Moment, dann wieder in schneller Abfolge und bietet so einen starken Kontrast.

- Wiederkehrende Situationen mit bestimmten Klängen und Lauten begleiten, um die auditiven Impulse langfristig mit diesen Erlebnissen verknüpfen zu können.
- Klangschalen oder Trommeln hinzunehmen. Klänge werden so zusätzlich mit dem Körper gespürt.

Musik fasziniert

- Ein begleitendes Schwingen und andere Bewegungen im Takt der Musik bieten weitere, den gesamten Körper betreffende Informationen und festigen die Aufmerksamkeit für die damit verbundenen auditiven Impulse.
- Körperliche Impulse und Stimulationen mit Geräuschen und Lauten begleiten, um die Aufmerksamkeit für die jeweilige Aktivität nochmals zu verbessern.
- Stimulationen für das propriozeptive System besonders in Bezug auf das Ohr, den Kiefer sowie den angrenzenden Bereichen anbieten.
- Kopfhörer und Ruheräume bei einer auditiven Überlastung anbieten. Eine zu häufige Anwendung der Kopfhörer verhindert jedoch eine Verbesserung der auditiven Selektionsfähigkeit und unterbindet zudem den aktiven Austausch mit der Umwelt in der jeweiligen Situation. Wichtig: weitere unterstützende und regulierende Hilfen erarbeiten (▶ Kap. 3.1).

Gut zu wissen: Klangbaum

Der Klangbaum ist ein Spielzeug, bei dem eine Kugel über verschiedene Holzplättchen rollt und dabei einen Klangteppich produziert.

Einige Kinder schenken diesem Klang keine Aufmerksamkeit oder empfinden ihn sogar als unangenehm. Wenn das Geräusch jedoch verändert wird, ist es möglich, die Faszination »Klangbaum« doch noch zu erleben. Anstatt einer einzigen Kugel, nehmen wir ganz viele Murmeln und es ist ein besonders lauter und damit prägnanter Klang zu hören. Jetzt horchen viele Kinder auf, wenden sich dem Spielzeug zu und fokussieren dieses aufmerksam. Eine Wiederholung ist in den meisten Fällen erwünscht, der laute und scheppernde Impuls ist einfach spannend.

Einige wenige Kinder empfinden auch das deutlich lautere Geräusch noch als unangenehm und zeigen eine erhöhte Anspannung. Dann sollte das Angebot zeitnah beendet werden und mithilfe einer Massage, einer Bewegungseinheit oder einem anderen positiv besetzten Impuls die benötigte Regulation angeboten werden. Nach einigen Stunden darf das Spiel nochmals ausgewählt werden und vielleicht gelingt es nun, eine positive Aufmerksamkeit darauf zu lenken? Mit einem Styroporball oder einer leichten Holzkugel ist einerseits ein leises, aber andererseits doch besonderes Geräusch zu hören. Der Fokus kann eventuell mithilfe einer Glitzerkugel auf den visuellen Wahrnehmungsbereich gelenkt werden. Nun erfährt das Kind, das ein vorher beängstigendes Spiel mithilfe von Variationen positiv in den Fokus rücken kann.

Abb. 2.5:
Der Klangbaum: Verschiedene Töne, eine spannende Bewegung, Farben und Berührungen schaffen gemeinsame Aufmerksamkeit und Freude

Abb. 2.6:
Die Klänge der Klangschale tönen und faszinieren ganz besonders

2.8 Exkurs: Eine andere Wahrnehmung im Mund, Gesicht und Halsbereich

Die veränderte Wahrnehmung und Wahrnehmungsverarbeitung betrifft den gesamten Körper und somit auch den Mund, das Gesicht und den Halsbereich. Die Besonderheiten zeigen sich erneut in Form einer intensiven Suche nach Informationen oder im Gegensatz dazu, in der Vermeidung dieser, und betreffen folgende Bereiche:

- das propriozeptive System
- das taktile System unter Einbezug der thermischen Wahrnehmung
- das gustatorische System
- das olfaktorische System

Die sensorischen und motorischen Besonderheiten haben Auffälligkeiten sowie Beeinträchtigungen in folgenden Bereichen zur Folge:

- Nahrungsaufnahme
- Mundhygiene
- Artikulation und Mimik
- Stimmgebung

Jede einzelne Aktivität steht in enger Verbindung mit den anderen Funktionen, welche sich wechselseitig beeinflussen. Eine Unterstützung und folgend Veränderung in einem dieser Bereiche ermöglicht auch eine Entwicklung in den anderen Systemen. So kann sich die Hilfestellung zur verbesserten Durchführung der Mundhygiene, auf das Essverhalten und die Artikulation auswirken.

2.8.1 Nahrungsaufnahme

Essen bedeutet einerseits die Aufnahme von Energie und Nährstoffen, andererseits ist die Nahrungsaufnahme ein Genusserlebnis, eine Möglichkeit, um zur Ruhe zu kommen, um zu entspannen. Das Riechen von Gewürzen, das Schmecken von süß oder salzig, das Fühlen der Oberfläche und verschiedener Konsistenzen, das Zerkauen und Zerkleinern der Nahrung, das Druckgefühl im Mund und besonders das wohlige Sättigungsgefühl nach dem Essen tragen zu einem positiven Erlebnis bei.

Im Verlauf der kindlichen Entwicklung nimmt das Kind zuerst Milch zu sich, später kommen weitere Flüssigkeiten hinzu. Mit ca. sechs Lebensmonaten beginnt die Umstellung auf vorerst breiige, dann festere Kost, zunehmend auch mit unterschiedlichen Konsistenzen und Geschmäckern, welche im weiteren Verlauf Abbeißen und gezieltes Kauen voraussetzen.

Bei autistischen Menschen ist auch die Nahrungsaufnahme von der anderen Wahrnehmung beeinflusst: die sehr spezifische Auswahl von Essen und Trinken, Besonderheiten bei der Aufnahme sowie der weiteren Verarbeitung von Nahrungsmitteln, dem Abbeißen, Kauen und Schlucken.

Alleine das Abbeißen und folgend das Befördern der Lebensmittel zwischen die Zahnreihen erfordert die gesamte Aufmerksamkeit der Betroffenen. Ein ausreichendes Kauen und Einspeicheln der Nahrung sind oft nicht möglich. Die Nahrung wird nicht auf der Zunge zu einem Kloß (Bolus) geformt und auch der Schluckvorgang ist anders. Ein gezieltes Schlucken von großen Stücken oder zusätzliches Schlucken von Luft sowie die teilweise geringe Zufuhr von Flüssigkeit belasten die Verdauung und führen zu Problemen im Magen-Darmtrakt.

Gesundheitsgefährdend!

Schwer ausgeprägte Sensibilitäts- und Koordinationsdefizite im Mund- und Rachenraum können dazu führen, dass beim Schluckvorgang ein Teil der Nahrung in die Luftröhre gelangt. Das folgende Hervorhusten und Herauswürgen der Nahrung führt zu weiteren negativen Erfahrungen im Rachen- und Mundbereich. Möglicherweise verweigern die Kinder aus Selbstschutz die für sie problematischen Nahrungsmittel.

Mögliche Auffälligkeiten bei der Nahrungsaufnahme

Folgendes Verhalten ist bei vorwiegender Hyposensibilität zu beobachten – oft verbunden mit einer intensiven Impulssuche:

- Verweigern der Nahrungsaufnahme aufgrund von zu geringen oder negativ erfahrenen Informationen
- Andauerndes oder häufiges Essen um ausreichend Informationen aufzunehmen
- Übermäßiges Hineinstopfen von Essen, »Hamstern« der Nahrung, um über den Druck die Nahrung zu spüren, damit Kauen und Schlucken möglich werden oder um sich zu entspannen

Verweigerung als Selbstschutz

- Häufiges Verschlucken beim Essen
- Nahrungsreste verbleiben in den Wangentaschen oder in den Mundwinkeln.
- Auswahl von vorwiegend weichen Nahrungsmitteln wie Brei oder Püree (ohne Kauen oder Abbeißen)
- Kaum bzw. keine Kaubewegungen werden ausgeführt.
- Häufig nasse Mundwinkel oder ein nasses Shirt, da der Speichel nicht gespürt und geschluckt wird.
- Kaum Selektion von Essen nach Konsistenz, Oberfläche, Temperatur, Geschmack oder Geruch – nur die visuelle Information ist bedeutungstragend: Essen wird nach Farbe oder Form ausgewählt.

Oder:

- Suche nach besonders starken Informationen in Bezug auf Konsistenz, Oberfläche, Temperatur, Geschmack oder Geruch, wie ungekochte

Nudeln, Cracker, viel Kohlensäure, Eis, nur heißes oder besonders kaltes Essen
- Schlucken von größeren Nahrungsstücken, um diese in der Speiseröhre spüren zu können
- Ständiges Kauen auf Gegenständen, den eigenen Fingern oder Fingernägeln oder dem T-Shirt
- Nicht essbare Dinge wie Erde, Gras, Steine usw. mit intensiven Informationen zu Geschmack, Oberfläche, Temperatur oder Konsistenz werden in den Mund genommen.

»Jedes Gericht und jedes Nahrungsmittel hat seinen eigenen speziellen Geschmack, seine eigene Farbe und Form. Gewöhnlich sind es diese Unterschiede, die das Essen zu einem Vergnügen machen, aber für einige Autisten haben nur Nahrungsmittel, die sie schon kennen, überhaupt Geschmack, alles andere ist für sie so verlockend wie das Spielzeugessen, das man als kleines Kind im Puppenhaus serviert [...] Aber könnt ihr euch nicht vorstellen, dass sie einfach mehr Zeit als andere brauchen, um unbekannte Speisen und Lebensmittel kennen und schätzen zu lernen?« (Higashida, 2018, S. 77).

Folgendes Verhalten ist bei vorwiegender Hypersensibilität zu beobachten – oft verbunden mit einer Impulsvermeidung:

- Verweigern der Nahrungsaufnahme durch zu intensive Spürinformationen
- Trinken anstatt Essen
- Ausspucken, Hervorwürgen oder Erbrechen von Nahrung möglich
- Starke Selektion von Essen je nach Konsistenz, Oberfläche, Temperatur, Geschmack, oder Geruch (bevorzugt wird nur eine bestimmte Sorte Joghurt oder Cornflakes, das Essen wird nur mit einem bestimmten Löffel zu sich genommen usw.)
- Jede weitere und somit neue Information wird abgewehrt (keine Veränderung beim »Lieblingsessen« möglich)
- Kein Mischen von Konsistenzen (»Trennkost« oder die verschiedenen Konsistenzen werden nacheinander gegessen) Trennkost
- Hohe Temperaturempfindlichkeit: Essen wird oft als zu »heiß« empfunden, Kaltes wie Eis wird gemieden
- Essen nur mit starkem Ablenken (Tablet, Fernseher usw.)
- Essen ist nur stehend oder in Bewegung möglich

Hilfen und Übungen zur Verbesserung der Nahrungsaufnahme

Die folgenden Hilfestellungen bieten wir nur zum Teil in unserer Praxis an. Eltern oder Begleitende sollten diese Übungen, gerne in enger Absprache, im Alltag anwenden. Beim Frühstück, Mittag- oder Abendessen können die autistischen Personen unterstützt werden. Die körperlichen Stimulationen der am Essen und Trinken beteiligten Bereiche, werden in der Praxis zumeist angebahnt und im Folgenden nach Hause mitgegeben.

Positiv wahrnehmbare Impulse im Mund- und Gesichtsbereich und beim Essen anbieten:

- Beim Essen zeitgleich ganzkörperlich regulierende »Lieblingsimpulse« anbieten, um einer steigenden Anspannung entgegenzuwirken.
- Beim Einführen von neuen Lebensmitteln oder beim Verändern von Bestehendem zusätzliche Massagen oder Hilfestellungen anbieten.
- Eisstimulationen direkt vor und während des Essens anbieten.
- Gezielte (teilweise zeitgleiche) Stimulationen im Gesichtsbereich:
  - Die Stimulation der Lippen verbessert den Mundschluss.
  - Die Vibration der Wangen verbessert das Kauverhalten.
  - Die Vibration des Mundbodens kann den Schluckvorgang einleiten.
  - Eine Stimulation der Kiefergelenke kann verstärkte Erregung abbauen.
- Ein fester »Halt« bietet dem Kind eine gute Rückmeldung über den eigenen Körper, dieser kann am gesamten Oberkörper oder isoliert am Kopf sowie dem Kieferbereich erfolgen. Mit einem verlässlichen Stimulus werden Essen und Trinken oft entspannter und leichter erlebt.
- Massagen, Vibrationen und Eisstimulationen in den Tagesverlauf einfließen lassen (einige Massagegeräte sind für die Anwendung im Mund geeignet, andere können mit intraoralen Aufsätzen ergänzt werden).
- Nahrungsmittel mit verschiedenen Temperaturen anbieten (Essen direkt aus dem Kühl-/Eisschrank)
- Lebensmittel mit ähnlichen Konsistenzen oder Oberflächen anbieten wie bei den bevorzugten, um die Auswahl zu vergrößern.
- Lebensmittel mit ähnlichem Geschmack oder Geruch anbieten wie bei den bevorzugten, um die Auswahl zu vergrößern
- Lebensmittel einfärben oder in bestimmten Formen geschnitten anbieten.

Konsequenzen der gestörten Nahrungsaufnahme

Mangelernährung

Die starke Selektion von Lebensmitteln kann zu einer Mangelernährung führen, da die Kinder nicht ausreichend Mineralien, Spurenelemente und Vitamine zu sich nehmen. Das bevorzugte, mit wenig Kauen zu schluckende »Fast-Food« sowie weiche Süßspeisen haben zudem meist einen hohen Zuckeranteil und schädigen den Zahnschmelz.

»Hamstern« von Nahrung

Essen kann auch eine wichtige Möglichkeit zur Regulation darstellen, wie beim Hamstern von großen Nahrungsmengen, welches einen entspannenden Druckimpuls bietet. Die ständige Suche nach Essbarem kann jedoch im weiteren Verlauf zu starkem Übergewicht führen.

Ein stark auffälliges Essverhalten wirkt sich so mehrfach auf die gesamtkörperliche Gesundheit aus. Die Eltern wissen, dass sie ihr Kind nicht ausreichend mit (gesunder) Nahrung versorgen, es »verhungert« am gedeckten Tisch bzw. es nimmt zu viel (ungesunde) Nahrung zu sich. Dies ist eine weitere zusätzliche Belastung für die Familie.

Auch das für den Familienzusammenhalt wichtige Beisammensein am Esstisch entfällt. Die Essenssituationen sind häufig besonders belastende Einheiten im Tagesablauf.

> **Gut zu wissen: Orale Exploration**
>
> **Vorsicht!**   Lebensgefahr!
>
> Wenn es gelingt, die Aufmerksamkeit verstärkt und mit einem positiven Empfinden verbunden auf den Mundbereich zu lenken, folgt häufig eine (erneute) intensive orale Phase. Dabei nimmt das Kind viele Dinge in den Mund, leckt diese ab oder kaut darauf herum, um sie zu erforschen. Dies können zum Teil auch nicht essbare Gegenstände sein, welche eine hochgradige Gefährdung für die Kinder bedeuten. Es kann zu Verletzungen, Ersticken oder Vergiftungen führen. Bei dieser verspäteten »Explorationsphase« ist es wichtig, dass das gesamte Umfeld des Kindes früh über mögliche Gefahren aufgeklärt wird.
>
> In den nächsten Wochen sollte das Kind besonders wachsam beobachtet werden, auch wenn das Kind bis dahin wenig(-er) Aufsicht benötigte. Ein Hochstellen oder Wegschließen von gefährlichen Gegenständen ist häufig nicht ausreichend, da der Bewegungsradius und die Reaktionszeiten sich anders zeigen als in der regulären Entwicklung der oralen Phase eines Kleinkindes (▶ Kap. 12.2). Auch verfügt der autistische Mensch möglicherweise über lösungsorientiertes Handeln und kann sich so z. B. mithilfe eines Stuhls Zugang zu scheinbar sicheren Ablagen verschaffen.

2.8.2 Mundhygiene

Die veränderte Wahrnehmung zeigt sich auch bei der Mundhygiene. Das Zähneputzen wird teilweise verweigert, kann nur mit einigen wenigen Ablenkern oder zum Teil nur durch ein Festhalten des Kindes durchgeführt werden.

Aufgrund nicht ausreichender und unregelmäßig durchgeführter Zahnpflege kommt es langfristig zu Zahnschäden. Bei einigen Menschen im Spektrum ist es sogar notwendig, die Zahnpflege und Instandsetzung der Zähne in einer Klinik unter Teil-/Vollnarkose durchzuführen. Hier kann auch eine Versiegelung der Zähne erfolgen, um weiteren Schäden vorzubeugen.

> **Fallbeispiel: Oman, 20 Jahre, im Autismus-Spektrum, starke geistige Behinderung, Epilepsie (Teil 1/2)**
>
> Zu Beginn der Therapie keine wechselseitige Interaktion, kein bewertbares Sprachverständnis, nonverbal

In Elterngesprächen überrascht es mich immer wieder, mit welchen Schwierigkeiten Familien in ihrem Alltag konfrontiert werden.

Die Mutter von Oman berichtete mir nach zwei Jahren Therapie, dass sie endlich einen ganz besonderen Fortschritt erzielt haben: »Oman lässt sich jetzt im Stehen die Zähne putzen!« Ich schaute etwas verwundert, dann erzählte mir Frau A., dass das Zähneputzen bei Oman seit einigen Jahren, nur mit ganz besonderen Maßnahmen durchführbar war. Oman musste sich auf den Boden legen, sein Vater legte sich auf ihn, damit seine Mutter ihm dann, wenigstens für einige Sekunden die Zähne putzen konnte. Eine gute Zahnpflege war so jahrelang nicht möglich gewesen. Alle 18 Monate wurde unter Vollnarkose, eine professionelle Reinigung in der nahegelegenen Zahnklinik durchgeführt, mit anschließender Versiegelung der Zähne.

Die Schilderungen der Mutter zeigen die Schwierigkeiten und die Belastung in vielen Alltagssituationen. Zähneputzen war für alle Beteiligten stets mit viel Stress verbunden. Trotzdem waren wahrscheinlich das Spüren der kalten Fliesen und das Gewicht des Vaters eine Hilfe für Oman, eine Möglichkeit, sich etwas zu regulieren. Ein »einfaches« Festhalten im Stehen hatten die Eltern auch versucht, doch diese Hilfe reichte nicht aus. Die vorherrschenden Impulse im Mund verwirrten oder schmerzten Oman so sehr, dass er die Zahnpflege nicht aushalten konnte.

Heute steht Oman selbstbestimmt vor dem Waschbecken, er öffnet den Mund leicht und lässt sich die Zähne putzen. Die Sensibilität konnte soweit verändert werden, dass er den Druck der Zahnbürste nicht mehr als unangenehm wahrnimmt. Eine Hand, fest streichend oder vibrierend, an der gegenüberliegenden Wange hilft ihm zusätzlich. Und seitdem Oman zeitgleich die beruhigende Stimme der Mutter wahrnimmt oder ein anderes Mal die Musik aus dem Radio, ist er nochmals entspannter.

Einige Wochen später berichtet die Mutter, dass das Zähneputzen zurzeit sogar mehrmals am Tag eingefordert wird und dass er sogar die Munddusche der Familie für sich entdeckt hat.

Mögliche Auffälligkeiten bei der Mundhygiene

Folgendes Verhalten ist bei vorwiegender Hyposensibilität zu beobachten – oft verbunden mit einer intensiven Impulssuche:

- Die Zahnbürste wird bis in den Rachenraum geschoben.
- Die Zahnpflege ist nur mit einer elektrischen Zahnbürste oder mit viel Druck möglich.
- Festes Beißen oder Kauen auf der Zahnbürste
- Zahncreme (bevorzugt Menthol-Zahncreme) wird gegessen.
- Zähne putzen wird mehrmals täglich eingefordert.

2.8 Exkurs: Eine andere Wahrnehmung im Mund, Gesicht und Halsbereich

Folgendes Verhalten ist bei vorwiegender Hypersensibilität zu beobachten – oft verbunden mit einer Impulsvermeidung:

- Die Zahnpflege wird abgewehrt und/oder das Kind will sich nicht helfen lassen.
- Starkes Würgen oder sogar Erbrechen ausgelöst durch den Kontakt der Zahnbürste auf der Zunge oder den Zähnen.
- Verweigerung von Zahncreme.
- Verweigerung der elektrischen Zahnbürste, bei der Handzahnbürste darf nur mit wenig Druck gearbeitet werden bzw. das Putzen ist nur mit einer Babyzahnbürste möglich.
- Beim Zähneputzen sind starke Ablenker notwendig wie Tablet oder Handy.
- Das Kind ist beim Zähneputzen ständig in Bewegung, benötigt intensives Stimming.

Hilfen und Übungen zur Verbesserung der Mundhygiene

Positiv wahrnehmbare Impulse im Mund- und Gesichtsbereich und bei der Zahnpflege anbieten:

- Eine andere Zahnbürste: Veränderung von Härtegrad, Material, Größe oder Beschaffenheit
- Verwendung einer elektrischen Zahnbürste, da die Vibration besser wahrnehmbar ist, Achtung: zusätzlicher auditiver Impuls!
- Weglassen bzw. Wechseln der Zahncreme, veränderter Geschmack, Konsistenz oder Farbe
- Zeitgleich einen körperlichen Halt bieten, eine Massage mit Druck auf den Nacken, den Kiefer oder die gegenüberliegende Wange
- Positive Impulse in den Fokus rücken: Zähne putzen in der Duschwanne, im Planschbecken, mit einem »Gewichttier« oder auf einem speziellen »Sitzkissen«, mit der Lieblingsmusik oder einem Gegenstand zum Festhalten, welcher beruhigt
- Massagen, Vibrationen und Eisstimulationen im Tagesablauf, vor und nach dem Zähneputzen, um die Aufmerksamkeit auf die Wahrnehmung für den Mundbereich zu verbessern.

2.8.3 Stimmgebung

Für eine tragfähige und der Situation angepasste Stimmgebung ist eine gute Feinabstimmung der beteiligten Muskulatur notwendig. Bedingt durch sensorische und muskuläre Dysbalancen im Hals- und Rachenbereich, aber auch des gesamten Oberkörpers und durch eine zu geringe Rumpfstabilität kann diese beeinträchtigt werden.

Stimmstörungen oder Dysfunktionen bei der Stimmgebung

Die Stimmbildung wird entweder mit zu viel Druck ausgeführt (Hyperfunktion) und es können sich folgend »Schreiknötchen« bilden. Oder bei der Stimmgebung ist die Spannung nicht ausreichend oder kann nur kurzzeitig gehalten werden: Die Stimme ist sehr leise und/oder nicht tragfähig (Hypofunktion). Bei einigen Betroffenen ist eine unwillkürliche Stimmgebung nur in ausgewählten Situationen möglich, wie in Momenten starker Erregung, beim Herumlaufen oder selbststimulierendem Hüpfen; eine konstante Stimmproduktion in Hinblick auf eine gezielte Lautproduktion ist jedoch nicht abrufbar (Aphonie).

Mögliche Auffälligkeiten bei der Stimmgebung

Folgendes Verhalten ist bei vorwiegender Hyposensibilität der an der Stimmgebung beteiligten Bereiche zu beobachten – oft verbunden mit einer intensiven Impulssuche:

- Stimme kann nicht gezielt abgerufen/produziert werden, nonverbal.
- Stimmgebung erfolgt mit viel Druck, die Stimme ist besonders laut, kehlig oder kratzig.
- Keine Veränderung von Tonhöhen und/oder Lautstärke möglich (eintöniger Stimmklang, keine Satzmelodien – wie bei Fragen oder Betonungen notwendig)
- Die Stimmproduktion wird zur eigenen Stimulation genutzt: ständiges Brummen, sehr laute und/oder hohe Stimmproduktion, anhaltendes Singen.

Folgendes Verhalten ist bei vorwiegender Hypersensibilität der an der Stimmgebung beteiligten Bereiche zu beobachten – oft verbunden mit einer Impulsvermeidung:

- Stimme kann nicht gezielt abgerufen/produziert werden, nonverbal.
- Stimmproduktion wird als unangenehm empfunden und vermieden.
- Stimmgebung erfolgt nur mit wenig Druck, die Stimme ist leise.
- Die Stimmgebung benötigt den alleinigen Fokus, eine Lenkung der Aufmerksamkeit auf andere Impulse ist nicht möglich.
- Es wird andauernd gesungen, da dies als »weicher« empfunden wird.
- Stimmgebung erfolgt nur in einer »Wohlfühllage«, keine Tonhöhenvariation.

Eine Hyper- bzw. Hyposensibilität des auditiven Systems kann die Stimmproduktion zusätzlich beeinflussen, aufgrund dessen besonders lautes oder besonders leises Sprechen bevorzugt wird.

Hilfen und Übungen zur Verbesserung der Stimmgebung

> **Positiv wahrnehmbare Impulse in Bezug auf die eigene Stimme anbieten:**
>
> - Hilfen zur Entspannung, wie ein Setting auf der Schaukel oder dem Pezziball
> - Massagen und weitere Impulse für den Schulter-, Nacken-, Brust- und Halsbereich sowie den Kehlkopf, um die Sensibilität zu verbessern und so die Stimmgebung positiv zu beeinflussen
> - Aktivitäten mit intensiven Emotionen koppeln wie gemeinsames Lachen oder lautes Schimpfen um die Stimmgebung vermehrt beeinflussen zu können
> - Pusteübungen, LAX-VOX®[2]
> - Ball- und Wurfspiele mit der Stimme koppeln, die Bewegung erleichtert dabei die gezielte Muskelaktivierung
> - Stimmübungen in unterschiedlichen Situationen anbahnen, damit Stimmgebung auch im Alltag anwendbar und abrufbar ist (▶ Kap. 9.3).
> - Symbol- und Rollenspiele mit verschiedenen Stimmen und Charakteren anbieten – dazu müssen u. a. Triangulationen und Imitationen möglich sein (▶ Kap. 5).

2.8.4 Artikulation und Mimik

Mit Artikulation bezeichnet man die Realisierung der Phoneme und Wörter mithilfe der Artikulationsorgane. Dieser neuro-muskuläre Vorgang bezieht sich auf die Einzelbewegungen im gesamten orofacialen Bereich sowie die Koartikulation dieser. Eine flüssige Artikulation erfordert feinste Bewegungen sowie eine gute Abstimmung der am Sprechen beteiligten Muskulatur.

Aufgrund der veränderten Wahrnehmung können die Lage und Mobilität der Zunge, die Spannung des Gaumensegels, die Mundöffnung sowie die Lippenspannung und -bewegung nicht ausreichend wahrgenommen und koordiniert werden. Die Artikulation und auch die Koartikulation zeigen sich deshalb zum Teil undifferenziert und unzureichend.

Eingeschränkte Artikulation

> »Motorische Störungen im Mundbereich betreffen meist auch das Gaumensegel, [...] was zu einer erhöhten Nasalität führen kann. [...] In dieser Situation ist auch die Stimmgebung fast immer auffällig, d. h. eher schwach oder aber überschießend.« (Zollinger, 2002, S. 52).

Auch die mimische Modulationsfähigkeit zeigt, bedingt durch die veränderte Sensorik und Motorik, Auffälligkeiten. Die Kinder können ihre Augenbrauen, Wangen und Lippen nicht ausreichend bewegen. Bei man-

Eingeschränkte Mimik

---

2 LAX VOX ist ein Produkt, welches mithilfe eines Silikonschlauches und einem Wasserwiderstand die Stimmpflege unterstützt.

chen Kindern führt die geringe Aktivität und die daraus folgende schlechtere Durchblutung zusätzlich zu einem verringerten Lymphfluss, welcher sich nochmals negativ auf die Ausführung der Muskelaktivität auswirkt. Eine sehr starke Mimik kann für das Gegenüber befremdlich wirken und verunsichern.

Mögliche Auffälligkeiten bei Artikulation und Mimik

Folgendes Verhalten ist bei vorwiegender Hyposensibilität zu beachten – oft verbunden mit einer intensiven Impulssuche:

- Apraxie oder Dyspraxie: Es ist keine/kaum verständliche Lautbildung und somit Lautsprache möglich.
- Phonetische Störungen – die Lautsprache ist durch vielfältige Lautfehlbildungen entstellt: Rachen-, Plosiv- oder Reibelaute werden gehäuft gebildet/lautiert
- Übertriebene Artikulation oder besonders verwaschene Artikulation
- Defizite der Koartikulation
- Der Nasenraum wird zur Stimulation genutzt: offenes Näseln/Rhinophonia aperta.
- Die Artikulationsbewegung wird zur Stimulation genutzt: ständiges Lautieren, Schnalzen oder Spiel mit der eigenen Zunge oder den Lippen.
- Eingeschränkte Mimik, keine/kaum differenzierte Bewegungsmuster möglich
- Besonders intensiv ausgeführte Mimik: Grimassieren wird zur Stimulation genutzt: zum Teil einschießende, nicht steuerbare Bewegung besonders in Stresssituationen.

Folgendes Verhalten ist bei vorwiegender Hypersensibilität zu beachten – oft verbunden mit einer Impulsvermeidung:

- Apraxie oder Dyspraxie: Es ist keine oder nur eine schwer verständliche Lautbildung möglich
- Phonetische Störungen – die Lautsprache ist durch vielfältige Lautfehlbildungen entstellt: Rachen-, Plosiv- oder Reibelaute werden vermieden, die Aktivität des Gaumensegels ist eingeschränkt.
- Phonologische Störungen: Laut- oder Silbenauslassungen, Lautersetzungen oder Lautangleichungen
- Es sind keine/kaum mimische Bewegungen zu beobachten, dies lässt die Kinder zusätzlich abwesend wirken.
- Undifferenzierter mimischer Ausdruck. Das Erkennen der Emotionen und des aktuellen Befindens der Kinder ist erschwert. Es gibt häufig nur einige wenige Gesichtsausdrücke und zum Teil entspricht die Mimik nicht dem Gefühl.

2.8 Exkurs: Eine andere Wahrnehmung im Mund, Gesicht und Halsbereich

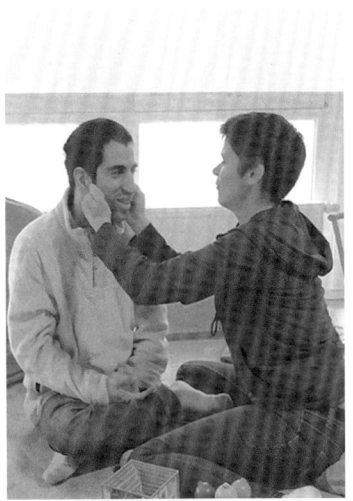

Abb. 2.7:
Stimulationen im Gesichtsbereich mit den Händen

Hilfen und Übungen zur Verbesserung von Artikulation und Mimik

Die Förderung zur Verbesserung der Artikulation und der Mimik betrifft den gesamten Hals-, Gesichts- und Mundbereich. Dies wirkt sich auf die damit verbundenen Funktionen und Aktivitäten aus und kann zusätzlich auch die Nahrungsaufnahme sowie die Durchführung der Mundhygiene verbessern.

Abb. 2.8:
Stimulationen im Gesichtsbereich mit dem Novafon[3]-Massagegerät

---

3   Novafon ist ein medizinisches Massage-Schallwellengerät, das besonders intensiv und tiefenstimulierend ist.

Mimik und Artikulation bedingen einander

Je abwechslungsreicher und komplexer die verschiedenen Hilfen angeboten werden, umso eher werden sie in den Alltag übernommen und es zeigen sich auch positive Veränderungen in anderen Bereichen. Auf lange Sicht verändert eine verbesserte Mimik sowie eine gezieltere Artikulation die Interaktionskompetenzen.

> **U. a. positiv wahrnehmbare Druck-, Zug- und Vibrationsimpulse anbieten:**
>
> - Massagen und Vibrationen mithilfe verschiedener Massagegeräte, Bürsten, Bällen oder mit den Händen der Therapeutin
> - Eisstimulationen
> - Kauschlauch, Schnuller und weitere Kaumaterialien regen mit zusätzlich angebotenen Vibrationen oder Druckimpulsen das Kauen an und unterstützen den Mundschluss.
> - Aktive Bewegungs-/Funktionsanbahnung mithilfe von Dehnung, Zug, verschiedenen Grifftechniken und Widerstand zur Verbesserung der motorischen Leistungen; u. a. Übungen aus dem Bereich der Mund- und Esstherapie von Kindern und der Rehabilitation neurologischer Erkrankungen.
> - Bewusste, positive Aufmerksamkeitslenkung vor dem Spiegel, mit Hilfe von Grimassierspielen, Gesichtsbemalungen und Eincremen.

Bei den Übungen werden alle Gesichtsbereiche wie Stirn, Augenbrauen, Wangen, Nase, Kinn und Lippen miteinbezogen. Auch intraorale Stimulationen, z. B. der Zunge und an den Zähnen sowie Impulse an Ohrmuschel, Hals und Nacken sind hilfreich.

3 Stimming

Stimming oder auch Autostimulationen sind sich wiederholende und oft gleichbleibende Handlungen, die vorwiegend der Regulation von Stresssymptomen dienen, welche durch die »andere« Wahrnehmung und Wahrnehmungsverarbeitung bedingt sind. Ziel der Impulsgebung ist der Überforderung bzw. Übererregung entgegenzuwirken.

Das selbststimulierende Verhalten kann ein Wiederholen von physischen Bewegungen sein, aber auch von Geräuschen oder Lauten. Es kann ebenso das Einfordern bestimmter visueller, olfaktorischer oder gustatorischer Stimuli betreffen. Bei einer besonders schwer beeinträchtigten Wahrnehmung oder besonders starker Erregung erfolgen die Stimulationen vorwiegend in Bezug auf das vestibuläre und propriozeptive System. Stimming kann sich mitunter auch in selbstverletzenden Verhaltensweisen zeigen, welche die physische Gesundheit der Menschen mit Autismus zusätzlich massiv beeinträchtigen.

> »Der gemeinsame Nenner dieser sehr unterschiedlichen Aktivitäten ist der Rückzug auf den Körper. In unterschiedlichen Facetten verschaffen sich die Kinder Möglichkeiten, ihren Körper zu spüren oder durch ihn in Kontakt mit der Umwelt zu treten. Sie versuchen auf diese Weise, Zugang zu ihren Gefühlen zu finden. Die Wahrnehmungen, die sie sich durch die körperlichen Aktivitäten verschaffen, helfen ihnen, Anspannungen zu reduzieren und Erregungen zu regulieren« (Büker, 2016, S. 73).

> »Stereotype Verhaltensweisen – oder vielmehr Autostimulationen – sind grundsätzlich nichts Außergewöhnliches. Wir finden sie bei allen Menschen in unserem Lebensumfeld, einschließlich uns selbst. [...] Sie sind schließlich nur ein winziger Teilausschnitt eines großen Verhaltensrepertoires. Bei Menschen mit Behinderungen ist das allerdings oft anders. Ihre Verhaltensweisen haben sich häufig auf wenige Handlungsweisen reduziert, die sie in einer Endlosschleife wiederholen [...] Diese Aktivitäten werden durch keinen willentlichen Akt ausgelöst, sondern geschehen völlig unwillkürlich und unbewusst. Offensichtlich verschafft sich der Körper durch dieses Verhalten völlig autonom Entlastung« (Büker, 2014, S. 73).

Die Stimulationen sind vielfältig: das Schlagen von Körperteilen gegen einen Widerstand, ein intensives Wedeln oder Drehen der Hände, ein ständiger Bewegungsdrang, lautes Tönen oder Schreien, ständiges Wippen… Je nachdem welche Wahrnehmungssysteme bevorzugt werden, erfolgt eine mögliche Hilfestellung. Wenn das gezeigte Stimming ein Schlag mit dem Kopf gegen die Wand ist, sollte eine Unterstützung in Bezug auf das propriozeptive Wahrnehmungssystem im Stirn-/Hals-/Nackenbereich erfolgen (► Kapitel 2.2).

> »Ich bin mir nicht sicher, ob Autoaggression überhaupt der richtige Begriff ist, um unser Verhalten in diesen Situationen zu beschreiben. Es geht mir eigentlich darum, mich wieder zu regulieren, mir wieder begegnen zu können, mit mir sein zu können. Mein Verhalten ist damit nicht gegen mich gerichtet, sondern ausschließlich für mich. […] Bestimmt haben Sie auch schon Situationen erlebt, in denen Sie am liebsten mit dem Kopf an die Wand oder auf die Tischplatte geschlagen hätten« (Vero, 2014, S. 155).

Für Außenstehende wirken die intensiven Stimulationen beängstigend und abschreckend. Wenn zusätzlich noch Fremdgefährdung hinzukommt, werden Menschen im Autismus-Spektrum nochmals stärker ausgegrenzt und erfahren kaum noch Angebote zum Austausch. Fremdverletzende Verhaltensweisen, auch wenn sie von der Intention nicht gegen andere gerichtet sind, verhindern Integration und Teilhabe.

3.1 Umgang mit Stimming

Autostimulationen sind zumeist unwillkürliche und von den Betroffenen nicht beeinflussbare Handlungen. Einigen Menschen mit Autismus gelingt es jedoch mit dem zunehmenden Wissen um ihre besondere Wahrnehmung, geeignete Interventionen bewusst und auch frühzeitig anzuwenden. Dies kann ein Gang zum Waschraum sein, um sich dort mit kaltem Wasser die Hände zu waschen, das Handling mit einem Igelball oder einem Taschenvibrator oder das Tragen einer engen Jacke. Die Stimuli sollen die Anspannung im Körper verringern und ermöglichen eventuell die Fortsetzung einer geplanten Handlung oder das Überstehen von belastendenden Situationen im Alltag.

> »Aber auch das ständige Bewegen meiner Zehen in den Schuhen stört niemanden. Die Beschäftigung oder Konzentration auf einen bekannten Reiz ermöglicht es mir, mich so zu regulieren, dass der Stress, den so viele Alltagssituationen unweigerlich mit sich bringen, auf einem Level gehalten wird, der es mir ermöglicht, in dieser Situation zu verbleiben« (Vero, 2014, S. 71).

Kein Verbot von Stimming

Eltern und Begleitende versuchen häufig, die gezeigten Stimulationen zu unterbinden, indem sie Verbote aussprechen oder die Kinder tatkräftig davon abhalten. Ein gezielter Abbruch des Stimmings verstärkt jedoch die Erregung, da das Kind diese Regulation dringend benötigt.

Der autistische Mensch wird in einer Notsituation nicht unterstützt. Er erlebt weder, dass seine Bedürfnisse wahrgenommen werden, noch, dass diesen nachgekommen wird. Das Kind ist in seiner Not alleine!

Wenn einem Kind z. B. das für ihn beruhigende Wedeln mit den Händen verboten wird, steigt die körperliche Anspannung weiter an und das Gefühl der Überforderung wird stärker. Betroffenen, die in Notsituationen mit dem Kopf gegen die Wand oder einen Gegenstand schlagen, wird infolgedessen vielleicht ein Helm zum Schutz angeboten oder es erfolgt eine Fixierung, um eine Verletzung zu vermeiden. Aber auch diese Hilfestellungen bieten keine Möglichkeit, das vorhandene Erregungspotential abzubauen. Der Mensch in Not erfährt keine Beruhigung und Unterstützung. Deshalb wird er eine andere Möglichkeit suchen, um sich zu regulieren, eventuell mit festen Schlägen auf die eigene Nase oder indem er mit der Faust auf seinen Augapfel drückt. Bei einer Fixierung wird er gegen die Bandagen ankämpfen, solange, bis er nach langen stressbesetzten Minuten vollkommen erschöpft ist.

Teilweise werden die Kinder als Hilfestellung in einen Raum ohne besondere visuelle und auditive Stimuli gebracht, aber auch hier erfolgt keine aktive Unterstützung. Die eigenständige Regulation, besonders in einem »reizarmen« Raum, ist für viele wahrnehmungsbesondere und stark erregte Kinder langwierig. Sie brauchen Anregungen von außen, die helfen können, die Anspannung abzubauen. Ohne diese Hilfen laufen sie unruhig auf und ab, verletzen sich teilweise selbst, schreien oder weinen laut, zum Teil über einen langen Zeitraum.

> »Kommt es zur Stressreaktion, ergibt sich wie bei nicht-autistischen Menschen ein emotionaler Anspannungszustand. Der wird aber aufgrund der alexithymen Schwächen von autistischen Menschen selbst häufig gar nicht als emotionaler Zustand erkannt, sondern es werden – wenn überhaupt – körperliche Symptome wie Halsschmerzen [… usw.] erlebt. […]
> Häufig wird viel zu spät gegen den die Angst induzierenden Stress gegenreguliert, weswegen es dann zur akuten Stressreaktion kommt […].
> Steigt die Anspannung weiter an und fehlen Kompensationsstrategien zum Spannungsabbau, kommt es in solchen Situationen dann häufig zu selbstverletzenden Verhaltensweisen zum Anspannungsabbau wie Ritzen, Schneiden, Brennen, Kopf-gegen-die-Wand-Schlagen oder anderem autoaggressiven Verhalten. Diese Anspannungszustände und damit verbundenen selbstverletzenden Verhaltensweisen führen in Unkenntnis der typischen autistischen Psychodynamik dann vor allem bei Mädchen und Frauen häufig zur Fehldiagnose einer Borderline-Persönlichkeitsstörung« (Tebartz van Elst, 2018, S. 84 f.).

> »Vor allem autistische Kinder versuchen sich spontan häufig durch repetitive schaukelnde Bewegungen zu beruhigen, was oft auch sehr gut funktioniert. Im späteren Kindesalter werden solche Verhaltensweisen von Eltern, Erziehern oder auch Altersgenossen dann oft als sozial unangemessen kritisiert, weshalb viele autistische Menschen im weiteren Verlauf dieses Schaukeln vollkommen unterdrücken. Dies ist dann nachteilig, wenn damit eine einfache, gut funktionierende und nebenwirkungsfreie Methode der Anspannungsregulation wegfällt. In manchen Fällen ist es Therapieziel im Freiburger Therapiekonzept für Erwachsene mit Autismus, diese effektive Methode zur Anspannungsregulation wieder neu zu erlernen« (Tebartz van Elst, 2018, S. 87).

> »Stimming darf weder selbst- noch fremdgefährdend sein. Es sollte idealerweise etwas sein, was dem Menschen effektiv in seiner Stressbewältigung hilft, aber dennoch keinen anderen Menschen stört. Aber auch wenn Ihnen das Stimming seltsam vorkommt und bitte auch dann, wenn es Sie stört, unterbrechen sie es nicht. Sie nehmen autistischen Menschen damit die Dämpfer weg, das heißt, dass der Aufprall umso härter und verheerender wird. […] Versuchen Sie störendes Stimming durch weniger störendes zu ersetzen, indem sie dem Menschen andere Angebote machen« (Vero, 2014, S. 106 f.).

Wenn die Therapeutin die Handlung oder Stimulationen als ein Bedürfnis nach einem ganz bestimmten Impuls und somit nach Regulation erkennt

Stressregulation ermöglichen

und entsprechend darauf reagiert, kann das Kind besonders in Notsituationen gezielt Unterstützung erfahren. Die von außen gesetzten körperlichen Stimulationen verringern die erhöhte Anspannung und helfen zeitnah – auch bei starker Erregung. Mithilfe eines gezielten Umlenkens oder einer passenden Stimming-Variation können Selbst- oder Fremdverletzungen vermieden werden. Gewöhnungseffekte der sensorischen Impulse (Habituation), welche langfristig eine Steigerung der Impulsintensität zur Folge haben, zeigen sich bedingt durch die Variationen nicht.

Stimming aktiv nutzen: Therapeutinnen, Eltern und Begleitende nehmen die Impulse des Kindes auf und bieten diese ggf. leicht abgeändert an. Im Alltag und in der Therapie ermöglicht das »unterstützte Stimming« eine aktive Regulation von außen. Das Kind erfährt keinen Abbruch seiner Interventionen, sondern Unterstützung. Es erlebt Regulation und damit Sicherheit. Langfristig verändern diese gut wahrnehmbaren und positiv erlebten Impulse die Verarbeitung in den entsprechenden Wahrnehmungssystemen. Die Impulsgebung wird an diese Veränderung angepasst und im langfristigen Verlauf kann diese deutlich zurückgenommen werden. Die Reduzierung der Stressbelastung im Alltag ermöglicht zudem eine bessere Aufnahme und Verarbeitung weiterer Impulse sowie deren Verknüpfungen (▶ Kapitel 6.2).

> **Praktische Tipps: Stimming – Möglichkeiten zur Regulation und zur positiven Impulsgebung**
>
> Viele der praktischen Tipps zur Förderung der einzelnen Wahrnehmungsbereiche eignen sich gleichzeitig als Regulationshilfen für den Alltag. Das gezeigte Verhalten der autistischen Person zeigt dabei den Schwerpunkt, die Vorgehensweise und die Intensität der spezifischen Regulationsangebote auf. Das aktive Stimming kann vor, während und nach belastenden Situationen angeboten werden.
> Mögliche Unterstützungen:
>
> - im Verlauf der Therapie, im Kindergarten, Schulalltag, der Einrichtung oder Zuhause
> - beim Ankommen, während der Pausen, bei Übergängen, beim Warten und beim Abholen
> - beim Erlernen von Neuem oder in neuen Situationen
> - als Belohnung
> - zur Festigung der Beziehung
> - je nach Bedarf

Die beschriebenen Hilfen sollten möglichst vorher, in weniger angespannten Situationen, erprobt werden.

Hilfestellungen in Notsituationen

Mithilfe einer aktiven Stimulierung von außen erleben die Kinder, dass sie in ihrer Not nicht alleine gelassen werden, sie erfahren, dass sie auch in diesen Momenten gesehen, verstanden und unterstützt werden.

Beobachtbares Verhalten des Kindes	Mögliche Unterstützungen
Schläge mit der Faust gegen den eigenen Kopf	ein fester Massagegriff an Stirn oder Schläfen mit einer kurzen, intensiven Vibration
(Aus-)Reißen der Haare	ein Druck oder Zugimpuls auf die Haarwurzel oder Stimulation mit einem Kopfmassagegerät
Schläge auf die Nase	Stimulation von Nasenwurzel, Nasenrücken und Nasenflügel
Eindrücken des Augapfels, Ausreißen der Wimpern	Stimulationen ober- und unterhalb des Auges, vorsichtiges Ziehen und Tappen des Augenlides
Beißen ins Handgelenk	Stimulationen am Kiefergelenk, im Nacken und an der Hand – mit Massage, Vibration und Eis
Treten gegen Wände, gegen Personen oder festes Aufstampfen auf den Boden	Druckmassage an den Fußsohlen, Hüpfen auf dem Trampolin, Druck auf die Beine bis in den Beckenbereich
Schlagen anderer Personen oder gegen den eigenen Körper	Druckimpulse am Handgelenk und der gesamten Hand, Klopfmassagen im Nacken und an den Schultern, bei Selbstverletzungen auch das entsprechende geschlagene Körperteil einbeziehen

Tab. 3.1: Praktische Tipps: Mögliche spezifische Interventionen bei fremd-/selbstverletzendem Stimming

»Körperkontakt vermindert Stress, bewirkt Entspannung und wirkt sich messbar auf gesundheitlich bedeutsame Größen aus wie z. B. die Herzrate, den Blutdruck, das Stresshormon Cortisol und das Speichelenzym Alpha-Amylase, das besonders auf psychosozialen Stress reagiert« (Rohleder et al., 2004, zitiert nach Jansen & Streit, 2015, S. 13).

Fallbeispiel: Samuel, 12 Jahre, im Autismus-Spektrum

Stark selbstverletzendes Verhalten, geringe Frustrationstoleranz, starkes Einfordern von Routinen

Samuel geht schon seit einigen Monaten nicht mehr in fremde Gebäude. Auch ein Besuch beim Kinderarzt ist nicht mehr möglich, da dieser vor kurzem umgezogen ist. Sobald die Eltern mit ihm durch die neue Eingangstür gehen möchten, beginnt Samuel mit dem Kopf gegen die Wand zu schlagen und laut zu schreien. Er ist dann nicht mehr ansprechbar und kaum zu beruhigen.

Auch das Therapiezentrum will Samuel zu Beginn nicht betreten. Er schreit und schlägt bereits auf dem Weg zum Eingang. In den kommenden Wochen versuche ich – erst auf dem Hof, später im Therapieraum – die von Samuel selbst gesetzten Grenzen zu verschieben. Das wichtigste Ziel ist es, ihm bei zunehmender Erregung im Hinblick auf seine eigenen Regulationsmechanismen, aktiv zu unterstützen. Zudem versuche ich immer wieder seine Aufmerksamkeit auf für ihn spannende und wohltuende Angebote zu lenken. Mithilfe von vielfältigen und intensiven körperlichen Stimulationen lässt sich Samuel vermehrt auf das Miteinander ein. Auch bei steigender Erregung gelingt es immer häufiger, dass Samuel den Kontakt zu seinem Gegenüber nicht verliert.

Ich bespreche mit den Eltern, dass Samuel auch daheim in belastenden Situationen mit kräftigen Kopfmassagen unterstützt wird. Ein Schaumstoff- oder auch ein Tennisball, der am Kinn und im Nacken einen kräftigen Impuls bieten kann, sollte als Notfallmaßnahme stets eingepackt werden.

Frühzeitige Hilfestellungen

Beim nächsten Besuch des Kinderarztes beginnt die Mutter bereits im Auto mit den ersten Stimulationen. Auf dem Parkplatz vor dem Ärztehaus steigt die Stressbelastung bei Samuel deutlich, aber mithilfe der Kopfmassage gelingt es, ihn ein wenig zu beruhigen. Die Familie steigt in den Aufzug und geht dann sogar in das Behandlungszimmer. Der Arzt begrüßt Samuel mit einem »Faustgruß«. Es erfolgt eine kurze Absprache und Samuel darf sich im Behandlungszimmer umschauen. Um eine Überforderung zu vermeiden, endet der Besuch hier und Samuel fährt mit seinen Eltern wieder nach Hause. Erst beim nächsten Mal, ein paar Tage später, steht eine kurze Untersuchung auf dem Plan, die Samuel dann geduldig absolviert.

Sollen die Stimulationen gezielt und bewusst im Zusammenhang mit der Bildung des Selbstbewusstseins und der Selbstwirksamkeit eingesetzt werden, müssen Angebote und Reaktionen darauf abgestimmt werden (▶ Kapitel 12.3).

3.2 Begleitung bei Overload und Meltdown

Wenn die Überlastung durch unterschiedliche Informationen und Impulse, der sogenannte Overload, zu intensiv wird oder über einen längeren Zeitraum anhält und nicht abgebaut werden kann, führt dies zum Teil zu einem Meltdown. Die »Kernschmelze« wird zum Teil von Schlagen, Werfen von Gegenständen oder auch stark selbstverletzendem Verhalten begleitet und gleicht auf den ersten Blick einem starken Wutausbruch. Dieses gezeigte Verhalten ist jedoch nicht Teil einer Interaktionshandlung und richtet sich nicht gegen andere! Sondern es dient vorwiegend der Regulierung, dem Erregungsabbau und ist zumeist nicht willkürlich steuerbar.

Im Gegensatz dazu ziehen sich einige Betroffene bei dieser extremen Überforderung völlig in sich zurück, werden nahezu bewegungsunfähig und sind nicht mehr ansprechbar.

Fight, Fly or Freeze

Dieser Status ist einem Kampf oder Fluchtverhalten zuzuordnen und ist eine neurotypische Reaktion auf Gefahr. Um bedrohliche Situationen unbeschadet zu überstehen, werden innerhalb kurzer Zeit unterschiedliche Hormone ausgeschüttet. Damit bekommt der Körper Energie bereitgestellt, er ist wach und aufmerksam und kann spezifisch auf die jeweilige Situation reagieren. Entweder in Form eines Kampfes (»Fight«), einer Flucht (»Fly«) aber auch durch Erstarren (»Freeze«).

Diese Reaktionen zeigen sich bei Menschen im Autismus-Spektrum, bedingt durch das Wahrnehmen in Extremen, besonders häufig. Zum Teil lösen scheinbar kleinste Erregungen oder für Außenstehende einfach zu leistende Aufgaben eine akute Überforderung aus. Der Körper stellt auch hier zeitnah Energie bereit, spezifiziert die Wahrnehmung und das Nervensystem zur weiteren Aufnahme von Informationen und ist somit bereit zum Kampf, zur Flucht oder zum Erstarren.

Menschen im Autismus-Spektrum befinden sich physisch, psychisch und auch hormonell gesehen bei einem Overload in einer Notsituation. Wenn möglich, sollten sie gerade hier nicht alleine gelassen werden. Sie benötigen in diesen Momenten der Überforderung dringend unsere Unterstützung!

> **Gut zu wissen: Therapiebegleithunde**
>
> Bei einer Begleitung von Menschen mit Autismus durch einen Therapiehund zeigt sich der Verlauf und auch die Nicht-Ansprechbarkeit während eines Meltdown häufig anders. Die Hunde haben ein gutes Gespür, wann das Erregungspotential der zu betreuenden Person stark ansteigt. Sie reagieren dann deutlich früher als das menschliche Umfeld unter anderem mit intensiven Kontaktangeboten. Die Vierbeiner bewirken auch bei stark erhöhter Anspannung eine Regulation, eine aktive Unterstützung – auch in Zeiten höchster Erregung.

Wenn die begleitenden Personen das Kind gut kennen und mit seiner individuellen (Körper-)Wahrnehmung vertraut sind, ist eine aktive Unterstützung der Kinder nicht nur empfehlenswert, sondern unbedingt notwendig. Um in Situationen mit starker Erregung die passenden Impulse anbieten zu können, sollten diese bereits in ruhigeren Erregungszuständen ausprobiert worden sein (▶ Tabelle 3.1). Dann aber kann eine Hilfestellung auch in stress- oder angstbesetzten Situationen gelingen. Die Reaktionen der Kinder auf Schaukelimpulse, Massagen oder Vibrationen sind dabei zumeist sehr direkt und eindeutig. Sie halten in ihrer Bewegung inne, die Anspannung wird etwas weniger und zum Teil zeigen sie spontanen Blickkontakt oder fordern die Fortsetzung der Stimulationen aktiv ein.

Wenn autistische Menschen diese Unterstützung erleben, wenn sie spüren, dass ihr Gegenüber sich in schwierigen Situationen nicht abwendet, sondern auf ihre Bedürfnisse reagiert, ist dies eine wichtige Grundlage für eine tragfähige Beziehung.

Fallbeispiel: Timon, 7 Jahre, im Autismus-Spektrum

Starke körperliche Grundspannung, stark erhöhter Bewegungsdrang, selbst- und fremdverletzendes Verhalten, nonverbal, starke Selektierung bei der Essensauswahl

Im Alltag ist Timon ständig in Bewegung, längeres Sitzen ist für ihn nicht möglich. Bei einem Anstieg der Körperspannung greift er verschiedene Gegenstände und zerbricht diese. In anderen Situationen lässt er sich auf den Boden, bevorzugt auf die Knie, fallen, ohne sich abzufangen. Die Mutter berichtet, dass sie Timon nur zweimal im Jahr die Haare schneidet, da dies stets in einem heftigen Kampf endet. Haare waschen ist nur einmal wöchentlich und ebenfalls nur mit Zwang und unter Tränen möglich. Das Ess- und Trinkverhalten ist stark eingeschränkt: Timon isst vorwiegend Chips und trinkt ausschließlich Orangensaft eines bestimmten Herstellers.

Schulabbruch?

Der tägliche Schulbesuch dauert je nur ein bis zwei Stunden, dann beginnt Timon sich und andere zu verletzen. Er ist in einer Schule für kognitiv Beeinträchtigte. Wenn er seinen Kopf gegen Wände oder Tischkanten schlägt, traut sich niemand in seine Nähe. Eine verbale Ansprache oder auch ein ausgesprochenes Verbot des Schlagens führt zu weiterer Verunsicherung und verstärkt Timons Erregung nochmals. Deshalb wurde die Empfehlung ausgesprochen, dass er einen Helm bekommen soll.

Für Timon ist das Aufschlagen des Kopfes jedoch eine wichtige Regulationsmöglichkeit. Er sucht in Bereich der oberen Wirbelsäule und der Nackenmuskulatur starke Impulse, um sich zu spüren und um Anspannung abzubauen. Der Helm, den ihm die Betreuerinnen nun regelmäßig aufsetzen, verhindert den Erregungsabbau. Als Ausgleich schlägt Timon sich nun auf die Nase. Seine Erregung baut sich dabei deutlich langsamer ab und häufig gelingt ihm, trotz intensiver Stimulationen, keine ausreichende Entspannung. Dann schlägt er mit seinem Kinn auf Tischplatten oder Stuhllehnen. Nach einigen Tagen und insgesamt erhöhtem Erregungsverhalten verzichten die Betreuerinnen darauf, dass sie Timon den Helm aufsetzen.

Der erste Kontakt: Als Timon das erste Mal in unser Therapiezimmer kommt, schlägt er mit dem Kopf kräftig gegen die Türrahmen. Dann geht er ein paar Schritte vor und setzt sich auf den Boden. Als ich mich zu ihm herunterbeuge, nimmt er meine Hand, führt sie unter sein Kinn und drückt sie mit aller Kraft gegen seinen Kehlkopf.

Ich beginne dort mit einer Vibration und ziehe meine Hand dabei etwas zurück, da Timon so viel Druck ausübt, dass es mich schmerzt. Dann lege ich meine Finger seitlich fest an sein Kiefergelenk um ihm zu zeigen, dass ich mit ihm in Kontakt bleibe. Ich gebe ihm für zwei bis drei Sekunden dort einen starken Druckimpuls, löse den Druck ein wenig, wandele die Impulsgebung dann in eine kräftige Vibration um und lasse den Kiefer wieder los.

Timon schaut mich an. Er hält inne. Er zeigt kein abwehrendes Verhalten und kein Schlagen mit dem Kopf. Timon ist eher verwundert.

Ich wiederhole die Stimulation und er beginnt vor Freude und Aufregung zu wippen. Als er meine Hand nimmt und diese nochmals fest unter sein Kinn drückt, verändere ich wieder ein wenig die Position und führe eine längere, kräftige Druckmassage durch. Timons gesamte körperliche Anspannung reguliert sich.

Mit jeder Therapieeinheit darf ich meine Impulse etwas abändern, die Position wechseln und bald auch den Druck etwas verringern. Ich gebe die Stimulationen am Kopf, den Wangen und dem Kinn bis hin zum Nacken, nutze meine Hände, einen Massageball, einen Softball und eine Schaumstoffrolle. Nach einigen Stunden biete ich ihm für einige kurze Sequenzen den »Massagekäfer« oder auch einen »Kopfmassagestab« an. Timon genießt die Stimulationen von Stunde zu Stunde mehr und fordert auch in der Schule von seiner Integrationskraft und daheim erste Massagen ein.

Nach einigen Wochen berichtet die Mutter, dass Timon begonnen hat, sich eigenständig »Chips« in die Haare zu schmieren. Ob es an der kratzigen Oberflächenbeschaffenheit oder dem geschmeidigen Fett liegt, welches zu einer positiven Empfindung auf der Kopfhaut führt, ist nicht eindeutig. Wichtig ist aber, dass sich etwas verändert, dass Timon verschiedene Impulse und auch Berührungen zulässt, dass er Neues ausprobiert. Die starken Autostimulationen und das selbstverletzende Verhalten sind rückläufig. Andere nicht verletzende Stimulationen kommen neu hinzu und werden immer häufiger vom Gegenüber eingefordert. Extreme Notsituationen sind deutlich seltener. Aber auch hier zeigt sich, dass Timon sich mittlerweile helfen lässt und dass die Helferinnen nun für ihn passende, gut regulierende Angebote machen.

Veränderungen werden möglich

Mithilfe der Stimulationen in Therapie und Alltag verringert sich die Häufigkeit von Overload und Meltdown. Der autistische Mensch erlebt immer wieder regulierende und entspannende Momente, auch oder besonders im Kontakt mit einem Gegenüber. Das Erregungspotential sinkt bzw. wird bei Bedarf immer wieder frühzeitig verringert. Situationen der Überforderung werden seltener und das Kind, der Jugendliche oder auch der Erwachsene erfährt nun eine Hilfestellung. Diese positiven Erfahrungen verringern die Angst vor der nächsten Belastungssituation.

4 Fragmentierte versus multimodale Impulsverarbeitung

Das Leben in einem Alltag mit den verschiedensten Impulsen und Aufgaben erfordert stetige Wechsel zwischen Informationsaufnahme, der Möglichkeit diese zu bewerten und zu filtern sowie die bedeutungstragenden Informationen abzuspeichern und oder weiter zu verwerten. Auch bei scheinbar einfachen Handlungsabläufen zeigt sich bei genauerer Betrachtung oftmals eine hohe Komplexität der Aufgabe:

> **Begrüßung – eine multimodale Leistung**
>
> Einige Aktivitäten erfolgen zeitgleich, andere zeitnah
>
> - das Gegenüber anschauen
> - auf den anderen zugehen
> - dem anderen die Hand reichen
> - die Hand des Gegenübers umschließen
> - die Intensität des Händedrucks dosieren
> - den anderen dabei weiter anschauen
> - auf angemessene Mimik, wie ein leichtes Lächeln, achten
> - leicht mit dem Kopf nicken
> - »Guten Tag« sprechen (Wortabruf, Stimmgebung und Artikulation)
> - hören, wie der andere einen begrüßt
> - Hände voneinander lösen
> - einen Schritt zurückgehen

Die »andere« Wahrnehmung von Menschen mit Autismus betrifft einerseits die einzelnen Sinnessysteme, andererseits auch das Zusammenspiel derer. Bei der fragmentierten Wahrnehmung werden unterschiedliche Informationen nicht zeitgleich (mehrdimensional) oder zeitnah (dynamisch) verarbeitet und nicht miteinander verknüpft. Eine komplexe Planung und Steuerung von Handlungen und Tätigkeiten ist so kaum möglich. Diese *isolierte Informationsverarbeitung* bezieht sich auf alle Sinnesebenen, sie beeinflusst die gesamte Entwicklung tiefgreifend und wirkt sich auf alle Bereiche des Lebens und des Lernens aus.

Im Gegensatz zur oft beschriebenen isolierten oder auch Monowahrnehmung von Menschen mit Autismus kann jedoch auch ein Zuviel an Impulsen Beachtung finden. Dies wird im Folgenden als Polywahrnehmung bezeichnet.

Zumeist zeigt sich bevorzugt eine der beiden Fokussierungs- oder Verarbeitungsmöglichkeiten. Bei einigen autistischen Menschen wechselt diese situationsbedingt bzw. in Abhängigkeit zu aktuellen Ressourcen.

4.1 Monowahrnehmung

Ein Hyperfokus oder auch »Impulskonstanz« kann in unserem täglichen Leben von Vorteil sein. Um konzentriert lernen zu können, ist es notwendig, eine Aktivität isoliert zu fokussieren und anderen Impulsen keine Beachtung zu schenken. Auch beim Abspeichern von Erlebtem und Erlerntem sollten nur einige, bedeutende Aspekte und keine »ablenkenden« Informationen Verwendung finden.

Bei der Monowahrnehmung autistischer Menschen steht zum Teil konstant ein einzelne, für sie besonders wichtige Information im Fokus der Aufmerksamkeit. Diese Information wird häufig besonders intensiv wahrgenommen.

Impulskonstanz bei Autismus

> »Diese Mono-Wahrnehmung wird von vielen autistischen Menschen genutzt und auch beschrieben. […] Es ist hinsichtlich der Reizausblendung, die ja nicht durch Filterung erfolgt, eine sehr effektive Methode, um einer sensorischen Überlastung vorzubeugen, aber es hat auch diverse Nachteile. Einerseits gehen sehr viele Informationen, die über die restlichen, nun stillgelegten Sinneskanäle, hereinkommen, verloren bzw. werden nur bruchteilhaft aufgenommen. Andererseits kann man nicht die gesamte Zeit nur über diesen einen bevorzugten Kanal funktionieren. Das wäre eine zu einseitige Aufmerksamkeit. Also bedarf es eines regelmäßigen Umschaltens auf andere Kanäle bzw. auch des Zuschaltens mehrerer Kanäle. Dies kostet nicht nur jedes Mal Energie, die das Gehirn, wie wir wissen, nicht unbegrenzt zur Verfügung hat und mit der es deshalb sparsam haushalten muss, sondern es braucht auch Zeit, ehe der Wechsel auf einen anderen Kanal erfolgt ist« (Vero, 2014, S. 106).

Die Kinder konzentrieren sich so über einen längeren Zeitraum auf eine Tätigkeit, sie lassen sich von einer wichtigen Information »fesseln« und entwickeln, bedingt durch die intensive Fokussierung, teilweise besondere Fähigkeiten. Das mehrteilige Puzzle, der besondere Dreh beim Kreiseln, das Anschalten des Fernsehers; mit scheinbarer Leichtigkeit werden einige Aufgaben bewältigt. Diese starke Fokussierung geht jedoch zu Lasten der Aufnahme von anderen, zum Teil bedeutungstragenden Informationen, die vom Kind folgend nicht wahrgenommen und verarbeitet werden können.

Hyperfokus

> »Einer ausgeprägten Fähigkeit zur Hyperfokussierung auf interessierende Themen kann eine nicht weniger starke Unaufmerksamkeit bei als uninteressant empfundenen Themenbereichen entgegenstehen. Möglicherweise verbunden mit der Fähigkeit zur Hyperfokussierung und der Tendenz zu stereotypen Verhaltensweisen entwickeln einige Menschen mit Autismus in Teilbereichen ausgeprägte Sonderbegabungen. […] Auch das Aneignen von enzyklopädischem Wissen fasziniert viele autistische Menschen sehr, ohne dass dabei die pragmatische oder anwendungsorientierte Seite dieses Wissenserwerbs subjektiv im Zentrum steht« (Tebartz van Elst, 2018, S. 77 f.).

Materialien oder Impulse, die für die Kinder nicht ausreichend spannend bzw. mit positiven Empfindungen gekoppelt sind, werden übersehen oder überhört und führen zu keiner entsprechenden Reaktion. Eltern haben deshalb manchmal den Verdacht, dass eine organisch bedingte Hör- oder Sehbeeinträchtigung vorliegt und sind erstaunt, wenn es hier zu keinem Befund kommt. Auch wenn keine Beeinträchtigung der informationsaufnehmenden Organe vorliegt, finden Lernen und Entwicklung bei nicht ausreichender Fokussierung hier kaum statt.

> »Eine meiner Kompensationsstrategien, um mit den übermäßig vielen Reizen besser klarzukommen, ist es, nur über einen Sinneskanal wahrzunehmen. Ich bin ein visueller Typ, d. h. ich funktioniere hauptsächlich über das Sehen. Visuelle Reize können mich nicht so schnell überlasten. So kann ich besser funktionieren, und es gibt mir auch eine gewisse Sicherheit. Bin ich allerdings nur auf dem visuellen Kanal, dann führt das dazu, dass ich Töne und auch Sprache nicht mehr wahrnehme« (Vero, 2014, S. 105 f.).

Monowahrnehmung und Lernen

Eine vorherrschende Monowahrnehmung verhindert den Austausch bzw. das Lernen von und mit einem Gegenüber. Wenn das autistische Kind fasziniert eine Murmel betrachtet, kann es nicht gleichzeitig weitere Informationen verarbeiten. So hört es nicht, wenn der Gegenstand benannt wird, es kann nicht beobachten, was man damit machen kann. Jedes Loslösen von der aktuellen Fokussierung verwirrt und führt entweder dazu, dass das Kind das bisherige Zielobjekt »aus den Augen« verliert und diese Handlung abbricht oder dass es Ablenker gezielt ablehnt, in dem es sich beispielsweise wegdreht.

Die Hyperfokussierung bei Menschen mit Autismus führt auch zu besonderen Gefahrensituationen im Alltag: Wenn das Kind einem Ball hinterherläuft, sieht es nicht das herannahende Auto, es hört nicht die Stimme der Mutter und sieht nicht das aufgeregte Winken seiner Freunde. Das Kind schaut ausschließlich auf den Ball, welchen es unbedingt erreichen möchte und dem es umgehend hinterherläuft.

4.2 Polywahrnehmung

In neuen Situationen oder in einer fremden Umgebung kann es wichtig sein, viele verschiedene Informationen relativ ungefiltert aufzunehmen, um einen Überblick zu erhalten, um dann, zu einem späteren Zeitpunkt, einzelnes nochmals intensiver zu betrachten und zu analysieren.

Impulsoffenheit bei Autismus

Auch Menschen mit Autismus sind in ausgesuchten Situationen oder auch im gesamten Tagesverlauf einer Vielzahl von Impulsen ausgesetzt. Bei der Polywahrnehmung werden die Informationen zeitgleich oder zeitnah aufgenommen, können aber nicht analysiert und entsprechend weiterverarbeitet werden. Ein Gegenstand wird angeschaut, ohne ihn genau zu erfassen, zu manipulieren oder zu benutzen. Der Fokus wechselt gleich auf einen anderen, ebenfalls spannenden Impuls, jede Information erfährt nur eine sehr geringe Aufmerksamkeit. Gerade hat das Kind noch ein Buch angesehen, dann horcht es bei einem bestimmten Geräusch auf und schaut im nächsten Moment zu einem Lichtreflex am Fenster. Die Konzentration auf eine Information wird zum Teil nur wenige Sekunden gehalten. Die stetigen Wechsel, die nicht ausreichende Fokussierung und auch die fehlende Selektion und das fehlende Einordnen der Impulse führen häufig zu einer Überlastung des neuronalen Systems.

Dies zeigt sich in einem stark erhöhten Erregungspotential, einer damit verbundenen vermehrten Körperspannung, einer vermehrten Bereitstellung von Energie bis hin zu einem Overload oder Meltdown (▶ Kap. 3.2).

Overload und Meltdown

»Alle unterschiedlichen Geräusche drangen ungefiltert in mich ein, und ich konnte das einzelne Geräusch nicht identifizieren. Wenn es zu viel wurde, habe ich nur noch geschrien« (Zöller, 2001, S. 62; zitiert nach Theunissen, 2016, S. 23).

Die nicht ausreichende Fokussierung, die fehlende Verknüpfung, das unzureichende Einordnen der Informationen erschweren den Erwerb von neuem Wissen bzw. die Vertiefung von Erlerntem. Lernen aus Erfahrungen oder das Weiterentwickeln von Möglichkeiten finden nicht oder nur begrenzt statt. Komplexe Handlungsabläufe oder Spiele, zielgerichtete Aktivitäten, aber auch eine lebendige Interaktion sind somit nur eingeschränkt möglich.

Polywahrnehmung und Lernen

Egal ob Mono- oder Polywahrnehmung, eine vorwiegend fragmentierte Verarbeitung, erschwert die Bewältigung vieler Situationen im Alltag, besonders aber den Aufbau zwischenmenschlicher Beziehungen.

4.3 Zentrale Kohärenz und exekutive Funktionen

Weitere Auswirkungen der fragmentierten Verarbeitung werden auch in Bezug auf komplexe Lern- und Regulationsprozesse, wie der zentralen Kohärenz und den exekutiven Funktionen, deutlich.

Die zentrale Kohärenz ist die Fähigkeit, Informationen in eine Situation oder in eine komplexe Handlung einzubauen, Strukturen abzugleichen oder zu einem bedeutungsvollen Ganzen zu verbinden. Schwierigkeiten in diesem Bereich werden u. a. als schwache zentrale Kohärenz beschrieben.

Zentrale Kohärenz

»Die Theorie der schwachen zentralen Kohärenz (FRITH, 1989) begründet den oftmals detailfokussierten Wahrnehmungsstil autistischer Personen wie folgt: Zentrale Kohärenz beschreibt die Fähigkeit, die von außen eintreffenden Reize in einem bedeutungsvollen Kontext zu verarbeiten. Dies bedeutet gleichzeitig, eine Gewichtung relevanter gegenüber irrelevanter Stimuli zu treffen« (Snippe, 2013, S. 32).

»Im Alltag zeigt sich eine mangelnde zentrale Kohärenz unter anderem in der beachtlichen Beobachtungsgabe für Details. Menschen mit Autismus erleben ihre Welt als aus vielen Einzelteilen zusammengesetzt und merken sofort, wenn sich auch nur ein Detail verändert. Für die Kinder ist dies in der Regel ein Auslöser von Angst. Veränderungen, und seien sie noch so geringfügig, werden als bedrohlich empfunden. […] Veränderungen jeder Art stechen mir sofort ins Auge. Sei es ein Telefon, das nicht auf der Ladestation liegt, ein frischer Blumenstrauß, den ich noch nicht gesehen habe, oder eine Schale mit Süßigkeiten, deren Herkunft mir nicht bekannt ist. Ich kann von diesen Dingen nicht absehen und sie in ihrer Bedeutsamkeit nicht einschätzen. Eine Veränderung kann Verwirrung auslösen, mich innerlich aufwühlen. Hat es etwas zu sagen, dass heute ein Teller zu wenig auf dem Küchentisch steht, den meine Mutter am Abend zuvor für das Frühstück vorbereitet hat? In der Regel nichts weiter, als dass sie vergessen hat, einen weiteren Teller aus der Spülmaschine zu nehmen. Trotz besseren Wissens lasse ich mich von solchen kleinen Abweichungen verrückt machen« (Schuster, 2007, S. 24).

Exekutive Funktionen

Die exekutiven Funktionen sind notwendige Kontrollprozesse, um bereits erlernte Fähigkeiten und abrufbare Handlungen passend abzuändern, zu erweitern oder zu verwerfen.

»Die Exekutiven Funktionen und die Fähigkeit zur Selbstregulation sind entscheidend für den Lernerfolg und in diesem Zusammenhang vergleichbar bedeutsam wie die Intelligenz. Gleichzeitig beeinflussen sie wesentlich die sozial-emotionale Entwicklung der Kinder und Jugendlichen« (Kubesch, 2019, S. 9).

Verschiedenste Umweltbedingungen erfordern die Kompetenz, das eigene Handeln möglichst optimal einer Situation anzupassen. Dabei müssen verschiedene Informationen in den Prozess einbezogen und bewertet werden (zentrale Kohärenz). Daraufhin müssen Entscheidungen getroffen werden, welche Reaktion folgt und die Überlegung, wie diese umgesetzt werden kann. Das daraus resultierende Verhalten ist das Ergebnis dieser Abläufe.

Teilbereiche der exekutiven Funktionen

»Zu den Exekutiven Funktionen zählen das Arbeitsgedächtnis, die Inhibition und die kognitive Flexibilität. Das Arbeitsgedächtnis ermöglicht es uns, Informationen kurzzeitig zu speichern und mit den gespeicherten Informationen zu arbeiten. Mithilfe der Inhibition sind wir in der Lage, spontane Impulse zu unterdrücken, die Aufmerksamkeit willentlich zu wechseln, sich schnell auf neue Situationen einstellen und andere Perspektiven einnehmen zu können. Diese exekutiven Funktionen steuern im Zusammenspiel selbstregulierendes Verhalten. Sie unterstützen uns zudem dabei, Entscheidungen zu treffen, planvoll, aber auch flexibel und zielgerichtet vorzugehen, das eigene Handeln zu reflektieren und es gegebenenfalls zu korrigieren« (Kubesch, 2019, S. 15).

> **Beispiel: Exekutive Funktionen im Elterngespräch**
>
> Die Eltern eines autistischen Kindes kommen zu einem ausführlichen Elterngespräch in das Autismuszentrum. Es ist Freitagabend, der Vater ist direkt von seiner Arbeitsstelle gekommen. Beide Elternteile benötigen einen Moment, bis sie Platz genommen haben und bis sie all die Dinge, welche eben noch wichtig waren, ausblenden können.

Ich kläre sie über die Bausteine unseres Konzeptes auf, über die Ziele und Hintergründe unserer Therapie. Ich versichere mich mit Blicken, ob die Eltern mir folgen können, male bei Bedarf einfache Skizzen auf.

Wenn ich die Sorge der Eltern verstärkt spüre oder ihr fragender Blick mir zeigt, dass sie Zusammenhänge nicht verstehen, versuche ich, dies in meine Erläuterungen einzupflegen und kehre dann wieder zu den Bausteinen des Konzeptes zurück.

Während des Gespräches gibt es für die Eltern und mich zahlreiche Fokuswechsel, verschiedene Impulse müssen unterdrückt werden: Hunger- oder Durstgefühle sollten in diesen Situationen ebenso ignoriert werden wie das Läuten des Telefons oder auch das eventuell aufkommende Bedürfnis, sich lieber mit einem »angenehmen und entspannten« Thema zu beschäftigen. Für diesen Moment wichtige Informationen wie die Lenkung auf die Ressourcen des Kindes sowie auf die Methoden und Ziele der geplanten Zusammenarbeit sollen die volle Aufmerksamkeit erfahren.

Als der Vater am Ende des Termins ein Gähnen kaum mehr unterdrücken kann, biete ich ihm ein Glas Wasser an, welches er dankend annimmt. Dies hilft ihm, sich für die letzten 15 Minuten nochmals konzentrieren zu können.

Kleiderauswahl

»Egal ob es heiß oder kalt ist, ich finde es immer sehr schwierig, die richtige Kleidung auszuwählen; und es fällt mir auch schwer, wenn es kühler oder wärmer wird, noch zusätzlich etwas überzuziehen oder umgekehrt etwas auszuziehen. […] Es ist zum Beispiel glühend heiß, und wir wissen, dass es glühend heiß ist, und trotzdem kommen wir Autisten einfach nicht auf die Idee, vielleicht eine Jacke oder einen Pullover auszuziehen. Was nicht heißt, dass wir nicht wüssten, dass das vernünftig wäre – wir vergessen es nur irgendwie. Wir vergessen, was wir gerade anhaben und was wir tun könnten, damit wir nicht mehr so schwitzen. Ich kann mir jetzt immerhin schon mit einem Taschentuch den Schweiß von der Stirn abwischen – das habe ich inzwischen gelernt –, aber mich mit meiner Kleidung nach dem Wetter zu richten ist eigentlich zu viel verlangt, weil sich doch die Situation so häufig ändert« (Higashida, 2018, S. 81).

> **Beispiel: Eingeschränkte exekutive Funktionen im Schulalltag**
>
> **Arbeitsgedächtnis**: Der Anweisung der Lehrerin, ein Buch, ein Heft und die Stifte herauszuholen, kann nur teilweise entsprochen werden: Das Kind entdeckt z. B. beim Herausholen des Mäppchens einen neuen spannenden Impuls und vergisst daraufhin die gestellte Aufgabe.
>
> **Inhibition:** Das Kind hört das Ticken der Uhr, das Rascheln von Papier oder den vorbeifahrenden Laster und kann nicht der Stimme der Lehrerin folgen. Wenn es bereits einige Zeit auf seinem Stuhl sitzt und den Drang nach Bewegung verspürt, muss es diesem nachkommen und im Klassenraum auf- und ab laufen oder über Tische und Stühle springen.
>
> **Kognitive Flexibilität**: Wenn die Schulstunde spontan in einen neuen Raum oder auch nach draußen verlegt wird, ist ein Folgen des Unterrichts

> nicht mehr möglich. Personen und Gegenstände haben einen neuen Platz bekommen, der Lichteinfall und gewohnte Geräusche haben sich verändert. Es müssen neue Strategien entwickelt werden, um dem Unterricht weiterhin konzentriert folgen zu können: Dem Kind mit Autismus gelingt es zumeist nicht, sein bisher erworbenes Wissen/Verhalten an die veränderte Situation anzupassen.

Wenn autistische Menschen Schwierigkeiten beim Bewältigen einer Aufgabe haben, bekommen sie in diesen Situationen häufig Anweisungen wie »Beruhig dich doch!«, »Pass besser auf!« oder »Schau nochmal hin!«. Diese Äußerungen sollen ihnen helfen, ihre Aufgabe erfolgreich zu beenden. Bei Kindern mit Autismus zeigen solche isolierten sprachlichen Hilfen jedoch selten Wirkung, da die Auswirkungen der fragmentierten Wahrnehmung mit *ein wenig mehr Aufmerksamkeit* nicht kompensiert werden können und sie spezifische Hilfen benötigen.

Sinnvolle Hilfen Betroffene benötigen Hilfen für das Arbeitsgedächtnis (»Wie war die genaue Aufgabenstellung bzw. an welcher Stelle der Aufgabe befinde ich mich gerade?«), Möglichkeiten zur Inhibition (auch bei anstrengenden Passagen sitzen zu bleiben, nicht aufzuspringen, evtl. nochmals auf die Aufgabe zu schauen, tief durchzuatmen oder auch Hilfen, um ablenkende Informationen ausblenden bzw. verringern zu können) und der geistigen Flexibilität (»Gab es schon eine ähnliche Aufgabe?«, »Woran kann ich anknüpfen?«, »Welche Hilfen oder weiteren Wege sind noch möglich/notwendig?«).

Langfristiges Ziel Das langfristige Ziel der Förderung ist es, dass Menschen mit Autismus die Impulse je nach Situation auswählen, einordnen und flexibel abrufen können. Es sollte ihnen möglich werden, bedeutungstragende Informationen im Alltag zu erkennen und diese aufzunehmen und zu verarbeiten. Die eigene Strukturierung und selbstbestimmte Zielsetzungen sollen möglich werden. Vor allem wäre es hilfreich, wenn mithilfe einer verbesserten Körperwahrnehmung auch Regulationsmechanismen frühzeitig greifen, damit die Belastungen bei der Bewältigung dieser Aufgaben nicht zu einer Überlastung führen.

Eine multimodale Informationsverarbeitung ermöglicht zentrale Kohärenz und den Erwerb der exekutiven Funktionen. Vor allem ist sie eine wichtige Voraussetzung für lebendig erlebbaren Kontakt mit dem Gegenüber und für die Entwicklung der sozialen Kompetenzen. Freudvolle Interaktion und wechselseitige Kommunikation sind nur möglich durch das Zusammenspiel der verschiedenen Sinnesbereiche sowie durch die Verknüpfung bedeutungstragender Informationen und die Möglichkeit, Erlerntes spontan und variabel einzusetzen, immer im Austausch bzw. in Verbindung mit einem Gegenüber.

Abb. 4.1:
Autismus: Eine »andere« Wahrnehmung und Wahrnehmungsverarbeitung (Funke, Autismus & Wahrnehmung, 2024, www.fobi-komm-ass.de)

5 Soziale Kompetenzen

Interaktion im Säuglingsalter

»Bereits neun Minuten nach der Geburt bevorzugen Neugeborene Gesichter gegenüber anderen visuellen Stimuli« (Goren et al., 1975; zitiert nach Snippe, 2013, S. 21). »Das Neugeborene erkennt bekannte Gesichter und zieht sie unbekannten vor« (Bushnell, 2001; zitiert nach Snippe, 2013, S. 21).

Vielfältige Beobachtungen zeigen, dass das Kind bereits im Säuglingsalter interessiert seine Umwelt wahrnimmt, auf diese reagiert und über erste Nachahmungsfähigkeiten verfügt. Die weiteren Spezifizierungen der Interaktionsleistungen sind in einem Lebensalter von ca. vier bis fünf Jahren vorwiegend abgeschlossen.

»Das Kind ist von Geburt an *ein aktiver und sozialer Interaktionspartner,* dass die Interaktion dadurch steuern hilft, dass es von Anfang an auf bestimmte soziale Verhaltensweisen sozial reagiert und nach kurzer Zeit auch beginnt, sozial zu *agieren*« (Zollinger, 2000, S. 55).

Interaktion bei Kindern mit Autismus

Kinder mit Autismus zeigen besonders im Bereich der Interaktion große Unterschiede im Vergleich zu Kindern mit einer unauffälligen Entwicklung. Dies ist bereits bei den ersten frühen sozialen Interaktionen und entsprechend in den darauf aufbauenden Kompetenzen beobachtbar. Im Folgenden werden die sozialen Kompetenzen erläutert und die Besonderheiten im Hinblick auf Menschen im Autismus-Spektrum aufgeführt. Mithilfe des gemeinsamen Spiels (▶ Kap. 7) wird Entwicklung und Festigung der Fähigkeiten der sozialen Kompetenz möglich.

5.1 Erste Fokussierungen und erster Blickkontakt

Zu Beginn der kindlichen Entwicklung liegt der visuelle Fokus des Kindes zumeist auf dem nahen Gesicht der Mutter oder des Vaters. Aber auch die eigenen Hände, welche nah vor den Augen bewegt werden können oder ein buntes Spielzeug, das sich in Sicht- und damit auch in Greifnähe befindet, werden interessiert betrachtet. Das Sehen oder Fokussieren von weit entfernten Informationen ist für Säuglinge (noch) nicht möglich.

Fehlender erster Blickkontakt

Bei Kindern mit Autismus fehlt häufig der Blick zu den Eltern. Sie beobachten z. B. fasziniert einen sich drehenden Kreisel, ein blinkendes

Spielzeug oder ihre eigenen, zappelnden Hände. Diese Beobachtung wird häufig mit einer Abwendung von der nahestehenden Kontaktperson gleichgesetzt, ist aber lediglich ein Favorisieren visuell starker Informationen. Ein Lichtstrahl, der durch das Fenster fällt und der Staubflocken scheinbar tanzen lässt, ist für die Kinder ein spannenderer Impuls als das Gesicht des Gegenübers. Zusätzlich können einige visuelle Impulse, wie die eigenen Finger nah vor den Augen, durch eine leichte Manipulation, hier eine schnelle Bewegung, immer wieder verändert und intensiviert werden.

> »Wenn wir mit den Händen vorm Gesicht wedeln, fällt das Licht so hübsch gefiltert in unsere Augen. Und so ein Licht fühlt sich weich und sanft wie Mondlicht an. ›Ungefiltertes‹ direktes Licht dagegen ›bohrt‹ sich bei uns autistischen Menschen wie mit scharfen Pfeilen in die Augäpfel, und wir sehen dann zu viele Lichtpünktchen. Das tut unseren Augen richtig weh« (Higashida, 2018, S. 88).

Das Gesicht der Eltern oder der Therapeutin gelangt deshalb nicht in den Fokus des Kindes, da die Mimik keine ausreichend faszinierenden visuellen Impulse bietet. Ein längeres Betrachten oder sogar Erkennen von mimischen Bewegungen ist nicht möglich. Der kaum vorhandene Blickaustausch und das Unverständnis für unterschiedliche mimische Ausdrucksformen ist daher als eine direkte Folge der besonderen visuellen Wahrnehmung und Wahrnehmungsverarbeitung zu sehen.

Abb. 5.1:
Die Therapeutin und ihr Angebot sind nicht ausreichend interessant

Die besondere visuelle Wahrnehmung kann andererseits dazu führen, dass einige Kinder ihr Gegenüber intensiv und langandauernd anschauen bzw. regelrecht »anstarren«, um etwas zu erkennen und um vielleicht doch einen bestimmten Gesichtsausdruck erfassen zu können. Für diese schwierige Aufgabe benötigen die Kinder ihre gesamte Aufmerksamkeit. Ein Anstieg der gesamtkörperlichen Anspannung ist eine mögliche Folge.

In manchen Situationen jedoch zeigt sich ein ganz offener und auch unangestrengter Blickkontakt. Wenn die Kinder entspannt und dennoch fokussiert sind, wenn das Gegenüber und die passenden Angebote ausreichend sind. Genau dieser Blickkontakt, dieser lebendige Austausch, sollte das Ziel jeglicher Interventionen im Kontakt und in der Begleitung der Kinder sein.

Abb. 5.2:
Intensiv berührende Impulse ermöglichen Blickkontakt

Im ersten Lebensjahr versuchen die Eltern, den Äußerungen ihres Kindes eine Bedeutung zu geben. Wenn das Kind weint, versuchen sie es mit Worten, mit Berührungen und auch mit Nahrung zu beruhigen. Wenn es lacht, lachen Mutter oder Vater zurück und zeigen dem Kind mit einer ausdrucksstarken Mimik, mit begleitenden Lauten und Worten, dass sie da sind und nach seinen Bedürfnissen schauen. Der wechselseitige und dynamische Austausch von Blicken dient dabei der Kontaktaufnahme und dem weiteren Erhalt des Kontakts. Das Kind lernt seine Aufmerksamkeit gezielt zu lenken und Zusammenhänge zu erkennen.

So entwickeln sich folgend Turn-Taking, gemeinsame Aufmerksamkeit und gemeinsame Freude, Triangulationen und ein erstes Bewusstsein über das eigene Ich. Mithilfe gestischer und verbaler Austauschmöglichkeiten können die einzelnen Entwicklungsschritte nochmals differenziert werden.

Kinder mit Autismus erwerben diese Fähigkeiten nicht oder nur teilweise, einerseits bedingt durch die zumeist fehlenden ersten Fokussierungen auf das Gesicht des Gegenübers, zum anderen durch Schwierigkeiten in Bezug auf die multimodale Impulsverarbeitung. In der Interaktion werden bedeutungstragende Informationen nicht erkannt, nicht zeitnah oder zeitgleich verarbeitet und nicht sinngebend miteinander verbunden. Die Auswirkungen der vorwiegend fragmentierten Wahrnehmung zeigen sich in jedem weiteren Entwicklungsschritt der sozialen Interaktion.

Fehlende frühe Interaktion

5.2.1 Mimischer Austausch

Zu Beginn der kindlichen Entwicklung findet ein großer Teil der Interaktion zwischen Eltern und Säugling über Blickkontakt und mimischen Austausch statt. Dies beinhaltet die Suche nach dem Blick der Mutter oder des Vaters, die Freude beim Erkennen, aber auch das Spiegeln der Freude des Gegenübers und den weiteren Austausch von Befindlichkeiten. Mimik beschreibt die Gesamtheit der zu beobachtbaren Bewegungen im Gesicht. Eine ausdrucksstarke Mimik setzt sich aus mehreren Einzelbewegungen zusammen, welche innerhalb von Sekundenbruchteilen vollzogen werden und sich gegenseitig ablösen oder ergänzen.

Das Neugeborene nimmt seine Umwelt zu Beginn nur passiv wahr und die mimischen Bewegungen werden dabei vorwiegend unwillkürlich vollzogen. Bald lernt es mit verbesserten motorischen Fähigkeiten, seine Bewegungen zunehmend zu koordinieren. Auch die verbesserten visuellen Fähigkeiten ermöglichen einen gezielten Blick zum Gegenüber und das Erkennen bestimmter Bewegungsmuster, welche es folgend versucht zu imitieren. Das Kind richtet seinen Blick immer häufiger auf das Gesicht der Bezugsperson, erkennt stetig mehr Details und ahmt bald ein Aufreißen der Augen oder eine Bewegung der Zunge nach, auch ein wechselseitiges Anlächeln wird möglich.

Mimik im Säuglingsalter

Später erfolgt der Austausch von Informationen zusätzlich im Hinblick auf ein Spielzeug, einer eben vollzogenen Aktivität oder einer sprachlichen Äußerung. Der (mimische) Kontakt ist bald ein Wechselspiel zwischen verschiedenen Personen unter Einbezug weiterer Objekte oder Informationen.

Die unterschiedlichen Ausdrucksformen spiegeln dabei auch unterschiedliche Emotionen und Intentionen wider oder können eine Aufforderung an das Gegenüber sein (Appellfunktion). Mimik kann zusätzlich oder stellvertretend zum verbalen Austausch erfolgen. Des Weiteren führt das Nachahmen des Gesichtsausdruckes dazu, dass die Imitierenden ähnliche Gefühle empfinden wie diejenigen, die diese Mimik zeigen. So ist es möglich, die Gefühle des Gegenübers zu erkennen, sich in die Gefühlswelt des anderen hineinzuversetzen und somit Empathie zu entwickeln. (▶ Kap. 10).

Funktionen der Mimik

Menschen mit Autismus beherrschen diesen lebendigen mimischen Austausch nicht. Auch wenn sie ihr Gegenüber anschauen, ist dies eher ein isoliertes Betrachten (Monowahrnehmen) der einzelnen Körperteile, wie der

Fehlende Mimik bei Autismus

Augen, der Nase oder dem Mund und deren funktionale Veränderungen. Unter Umständen ist es auch Teil eines antrainierten Verhaltens. Ein Verstehen und Bewerten der verschiedenen Bewegungsabläufe und Gesichtsausdrücke sowie ein lebendiger Austausch finden nicht statt.

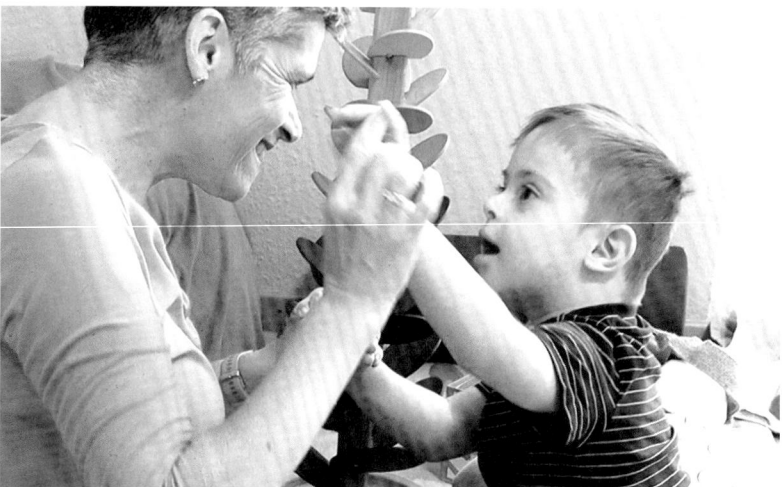

Abb. 5.3: Lebendiger und positiv gerichteter Blickkontakt

»Die emotionale Wahrnehmung ist bei vielen autistischen Menschen auf vielfältige Art und Weise auffällig. Zum einen fällt es ihnen oft schwer, den emotionalen Ausdruck von Mimik, Gestik oder Prosodie richtig zu verstehen. Wütende Gesichter, kritische Blicke oder einladende Gesten werden als solche einfach nicht erkannt, sondern rufen nur Verwirrung hervor. Allenfalls können sie von sehr intelligenten Patienten gezielt im analytischen Sinne wie eine Fremdsprache erlernt werden, während sie nicht-autistischen Menschen unmittelbar und spontan eingängig sind« (Tebartz van Elst, 2018, S. 81).

Bedingt durch den fehlenden mimischen Dialog kann einerseits der emotionale Zustand der anderen nicht erkannt werden, zudem ist auch die eigene Mimik wenig differenziert. Persönliche Bedürfnisse und Empfindungen können nicht ausreichend vermittelt werden. Ein wechselseitiges Anpassen und Angleichen von Emotionen und Verhalten ist somit kaum möglich. Das Fehlen des mimischen Austausches beeinflusst somit nicht nur die nonverbale Kommunikation, sondern hat auch Einfluss auf die gesamte soziale Interaktion und den Aufbau und Erhalt von Beziehungen.

5.2.2 Erstes Turn-Taking und einfache (sprachliche) Imitationen

Bei neurotypischen Kindern differenziert sich mit zunehmender Motorik auch der mimische Ausdruck. Zudem wird mithilfe von Gestik und durch das Untermalen von Lauten und Geräuschen der Austausch erweitert. Bald versucht das Kind, selbst Laute zu bilden, Gehörtes zu imitieren und weiter zu variieren. Diese schnellen und variationsreichen Wechsel werden als Turn-Taking bezeichnet und gleichen einem »Ping-Pong-Spiel«, bei dem sich die Partnerinnen den Ball gegenseitig zuspielen. Es beinhaltet aktive und passive Phasen und erfordert die Fähigkeit zu erkennen, wann welche Phase erforderlich ist. Aktion und Reaktion erfolgen zunehmend in einem ausgewogenen Wechsel, in Form eines Dialoges.

Die ersten frühen Imitationen und damit auch der erste Austausch kommen dabei ohne ein Spielzeug oder ein weiteres Zielobjekt aus. Sie zeichnen sich durch einen engen, unmittelbaren Kontakt zur Bezugsperson aus. Das stetige Hinlenken der Aufmerksamkeit auf das Gegenüber und seine Handlung geschieht stets in Verbindung mit dem eigenen Ich.

Direkte Interaktion

Kinder mit Autismus erlernen kein vielfältiges, wechselseitiges und somit lebendiges Turn-Taking. Sie verbleiben bei einem bevorzugten Stimulus, fokussieren diesen isoliert und tauschen sich nicht mit anderen über diesen aus. Sollte es ihnen jedoch in einigen für sie bedeutsamen Situationen, gelingen, mit dem Gegenüber in Kontakt zu kommen, eventuell auch lautsprachlich, dann erfordert dieses Wechselspiel ihre ganze Konzentration. Oft zeigt es sich stark verlangsamt, wenig variationsreich und nur über eine geringe Zeitspanne. Eigene Bedürfnisse und Wünsche können dabei kaum mitgeteilt werden.

Abb. 5.4:
Turn-Taking und einfache (sprachliche) Imitationen werden möglich

5.2.3 Gemeinsame Aufmerksamkeit, gemeinsame Freude

Das gemeinsame Betrachten sowie die gemeinsame Freude werden als *Joint attention* bezeichnet. Die Interaktionspartner wissen, dass das Gegenüber das Gleiche sieht und sich über das Gleiche freut. Es wird zusammen gelacht, über etwas gelacht, sich ausgetauscht – teilweise auch ohne den anderen anzuschauen.

Kindern mit Autismus gelingt dieses Teilen und gleichzeitige Zusammenführen der Aufmerksamkeit, bedingt durch die Monowahrnehmung, nur in wenigen Situationen. Ihre Fokussierung auf ein bestimmtes Objekt verhindert die Aufmerksamkeit auf das Gegenüber und somit auch die Erkenntnis, dass beide vom gleichen Objekt fasziniert sind.

Bei Kindern mit stark wechselnder Aufmerksamkeit erlangt ein einzelner Impuls kaum die notwendige Beachtung und auch ein Zusammenführen der Zielpunkte ist nicht möglich.

5.2.4 Triangulationen

Mit jedem Lebensmonat wird der Austausch vielfältiger, neue Bezugspunkte kommen hinzu. Das Kind und seine Bezugsperson betrachten denselben Gegenstand und sehen sich daraufhin an. Mutter oder Vater benennen das Objekt und unterstreichen die Äußerung mit ihrem Mienenspiel, dann kehrt die Aufmerksamkeit wieder zum Gegenstand zurück. Dieser Wechsel wird dabei positiv und spannend gestaltet, damit das Kind mit seiner Aufmerksamkeit in der Situation verbleiben kann. Bald zeigt sich ein fragender Blick des Kindes, ggf. nochmals verbal verstärkt, das Kind fordert den Austausch und das Benennen mit Gesten oder Lauten aktiv ein. Der »trianguläre Blickkontakt« wird im Laufe der Entwicklung stetig weiter ausgebaut und wird bald durch zusätzliche, nochmals differenziertere Rückmeldungen und Ergänzungen erweitert.

> »Die dritte Phase, welche im Alter von 10–12 Monaten beginnt, kann durch die Dreiecksbeziehung Mutter-Kind-Gegenstand definiert werden. Das Kind ist nun fähig, die Mutter in die Interaktion mit dem Gegenstand einzubeziehen, bzw. den Gegenstand in die Interaktion mit der Mutter einzugliedern« (Zollinger, 2000, S. 56).

Spielender Fokuswechsel

Triangulationen erlernen die meisten Kinder bereits im ersten Lebensjahr. Sie beherrschen die visuellen Fokuswechsel, das gleichzeitige Mienenspiel und zusätzliche Lautäußerungen oder Handlungen. Zu Beginn der Entwicklung zeigt sich dieser Austausch vorwiegend mit der Mutter oder der engsten Bezugsperson. Schon ein paar Wochen später können zwei bis drei weitere Personen und auch Gegenstände in den Wechsel miteingebunden werden.

Kinder mit Autismus verweilen, wie bereits beschrieben, bei einem Objekt oder auch einer Person und können die zunehmenden Fokuswechsel und das Verbinden der verschiedenen Ebenen nicht leisten. Bei der

Polywahrnehmung können die Kinder ebenfalls nicht die notwendigen Verbindungen knüpfen.

Fallbeispiel: Milan, 6 Jahre, im Autismus-Spektrum

Zu Beginn der Therapie kein gezielter Sprachabruf möglich, unterschiedliches Stimming, wie das Antippen von Gegenständen und Flattern der Hände

Nach mehreren Therapieeinheiten mit vielen positiven Interaktionen wie auch schwierigen Stunden, gibt es immer wieder ganz besondere Momente. In diesen Sequenzen fügen sich viele kleine Schritte zu einem großen Entwicklungsschritt zusammen.

Bei Milan zeigte sich solch eine Entwicklung beim gemeinsamen Spiel mit der Kugelbahn. In dieser Stunde gelang es ihm, auf die verschiedenen Ebenen der sozialen Interaktion zuzugreifen und das Spiel gemeinsam mit mir in einem lebendigen Wechsel zu erleben:

Milan kommt zu mir ins Zimmer, er zeigt mir mit seinen Blicken und Lauten, dass er mit der Kugelbahn spielen möchte. Milan setzt sich in den Sitzsack, ich setze mich vor ihn, seitlich davon steht die Kugelbahn. Als es losgeht, schaut Milan erst auf die kleine Holzkugel in meiner Hand und dann erwartungsvoll in mein Gesicht. Ich spreche das Wort »Kugel« und Milan versucht, es nachzusprechen: »Kugä«.

Milan nimmt die Murmel aus meiner Hand. Ich umfasse seine Faust, schaue ihn an und spreche die Worte: »Achtung, fertig ...« und Milan ergänzt: »Loooo(s)!«. Nach einem Blick auf die Kugelbahn und einem weiteren, rückvergewissernden Blick zu mir, führen wir die Kugel zur Startposition und lassen sie fallen. Bald erreicht sie einen Trichter und dreht dort mehrere Sekunden ihre Runden.

Ich begleite das Kreiseln mit einer Gebärde und den Worten »drehen, drehen, drehen«. Milan schaut zu mir, imitiert die Gebärde und versucht mitzusprechen. Dann läuft die Kugel weiter. Wir begleiten jeden Etagenwechsel gemeinsam mit »plopp, plopp« und rufen am Ende laut »bumm!«

Sofort schaut Milan wieder mit fragendem Blick zu mir, äußert das Wort »Kugä?« und möchte wissen, ob wir diese Aktion noch einmal wiederholen.

Der lebendige Austausch an der Kugelbahn bereitet uns beiden so viel Spaß, dass wir das Spiel mehrere Male wiederholen. Am Ende der Stunde, in Anwesenheit der Mutter, nehmen wir noch einmal das Holzspielzeug und wieder versucht Milan, Gestik und Sprache zu imitieren. Auch der lebendige Blickwechsel gelingt, dieses Mal bezieht er sogar seine Mutter mit ein, die ihn begeistert unterstützt.

5.2.5 Selbstbewusstsein

> »[Das Kind] kann sich im Spiegel wiedererkennen und beginnt sich beim Namen zu nennen und etwas später auch »ich« zu sagen. Es freut sich, wenn ihm eine Handlung gelingt (›Smile of Mastery‹), realisiert aber auch auftretende Schwierigkeiten und ärgert sich über sich selbst. Diese Phase wird als Höhepunkt der Individuationsentwicklung bezeichnet und bildet die Voraussetzung für den Blick in die Welt hinaus« (Zollinger, 2010, S. 281).

Mutter/Vater und Kind erleben sich von Anfang an in einer engen und unmittelbaren Beziehung. Anfang des zweiten Lebensjahres löst sich das Kind, es erfährt Neues in der Welt um sich herum und entdeckt seine eigenen, individuellen Bedürfnisse. Dabei kann das Kind diese Wünsche jedoch (noch) nicht zurückstellen und fordert dessen Erfüllung direkt und teilweise entschieden ein (▶ Kap. 12.3). In emotional berührenden Situationen sind die Kinder stark erregt. All ihre Aktivitäten erfolgen deshalb, bedingt durch die erhöhte körperliche Anspannung, ebenfalls mit hohem Krafteinsatz. Die Stimme tönt lauter, das Kind stampft auf oder ballt seine Fäuste. Im Laufe seiner Entwicklung lernt das Kind sich und seinen Körper besser kennen, es gelingt ihm stetig besser, sich zu regulieren und auch bei der »Nicht-Erfüllung« seiner Wünsche noch ansprechbar zu sein.

> »Eine normale Bewältigungsstrategie ist eine gut funktionierende Selbstregulation. Die Fähigkeiten dazu verändern sich im Laufe der Entwicklung. Schon der kleine Säugling hat Verhaltensweisen zur Verfügung, um sich aus Erregungszuständen zu befreien: saugen, die Augen schließen, Blicke vermeiden oder den Kopf wenden. Sehr schnell kommen dann mundmotorische Strategien dazu wie Beißen, Kauen oder Lecken. Mit der Zunahme der motorischen Kompetenzen werden auch immer vielfältigere Bewegungsstrategien angewandt […]. Wir suchen körperliche Aktivitäten, um wieder in ein emotionales Gleichgewicht zu kommen« (Bücker, 2014, S. 74).

Um ein gutes Selbstbewusstsein zu entwickeln, muss sich das Kind zunächst »selbst« intensiv spüren können (Selbstwahrnehmung), bevor es sich dann in einem lebendigen Austausch mit der Welt erlebt.

> **Gut zu wissen: Das Selbstbewusstsein baut auf der Selbstwahrnehmung auf**
>
> Eine gute Selbstwahrnehmung bedeutet, um den eigenen Körper zu wissen: Wo sind meine Hände? Wo sind meine Füße? Liege oder stehe ich? Diese Fähigkeiten erwerben die Kinder vorwiegend mithilfe der Basissinne. Sie entdecken ihren Körper, indem sie ihre Hände in den Mund nehmen, sich bewegen, ihre Lage verändern und Widerstände spüren.
>
> Die Informationen über das eigene »Ich« werden stetig vielfältiger und auch weitere Informationen aus der Umwelt fließen zusätzlich mit ein. Das Kind löst sich von der isolierten Betrachtung und Entdeckung seines Körpers, erlebt sich im Kontakt mit seiner Umwelt, erlebt, wie andere mit ihm agieren und entwickelt so das »Selbst-Bewusstsein«.

Kinder mit Autismus haben häufig eine nicht ausreichende Körper- und Selbstwahrnehmung und können u. a. deshalb nur ein geringes Selbstbewusstsein entwickeln. Die Auffälligkeiten der sensorischen und motorischen Fähigkeiten, die vorhandene Mono- oder Polywahrnehmung, verzögerte Reaktionszeiten und nicht ausreichend gelernte Spiel- und Alltagshandlungen führen dazu, dass die Kinder oft nur Beobachter einer Situation sind. Sie reagieren zwar auf Impulse ihrer Umwelt, diese Reaktionen sind jedoch eher »reaktiv« als »proaktiv«. Die Kinder sind eher ein Spielball der äußeren Einflüsse, als dass sie selbstständig daran teilhaben und sie gezielt beeinflussen können. Auch wenn manche Spielzeuge nur mithilfe eines minimalen Impulses betätigt werden müssen, kann dies für einige Kinder eine unüberwindbare Hürde sein. Ohne ein ausreichendes Ich-Bewusstsein und das Wissen, Teil eines komplexen Gefüges zu sein, schauen sie nur gebannt auf das Spielzeug, wünschen sich (vielleicht), dass etwas passiert, aber können die erforderliche Aktivität nicht ausführen.

Eingeschränktes Selbstbewusstsein

In anderen Situationen zeigen Kinder mit Autismus auf den ersten Blick ein starkes »Selbst«: Wenn sie stringent Rituale einfordern oder an geliebten Gegenständen festhalten, erscheint dies als ein Merkmal der Identitätsentwicklung (▶ Kap. 12.3). Häufig ist dieses Verhalten jedoch ein für das Kind »lebensnotwendiger« Regulationsmechanismus und nicht Teil einer Interaktionshandlung.

5.3 Aufbauende soziale Interaktionen

Je häufiger, intensiver und vielfältiger Kinder Interaktion erfahren dürfen, um so differenzierter entwickeln sich ihre Fähigkeiten bei den darauf aufbauenden Entwicklungsschritten. Im engen Wechselspiel mit der Entwicklung der zentralen Kohärenz und der exekutiven Funktionen (▶ Kap. 4.3) erlernen die Kinder weitere soziale Kompetenzen:

Soziale Kompetenzen

- Imitation und (Modell-)Lernen
- Symbolspiel
- Theory of Mind (ToM)

Die erweiterten Reaktionen sowie das zunehmend komplexe Denken der Kinder zeigen sich besonders in Verbindung mit einem Gegenüber: So können sie die für die jeweilige Situation bedeutenden visuellen oder auditiven Impulse immer leichter in ihre eigenen Handlungen und in ihr Wissen über die Welt einflechten. Sie erleben sich als eigenständige Person, können den eigenen Standpunkt ggf. wechseln und erfahren, dass sie auch andere beeinflussen und somit gezielt lenken können. Das Wissen um die Möglichkeiten, mit eigener Kraft etwas zu bewirken, wächst. Eigene Wünsche können gezielter um- und durchgesetzt werden.

Eigene Wünsche

Bedingt durch die Schwierigkeiten in Bezug auf die frühe soziale Interaktionsentwicklung sowie die Schwierigkeiten der multimodalen Verarbeitung zeigen Kinder mit Autismus bei den aufbauenden Kompetenzen ebenfalls deutliche Auffälligkeiten bzw. erwerben diese nicht.

5.3.1 Imitation und (Modell-)Lernen

Kinder erlernen viele ihrer Fähigkeiten in der Beobachtung und im Zusammenspiel mit Eltern, Großeltern, Geschwistern und anderen Kindern. Interessiert beobachten sie die Aktivitäten der Eltern und sind interessiert an täglichen, sich wiederholenden Abläufen wie die Bedienung der Kaffeemaschine, die Anwendung des Mobiltelefons oder die Steuerung der Fernbedienung. Sie möchten mitspielen, helfen und sich einmischen: beim Rasenmähen oder beim Wäscheaufhängen, beim Spiel mit den Geschwistern auf dem Spielplatz oder im Kinderzimmer. Im Kontakt mit Menschen und bei Unternehmungen gibt es immer etwas zu beobachten und zu lernen.

Kinder beschäftigen sich zwar zeitweise auch alleine mit ihrem Spiel, lassen dann jedoch häufig Beobachtungen einfließen, die sie bei anderen gemacht haben. Vielleicht war es der Kontakt mit einer für sie wichtigen Identifikationsfigur, wie der große Bruder, von dem sie sich eine bestimmte Handlung abgeschaut haben und die sie nun für sich ausprobieren. So muss nicht jede Fähigkeit, jeder Lernfortschritt selbst erfahren und nicht jeder Fehler selbst gemacht werden. Die Erlebnisse der anderen können in das eigene Wissen und in die eigenen Fähigkeiten einfließen.

Damit vielschichtiges und multimodales Lernen gelingt, muss die Aufmerksamkeit einerseits auf das Spiel des Gegenübers (dem Modell oder der Identifikationsfigur) gelenkt werden und zusätzlich mit bereits gespeicherten Erfahrungen in ähnlichen Bereichen abgeglichen werden. Zusätzlich muss ein Teil der Aufmerksamkeit auf die eigene Handlung gerichtet sein, damit diese durch Anpassen und eventuell im weiteren Austausch verbessert und spezifiziert werden kann.

Menschen mit Autismus gelingt es nicht, an den Erfahrungen der anderen anzuknüpfen. So können sie übliche Hilfestellungen beim Lernen wie das explizite Vorführen einer Handlung nicht übernehmen. Sie erlernen ihre Fähigkeiten vorwiegend autonom. Auch (zusätzliche) verbale Anweisungen oder Fingerzeige werden nicht wahrgenommen oder verstanden. Zudem ist die Auswahl, in welchen Bereichen gelernt wird und welche Fähigkeiten erworben werden, meist stark eingegrenzt und bezieht sich eher auf vertraute Themen. Das Erweitern bei den bestehenden Systemen findet zum Teil nur sehr reduziert statt und ist von außen kaum beeinflussbar. Neue Lernbereiche, bei welchen ein besonders flexibles Einordnen und das Erstellen von neuen Systemen notwendig ist, überfordern die Betroffenen und werden folgend zumeist abgewehrt.

> »Und oft können wir etwas auch dann nicht erledigen, wenn ihr uns schon tausendmal gezeigt habt, wie es geht. So sind wir nun mal. Von ganz allein wissen wir einfach nicht, wie man die Dinge so macht wie ihr. Aber wir möchten sie

natürlich, wie jeder andere Mensch auch, so gut wie möglich machen. Und wenn wir spüren, dass ihr uns aufgegeben habt, sind wir unglücklich. Also, bitte, haltet mit uns durch, bis wir es geschafft haben« (Higashida, 2018, S. 61).

Wenn es gelingt, Kindern mit Autismus Imitation und Lernen durch Beobachtung zu ermöglich, ohne sie dabei zu überfordern, sind viele weitere Entwicklungsschritte möglich. Das Bestehen im Alltag, mit seinen stetigen Veränderungen und mit seinen wechselnden Aufgaben wird erleichtert.

Fallbeispiel: Sila, 4 Jahre, im Autismus-Spektrum

Nonverbal, häufige Wechsel zwischen Mono- und Polywahrnehmung, starker Bewegungsdrang

Sila kann sich nur kurzzeitig auf eine für sie wichtige Information konzentrieren. Ständig sieht sie neue Dinge, hört etwas oder ist auf der Suche nach spannenden Stimulationen in Bezug auf ihren Körper.

In einer unserer ersten Stunden nimmt sich Sila die Stapelwürfel. Sie kennt dieses Spielzeug nicht und weiß diese weder zu handhaben noch kennt sie das mögliche Ziel, dass sie z. B. mit diesen Schachteln einen »Turm« bauen könnte. Interessiert betrachtet sie die unterschiedlichen Bilder auf den Würfeln. Daraufhin kommentiere ich die dort abgebildeten Fahrzeuge. Sila schaut weiterhin auf die Abbildungen und es scheint, als würde sie mich nicht wahrnehmen.

Dann versuche ich ihr zu zeigen, wie man mit diesen Würfeln einen Turm bauen kann, aber Sila zeigt keine Reaktion auf meine Stapelversuche oder gar auf ein Zureichen der richtigen Würfel. Auch als ich ihr einen bereits fertig gestellten Turm zeige, folgt sie nicht meiner Zeigegeste. Auch wenn andere Kinder im Kindergarten neben ihr etwas bauen, kann sie sich diese Fertigkeiten nicht abschauen. Sie verbleibt in der Monowahrnehmung und fokussiert einzig eine spannende Schachtel. Lernen durch Beobachtung, mithilfe von Gesten oder Erklärungen ist für sie nicht möglich. Und auch das Ziel des Turmbaus ist für sie nicht relevant bzw. gar nicht vorhanden.

Sollte Sila dennoch versuchen, einen Turm zu bauen, muss sie dies alleine schaffen. Jedoch ist auch das autodidaktische Lernen mit weiteren Schwierigkeiten verbunden. Die sensorischen Besonderheiten und die motorischen Einschränkungen, die erforderlichen Fokuswechsel und die Schwierigkeiten bezüglich der Stressregulation erschweren dieses Vorhaben. Sila dreht die Würfel ein wenig ziellos in ihrer Hand, dann legt sie zwei aufeinander, der dritte fällt gleich wieder herunter. Auch nach einem zweiten und dritten Versuch liegen alle Würfel noch einzeln auf dem Boden.

Sila kann nicht die größeren, unteren Würfel festhalten (bedingt durch die motorischen Unsicherheiten). Sie kann nicht den nächsten Würfel mittig aufsetzen (bedingt durch die nicht ausreichende visuelle Kontrolle) und sie kann ihre Kraft nicht angemessen dosieren (bedingt durch die propriozeptiven und taktilen Unsicherheiten). Es gelingt Sila nicht, auch nur zwei Schachteln aufeinander zu stapeln.

Bald verliert sie das Interesse am Stapeln – wenn dies überhaupt vorhanden war. Vielleicht war dies auch nur meine Interpretation, als sie sich die Schachteln aus dem Regal genommen hat.

Auf einmal schlagen zwei Kisten aneinander und es ist ein Geräusch zu hören. Das ist spannend! Silas Blick wird aufmerksamer und produziert dieses Geräusch gleich noch einmal. Dann nimmt sie weitere Würfel und schlägt auch diese aneinander. Bald wirft sie einen durch den Raum. Jetzt ist der auditive Impuls noch lauter und somit ist das Spiel ereignisreicher und spannender als vorher. Sila lacht, jetzt ist sie ganz fokussiert auf ihr Tun. Es ist Sila nicht gelungen, die »eigentliche« Funktion des Spieles, einen Turm zu bauen, zu erfahren. Sie entdeckt nicht, dass die Würfel in einer bestimmten Reihenfolge aufgebaut werden können: Der größte Würfel kommt nach unten, die anderen werden ihrer Größe nach daraufgestellt. Sie lernt nicht, dass die Öffnungen beim Stapeln nicht nach oben zeigen dürfen, damit der nächste Würfel Halt findet. Aber sie hat erfahren, wie man ein Würfelspiel hörbar macht und dass so interessante auditive Impulse entstehen. Sie hat vielleicht auch bemerkt, dass auf ihre Handlung (das Werfen der Würfel durch den Raum) eine Reaktion des Gegenübers erfolgt, wie ein lautes »Nein« oder auch ein »Bumm«.

Imitation, Modelllernen und Symbolspiel

Imitation und Modelllernen entwickeln sich in enger Wechselwirkung zum Symbolspiel. Das Beobachten der Aktivitäten der anderen und die Fähigkeit, diese Handlungen in das eigene Spiel zu übernehmen erfahren nun eine Erweiterung.

5.3.2 Symbolspiel

Das Kind beobachtet im Laufe seiner Entwicklung nicht nur aufmerksam, wie sein Gegenüber mit Gegenständen agiert und verschiedene Handlungen ausführt, sondern es erfasst auch, dass Handlungen etwas verändern können. Diese Veränderungen werden immer stärker zum Fokus der Aufmerksamkeit. Bereits gelernte Erfahrungen oder Vorstellungen fließen zusätzlich in diese Lernprozesse mit ein. Bald ist die Handlung des Kindes nun nicht mehr ausschließlich mit der aktuellen Situation verbunden, sondern kann zudem auch ein Symbol für etwas Abwesendes sein. Beim Symbolspiel oder dem »So-tun-als-ob-Spiel« wird das bereits erworbene Wissen, ein Erlebnis oder auch eine Handlung auf ein Spiel übertragen. Der gezielte Wechsel des Settings, der Perspektive oder auch das Hineinversetzen in eine fremde Rolle eröffnet neue Möglichkeiten und Sichtweisen.

> **Gut zu wissen: Übergang vom Funktionsspiel zum Symbolspiel**
>
> - Funktionsspiel:
>   1. Das Auto fährt.
>   2. Der Waschlappen wäscht.

- Handlungen können etwas verändern:
  1. Das Auto fährt los und stößt die Mauer um.
  2. Der Waschlappen wäscht den Dreck ab.
- Symbolspiel:
  1. Die Kinder spielen den Autounfall vom Vortag nach.
  2. Das Waschen der Puppe steht stellvertretend für die Handlung der Mutter am Morgen.

Autistischen Menschen gelingt das Loslösen von der eigenen Handlung und zumeist nur funktionalen Tätigkeit zumeist nicht. Besonders ein Perspektiven- bzw. Rollenwechsel ist nur bei ausreichend vorhandenem Bewusstsein für sich selbst, für das Gegenüber und mithilfe der Verknüpfung der Einzelpunkte möglich. Ohne diese Voraussetzungen kann der Zugang zu spannenden Symbol- und Phantasiewelten nicht gelingen.

Fehlender Perspektivenwechsel

Abb. 5.5:
Symbolspiel Puppe: Das Versorgen (Zähneputzen) spiegelt den Alltag

Abb. 5.6:
Das mitgebrachte Stofftier wird ebenfalls versorgt (Waschen und Abtrocknen)

> **Fallbeispiel: Hassan, 4 Jahre, im Autismus-Spektrum**
>
> Nonverbal, keine gemeinsame Aufmerksamkeit, Schwierigkeiten der Stressregulation, ausschließlich funktionales Spiel
>
> Nach mehreren gemeinsamen Monaten ist das »Puppenspiel« ein fester Bestandteil unserer Therapiestunde. Hassan genießt es, wenn wir dem Baby die Windel wechseln, häufig »iiih« rufen und uns gegenseitig an die Nase fassen, als Zeichen dafür, dass diese Windel stinkt. Auch beim Füttern mit der Trinkflasche beteiligt er sich aktiv und schmatzt laut mit, wenn das Baby gefüttert wird.
>
> Dass Hassan dieses Spiel nicht nur in seinen Einzelaktivitäten auswendig gelernt, sondern in seiner Gesamtheit erfasst hat, zeigt sich in der folgenden Situation:
>
> Eine Tante und ihr erst einige Wochen alter Säugling sind bei der Familie zu Besuch. Als dieser zu weinen beginnt, schaut Hassan kurz zum Kinderwagen und läuft dann in die Küche. Dort nimmt er ein Kakao-Trinkpäckchen aus dem Kühlschrank und kehrt zurück ins Wohnzimmer. Er möchte seiner kleinen Cousine etwas zu trinken geben und hofft, sie damit zu beruhigen – so hat er es in den letzten Therapiestunden mit der Puppe erlebt.
>
> Hassan hat die Symbole und die Handlungsabfolgen unseres Spieles aufgenommen und überträgt diese nun in die reale Welt.

Alltag spielend erleben

5.3.3 Theory of Mind

Definition — Der Blick auf das Gegenüber, auf seine Handlungen und Emotionen erlaubt auch Rückschlüsse auf dessen weitere Aktivitäten. Bereits um das dritte Lebensjahr erwerben Kinder die Theory of Mind (ToM). Dies bezeichnet die Fähigkeit, sich in das Denken, die Überzeugungen und die Absichten der anderen hineinversetzen zu können. Dafür müssen die Kompetenzen der frühen sozialen Interaktion, insbesondere der Mimik, das Wissen über verschiedene Abläufe und über typische Verhaltensweisen des Gegenübers bereits ausreichend entwickelt sein. Zusätzlich müssen (komplexe) Zusammenhänge zielführend und variabel miteinander verbunden werden können.

Besonders die Schwierigkeiten der nonverbalen Kommunikation und das flexible sowie dynamische Übertragen und Abgleichen der Informationen erschweren für Menschen mit Autismus das Erlernen der Theory of Mind. Sie agieren vorwiegend aus dem eigenen Blickpunkt, den eigenen Interessen und Bedürfnissen heraus. Auch wenn sie zum Teil verschiedene Empfindungen und Emotionen ihres Gegenübers wahrnehmen, können sie diese nicht bewerten und damit auch nicht deren Reaktionen und folgende Aktivitäten absehen. Ein Hineinversetzen in die Gefühls- und Gedankenwelt anderer, in deren Denkweisen und Überzeugungen gelingt nicht.

5.3.4 Selbstwirksamkeit

Selbstwirksamkeit bedeutet, dass das Kind etwas aus eigener Kraft bewältigen kann, dass es die Erkenntnis besitzt, die notwendigen Fähigkeiten abzurufen und anzuwenden. Es sollte auch in schwierigen und ungewohnten Situationen oder bei neuen Herausforderungen agieren können und dabei Erlerntes nicht nur reproduzieren, sondern auch flexibel anwenden. Dies erfordert eine ausreichende Motivation und ggf. gute Regulationsmöglichkeiten. Wenn es dem Kind gelingt, Missgeschicke und Frustrationen zu verarbeiten und den Fokus auf das bereits Erreichte sowie auf das Kommende zu richten, können auch sehr schwierige Aufgaben bewältigt werden. Selbstwirksamkeit ist eng mit den exekutiven Fähigkeiten verbunden und stellt einen wichtigen Motor für Lernen und Weiterentwicklung dar.

Kinder mit Autismus scheitern zum Teil bereits bei »scheinbar« leichten Aufgaben. Da ihre Regulationsmechanismen kaum ausgebildet sind, geben sie oftmals bereits bei den ersten Schwierigkeiten auf. Ein vorausschauendes und komplexes Erfassen der Situation sowie der damit verbundenen Anforderungen und des übergeordneten Ziels ist nicht möglich. Die Kinder erleben sich nicht als selbstwirksam, sondern fühlen sich überfordert, ausgeliefert und können ihre Stärken und bereits erworbenen Fähigkeiten vor lauter Selbstzweifel und aufkommender Frustration nicht abrufen.

Fehlende Selbstwirksamkeit bei Autismus

5.4 Sprachentwicklung

Die Sprachentwicklung ist eng mit der Interaktionsentwicklung gekoppelt und oft bedingen sie einander. Die Entwicklung der Sprache ist ein kontinuierlicher Prozess, welcher gleich nach der Geburt beginnt und der in Teilbereichen bis in das Erwachsenenalter verläuft. Sie unterteilt sich in die nonverbale Kommunikation, welche bereits mit dem mimischen Austausch (▶ Kap. 5.2.1) beginnt und sich mithilfe der (Zeige-)Gesten stetig erweitert und in die verbale Kommunikation übergeht (aktiv und passiv).

5.4.1 Zeigegesten und Gesten

(Zeige-)Gesten gehören zur nonverbalen Kommunikation und sind in der kindlichen Entwicklung, neben der Mimik, ein wichtiger Bestandteil der Körpersprache. Diese Kommunikationsmöglichkeit macht besonders zu Beginn der sprachlichen Entwicklung einen Großteil der Bewegungen der Kinder aus.

Wenn das Kind seine Aufmerksamkeit gezielt lenken kann und zunehmend Zusammenhänge erfasst, kann es mithilfe von Zeigegesten und auch ohne Sprache bereits einige seiner Bedürfnisse ausdrücken oder das passende

Wort aus dem Mund der Eltern hervorlocken. Eltern können mit einer Zeigegeste die Aufmerksamkeit auf entfernt befindliche Dinge (wie etwa ein Windspiel) lenken.

Zeigegesten bei Monowahrnehmung

Bedingt durch den »Hyperfokus« gelingt es Kindern mit Autismus nicht, einen Bezug zwischen dem gewünschten oder gezeigten Gegenstand und dem ausgestreckten Finger herzustellen. Deshalb können sie diese Art der Kommunikation kaum nutzen.

Die Hand als Werkzeug

In wenigen Situationen sind jedoch auch die (Zeige-) Gesten beobachtbar. In Momenten mit starker Erregung, wenn den Kindern etwas besonders wichtig ist, gelingt ihnen eingeschränkt der Hinweis auf einen entfernten Gegenstand oder auf ein Gegenüber. Dafür nehmen sie dessen Hand, um auf diesen Gegenstand aufmerksam zu machen. In diesem Zusammenhang ist die Geste jedoch weniger ein Interaktionsmoment, wie »Schau mal hier!« oder »Kannst du mir mal helfen?«, sondern die Hand der Kontaktperson ist ein »Werkzeug« des Kindes, um seine Vorstellungen und Ziele umsetzen zu können.

Abb. 5.7: Interaktion mithilfe von Gebärden – hier »Seifenblasen«

5.4.2 Spracherwerb

Um Sprache zu entwickeln und um die erworbenen Sprachkompetenzen komplex ausbauen zu können, muss das Kind Bilder, Erfahrungen, das eigene Empfinden sowie Vergangenes, Aktuelles und Zukünftiges miteinander in Verbindung bringen. Es muss ihm gelingen, sich Dinge vorzustellen, sich etwas (herbei) zu wünschen oder etwas zu planen.

> »Vor allem aber entdeckt das Kind, dass die Wörter etwas bewirken, d. h., dass sie von den Anderen verstanden werden, und auch, dass es selbst die Wörter der Anderen verstehen kann – oder auch nicht. Diese aktive Auseinandersetzung zwischen der Sprachproduktion und dem Verständnis führt gegen Ende des zweiten Lebensjahres zum wohl entscheidendsten Schritt: Es entdeckt die repräsentative und kommunikative Bedeutung der Sprache« (Zollinger, 2002, S. 31).

Eine hohe Sprachkompetenz zeichnet sich dadurch aus, dass die Wortwahl, die Betonung und die entsprechende Gestik und Mimik passend aufeinander abgestimmt werden. Zusätzlich müssen noch die Gesetzmäßigkeiten des Turn-Takings beachtet werden, das heißt, die dialogischen Signale des Gegenübers müssen mit in das Gespräch einfließen: Es gilt, zu erkennen, wann ein Sprecherinnen- oder Hörerinnenwechsel erforderlich ist, so dass die verbale Kommunikation zu einem echten Austausch werden kann.

> **Gut zu wissen: Erläuterung zur Mehrdimensionalität beim Spracherwerb**
>
> Ablauf zum Erwerb eines neuen Wortes:
>
> - Das Zielwort wird auditiv wahrgenommen und der zugehörige Gegenstand rückt zeitgleich visuell in den Fokus.
> - Zielwort und Gegenstand werden in Bezug zueinander gesetzt.
> - Das Zielwort wird imitiert – Stimmgebung und Artikulation werden koordiniert.
> - Bei Bedarf finden ein erneutes Hören und eine Korrektur der Aussprache statt.
>
> Nach mehreren Wiederholungen:
>
> - Sprach- und Wortverständnis festigen sich.
> - Selbstständiger Abruf des Zielwortes wird möglich.
> - Korrekte Aussprache des Zielwortes wird möglich.
>
> Anwendung des Zielwortes im Kontakt mit einem Gegenüber und abrufbar in verschiedenen Situationen:
>
> - um sich auszutauschen
> - um seine Bedürfnisse/Informationen mitzuteilen

> Zusätzliche notwendige Voraussetzungen:
>
> - ausreichende Konzentrationsspanne
> - ausreichende Ressourcen, um sich bei Misserfolg bzw. Schwierigkeiten zu regulieren

Sprachdefizite bei Autismus

Bei Kindern mit Autismus erschweren die isolierte Impulsverarbeitung, die eingeschränkte zentrale Kohärenz und die verminderten exekutiven Funktionen den Spracherwerb. So erreicht ein großer Teil der Menschen im Autismus-Spektrum nicht oder stark verzögert verbale Kommunikation.

Einige autistische Kinder zeigen dagegen schon früh erste sprachliche Äußerungen, diese sind dann jedoch zumeist eine isolierte, rein lautsprachliche Aktivität. Die Äußerungen sind ohne Bezug zu einem Gegenstand oder einer bestimmten Situation, bzw. sind keine Antwort auf eine Frage.

Andere verfügen über gute sprachliche Fähigkeiten. Bei näherer Betrachtung zeigen sich jedoch verschiedene Auffälligkeiten, besonders in Bezug auf die Pragmatik.

> »Die Sprache stellt für viele autistische Menschen ein besonderes Problem dar. Die meisten verstehen gesprochene Sprache primär wörtlich. Die lebendige gesprochene Sprache ist aber voller Vieldeutigkeit, Anspielungen und metaphorischer Redewendungen, die nicht wie die klassischen Sprichwörter gelernt werden können, sondern aus der Situation heraus intuitiv erschlossen werden müssen« (Tebartz van Elst, 2018, S. 82).

Die Sprache und besonders der sprachliche Austausch von autistischen Menschen ist häufig »anders«, als Außenstehende es gewohnt sind und führt somit zu Missverständnissen und Unsicherheiten. Einige verfügen nur über ein wenig differenziertes Sprachverständnis und reagieren deshalb auf Anweisungen oder Fragen nicht adäquat. Zum Teil sind eigene Äußerungen oft nicht ausreichend an die Situation angepasst, da ein Einbeziehen des Gegenübers in den sprachlichen Austausch kaum möglich ist. So kann es vorkommen, dass wichtige Informationen in einem Gespräch fehlen, dass ein Nachfragen nicht möglich ist oder dass eine abweichende Meinung nicht gehört wird. Aber auch das nicht Einhalten von Sprechpausen erschwert einen wechselseitigen Austausch. Sprachliche Interaktion ist somit für beide Kommunikationspartnerinnen eine große Herausforderung und wird in Folge dessen oft bewusst vermieden.

Robotersprache

> **Gut zu wissen: Mögliche Auffälligkeiten der gesprochenen Sprache bei Autismus**
>
> - Ständiges Wiederholen von ausgewählten Lauten, Worten oder Satzteilen
> - Das Sprechmuster klingt monoton, die Sprachmelodie ist eingeschränkt.
> - Sprache erfolgt nicht als Dialog, sondern eher als Monolog.

- Die Stimme ist von der Lautstärke her der jeweiligen Situation nicht angepasst.
- Es wird zu wenig oder zu viel gesprochen, nicht angemessen zur jeweiligen Situation.
- Sprache, Blickkontakt, Gestik und Mimik können nicht gleichzeitig eingesetzt werden.
- Gesprochene Sprache und aktuelle Handlung zeigen keinen oder nur wenig Zusammenhang.
- Die Beschreibung von Bildern gelingt nur in Einzelteilen, das große Ganze wird nicht erkannt.
- Ironie, Synonyme und Sprichwörter werden nicht verstanden.
- Pronomen werden falsch angewendet bzw. nicht an den Standpunkt/ die Situation angepasst.
- Es wird nicht erfasst, wie der Wissensstand des Gegenübers ist, wichtige Informationen werden zum Teil nicht vermittelt.

Fallbeispiel: Oman, 22 Jahre, im Autismus-Spektrum, starke kognitive Behinderung, Epilepsie (Teil 2/2)[4]

Abwehr von jeglichen Interaktionsangeboten, kein bewertbares Sprachverständnis, nonverbal

Oman kommt mit 18 Jahren das erste Mal zu mir in die Praxis. Er läuft in den Raum und setzt sich im Schneidersitz auf meinen Teppich. Seine Hände nah vor den Augen wippt er leicht vor und zurück, seine Augen wandern stetig hin und her.

Als ich mich ihm nähere, zeigt er sofort eine deutlich erhöhte Stresssymptomatik. Die Bewegung seiner Hände wird intensiver, er beginnt zu tönen und auch das Wippen wird stärker.

Viele meiner angebotenen Materialien verstärken seine Erregung nochmals, es scheint fast, als würde er jedes Angebot von außen mit Angst und Abwehr verbinden. Oman hat bis dahin kaum Erfahrungen mit positiven Interaktionsangeboten.

Die Aussage des sozialpädiatrischen Zentrums vor Beginn der Therapie lautete: »Diese Maßnahme wird nochmals genehmigt, sollte sich aber keine deutliche Besserung zeigen, gilt Oman als austherapiert«.

Stand der Entwicklung nach vier Jahren Therapie und 100 Therapieeinheiten (ca. einmal wöchentlich, unterbrochen durch längere Pausen, Krankenhausaufenthalt oder Urlaub):

Oman sitzt in den meisten Stunden entspannt und zufrieden auf seinem Platz auf dem Teppich. Er ist offen für viele unterschiedliche Interaktionsangebote. Wir lachen viel und Oman sucht immer wieder von sich aus Kontakt. Er imitiert einfache Handlungen und beobachtet mich

---

4 Anm.: Oman war hier zwei Jahre älter als bei Teil 1/2.

immer wieder interessiert. Sein Sprachverständnis hat sich deutlich verbessert. Er kann einfache Anweisungen wie »Licht aus« oder »Tür zu« verstehen und umsetzen.

Im Alltag lautiert Oman zum Teil ununterbrochen und es gelingt ihm zunehmend, Worte zu formen, wie »ane« (türkisch »Mutter«), »nein« und »hallo«, aber auch »Oman« und »ja« werden mittlerweile beherrscht und angewandt.

Im Wartezimmer erlebe ich Mutter und Sohn oft im liebevollen Miteinander und zum Teil in spielerischen Machtkämpfen: wer die Schuhe ins Regal stellt und ob Oman schon hereinstürmen darf oder sich noch auf die Bank neben seine Mutter setzen soll. Wenn man seinen Modulationen lauscht, hört es sich an, als würde ein anderthalb Jahre altes Kind lautieren.

Oman reagiert mittlerweile auf die Bedürfnisse anderer. Wenn er früher während einer Autofahrt seine geliebten Bälle weggeworfen hatte und diese zurückhaben wollte, wurde es oft gefährlich. Er hörte nicht die Worte seiner Mutter, dass sie erst auf den nächsten Parkplatz fahren muss, um ihm seine Bälle aus dem Fußraum zu holen. Er löste bei nicht Erfüllen seiner Forderung selbstständig seinen Anschnallgurt, kletterte nach vorn und griff ins Lenkrad damit er zeitnah seine Bälle zurückbekam. Heute hört er den Einwand der Mutter und wartet bis zum nächsten Halt.

In den letzten vier Jahren war es für Oman, seine Mutter und auch für mich als Therapeutin nicht immer einfach. Es gab innerhalb seiner Interaktionsentwicklung einige herausfordernde Situationen zu meistern, welche mit einem erwachsenen Menschen besonders schwerwiegen. Mit 21 Jahren mussten Oman und alle Beteiligten die Belastungen in Bezug auf seine verspätete Autonomieentwicklung mittragen. Aber es gab und gibt immer wieder besonders schöne Momente, die uns sehr berühren und bewegen. Auf jeden Fall zeigt sich, dass Oman nicht »austherapiert« ist. Er lernt sich selbst und seine Umwelt immer besser kennen. Er tauscht sich aus, lässt sich trösten und beruhigen. Er lacht mehr und versucht, auch andere zum Lachen zu bringen.

Bei einem Arztbesuch kann ihm ohne deutliche Erregung Blut abgenommen werden. Seine Mutter hält seine Hand und beruhigt ihn zusätzlich mit Worten. Zwei Jahre zuvor wurde Oman noch bei jeder Blutabnahme von zwei bis drei Pflegern fixiert.

Oman hat in den Jahren, die ich ihn begleiten durfte, die einzelnen Schritte der um Jahre verspäteten sozialen Interaktionsentwicklung noch vollzogen. Auch wenn er sprachlich und auch kognitiv auf der Ebene eines Kleinkindes ist, wenn seine Wahrnehmung noch immer »besonders« ist und auch das Verbinden der einzelnen Informationen, das Einordnen sowie der flexible Abruf der Fähigkeiten noch sehr viel Kraft kosten, seine Lebensqualität ist deutlich verbessert. Wir sind auf seine nächsten Schritte gespannt, auf all das, was er noch erleben und lernen kann und inwieweit Interaktion, Kommunikation und Sprache seinen Alltag weiter bereichern.

6 Die Therapiebausteine der Komm!ASS®-Therapie

Die andere Wahrnehmung autistischer Menschen sowie die besondere Verarbeitung des Wahrgenommenen wirken sich besonders auf die Fähigkeiten, aber auch auf die Bereitschaft zur sozialen Interaktion aus. Wenn die Kinder immer wieder die Erfahrung machen, dass ihre bevorzugten Handlungen unterbrochen und notwendige Regulationsmechanismen weggenommen werden, dass sie anders oder »seltsam« sind oder dass sie gestellte Anforderungen nicht erfüllen können, führt dies zu einem Desinteresse am sozialen Austausch oder auch zu einem gezielt ablehnenden Verhalten. Die Fokussierung auf bevorzugte Objekte und Handlungen wird somit nochmals intensiver und jegliches Angebot des Gegenübers wird unmittelbar abgelehnt. Interaktion wird als Bedrohung empfunden, so dass die Stressbelastung bei jedem sozialen Miteinander ansteigt. Erst wenn die Betroffenen sich wieder isoliert ihrem bewährten und wohltuenden Fokus zuwenden können, sinkt die Anspannung.

Therapeutinnen und Eltern fragen sich häufig, wie sie auf die Besonderheiten der Kinder mit Autismus reagieren sollen. Sollen sie den Kindern einen Schutzraum bieten oder eine Umgebung mit spannenden Informationen? Sollen sie wichtige Entwicklungsschritte gezielt einüben, verschiedene Situationen »erzwingen« oder sollen sie das Vermeidungsverhalten der Kinder respektieren und bestimmte Situationen meiden? Sollen sie gleichbleibende Strukturen bieten oder versuchen, Flexibilität zu ermöglichen?

Schutzraum oder spannendes Umfeld?

Die Betroffenen in ihrer Überforderung zu schützen, scheint im ersten Moment das wichtigste Ziel für Therapie und Alltag zu sein. Eine stetige Vermeidung umgebender Informationen kann jedoch auf lange Sicht zu einer Verschlimmerung der Symptome führen. So werden Kopfhörer, die das Kind vor stressauslösendem Lärm im Klassenzimmer schützen sollen, im weiteren Verlauf immer häufiger vom Kind eingefordert. Jeder auditive Impuls von außen wird abgewehrt. Auch angenehme Geräusche oder wichtige Informationen werden nicht mehr gehört, die Stressbelastung steigt.

Häufig versuchen Therapeutinnen und Eltern alle vermeintlich fordernden Stimuli zu meiden. Sie sind sehr zurückhaltend mit ihren Angeboten, bieten vorwiegend leise, sanfte und zurückhaltende Informationen an, welche dann kaum Beachtung finden. Alle beunruhigenden Informationen werden ausgeschaltet, damit es zu keiner Überforderung oder gar einem Overload kommt. Es verbleiben wenige Angebote und Materialien, die jedoch nur einen geringen Teil der Informationen aus unserem Alltag widerspiegeln. Es wird eine Welt geschaffen, ganz nach den »offensichtlichen« Bedürfnissen der Menschen mit Autismus, in der es jedoch wenige

Möglichkeiten gibt, Neues zu entdecken und Austausch und Hilfen zu erfahren.

Auch erwachsene Menschen mit Autismus schaffen sich selbst oft eine Umgebung, die nicht so aufregend und damit weniger bedrohlich ist.

Isolierung

Dies führt jedoch zumeist zu einer Isolierung der Betroffenen. So werden Kinder, um sie vor Überforderung zu schützen, z. B. in der Schule hinter eine Trennwand gesetzt oder bei stärkerer Erregung ganz aus dem Unterricht herausgenommen, um in Ruheräumen das Lernen fortzusetzen. Dies schützt zwar vor der aktuellen Überforderung, ein Austausch und folgend Integration, sind so jedoch kaum möglich. Gespräche mit Eltern zeigen auf, dass sich Stresssymptome zum Teil verstärken, wenn ausschließlich Maßnahmen zum Schutz vor Überforderung Fokus der Hilfestellungen sind. So kann es sein, dass die Belastungen in fordernden und überfordernden Situationen nochmals zunehmen und sich der Handlungsspielraum im Alltag über die Jahre verringert. Rituale, Zwänge und Autostimulation nehmen zu und die Angst vor Overload und Meltdown bestimmen den Alltag.

Zusätzlich führt die weit verbreitete Überzeugung, dass Menschen aus dem Autismus-Spektrum Spürimpulse, welche sie nicht selbst aktiv suchen und somit kaum eigenständig beeinflussen können, stärker verwirren, als unangenehm eingestuft und deshalb abgewehrt werden. Dies führt dazu, dass dieser Personenkreis häufig kaum körperliche Zuwendung und Unterstützung erfährt und viele Impulse der umgebenden Welt ausschließlich aktiv tastend (haptisch) erfahren kann.

Wenn jedoch die Informationen von außen, mithilfe eines spezifisch-sensorischen Inputs, nicht mehr vorwiegend taktile Impulse sind, sondern eher die propriozeptive Wahrnehmung betreffen, einschließlich des viszeralen Bereichs, evtl. mithilfe starker thermischer Informationen, kann das Angebot den individuellen Bedürfnissen entsprechen. Somit wären mehr Unterstützung sowie ein aktives und passives Entdecken und Erleben der Umwelt möglich.

Diese weitreichenden Beeinträchtigungen aller Lebensbereiche zeigen die Notwendigkeit auf, Menschen mit Autismus dabei zu helfen, die Regulationsfähigkeiten wie auch das Gefühl für den eigenen Körper zu verbessern und somit eine gezielte Auswahl zur Nutzung unterschiedlicher Lernprozesse zu ermöglichen. Nicht Impulsvermeidung, sondern ein gezieltes Lenken der Aufmerksamkeit auf entspannende, wohltuende Informationen ist notwendig, um die (Selbst-)Wahrnehmung zu verbessern und Interaktion und Teilhabe zu ermöglichen. Der folgende Aufbau eines stabilen »Selbstbewusstseins« ermöglicht dann Teilhabe und Selbstständigkeit.

Mithilfe der folgenden aufgeführten Therapiebausteine soll diese Entwicklung gelingen:

- spezifisch-sensorischer Input – die Wahrnehmungsimpulse werden individuell ausgewählt und angepasst, insbesondere im Hinblick auf Regulation
- Impulskopplung – Impulse werden nicht isoliert, sondern parallel und in einem Kontext eingebunden angeboten
- Variationen – Impulse werden in lebendigen, wechselnden Situationen und Interaktionen angeboten

6 Die Therapiebausteine der Komm!ASS®-Therapie

| Spezifisch-sensorischer Input | Impulskopplung | Variationen |

Abb. 6.1:
Die Therapiebausteine bei Komm!ASS®

> **Gut zu wissen: Die Methodik von Komm!ASS® ist nur in Teilbereichen auf den Alltag übertragbar**
>
> Die gezielte und zumeist multimodale Impulssetzung, wie sie bei Komm!ASS® beschrieben wird, ist nur bedingt für die Umsetzung im Alltag geeignet. Die oft hochfrequenten, zeitgleichen und zeitnahen Impulse sind eher als ein besonderer »Trainingsimpuls« zu sehen.
>
> Eltern wünschen sich teilweise, dass die Integrationskraft des Kindes im Alltag ähnlich intensiv arbeitet, oder sie fragen sich, ob sie auch zuhause ähnliche Angebote anbieten sollen, wie es in der Therapie beobachtbar ist. Dies ist jedoch nur bedingt zu empfehlen!
>
> Erfahrene Therapeutinnen schaffen zumeist ein gutes Gleichgewicht zwischen den Aufgaben, die sie stets an die Fähigkeiten und Bedürfnisse des Kindes anpassen und den notwendigen Regulationsmechanismen. Zudem sollte die Vielfalt der angebotenen Informationen nur über einen bestimmten Zeitraum erfolgen. Dann folgen wieder deutlich weniger anregende Phasen.
>
> Die Kinder benötigen im Alltag unbedingt ausreichende Möglichkeiten, das Neue in ihrem Tempo und in ihrem selbstgewählten Tun anzuwenden und sich zudem von der Gesamtheit der Informationen und der stark erhöhten Aufmerksamkeit zu »erholen«.
>
> Die Anwendung des Wissens um den spezifisch-sensorischen Input, besonders im Hinblick auf die Ressource »Regulation«, können Eltern und Begleitende hingegen sehr gut in den Alltag übertragen und somit die Kinder tiefgreifend unterstützen.
>
> Ein Anbieten von entspannenden Impulsen ist im gesamten Tagesverlauf hilfreich. Eine verbesserte Regulation und folgend auch der Körperwahrnehmung stärken Wohlbefinden, die Lebensqualität und die Lernfähigkeiten des Kindes und erleichtern den Umgang mit belastenden Situationen.
>
> Wenn zudem die Informationen von außen, die Berührungen, wie ein festes an die Handnehmen, den individuellen Bedürfnissen entspricht, wird nicht nur ein aktives, sondern auch ein passives Entdecken und Erleben der Umwelt möglich.
>
> Im weiteren Verlauf können auch Spielsequenzen aus der Therapie in den Kindergarten oder in das häusliche Umfeld übertragen werden und bieten dann die Möglichkeit einer freudvollen gemeinsamen Spiel- oder Familienzeit.

6.1 Spezifisch-sensorischer Input

Der *spezifisch-sensorische Input* ist ein individuell an die besondere Wahrnehmung der Kinder angepasster Impuls. Die zu fokussierende Information, die Aufgabe oder das Lernziel sollten vom Kind ausreichend wahrnehmbar sein, um eine intensive Betrachtung zu erfahren. Die autistische Person darf erleben, dass dieser Impuls positiv berührt oder bewegt. Die Übungen zur Verbesserung der einzelnen Wahrnehmungsbereiche bieten hier vielfältige Anregungen (▶ Kap. 2).

> »Ich war 5 oder 6 Jahre alt, als ich mir beim Rollerfahren erst den einen und dann auch noch den anderen Knöchel verstauchte und man mir um beide Fußgelenke einen straff sitzenden Verband machte. Zum ersten Mal konnte ich wirklich meine Füße spüren. Ich wusste, dass es sie gibt, ohne hinschauen zu müssen. Das verbesserte meine Körperhaltung und Koordination enorm. Von da an nutzte ich Verbände und Bänder, die ich mir straff um die entsprechenden Gliedmaßen band, um meine Körperwahrnehmung zumindest zeitweise zu erhöhen. Ich ging sogar mit einem Einweggummi um den Kopf ins Bett, um besser zur Ruhe kommen zu können und am Morgen sofort wenigstens den Kopf zu spüren. Später trug ich aus demselben Grund eng gestellte Basecaps« (Vero, 2014, S. 66 f.).

Praktische Tipps: Der Steck-Kaktus

Bei diesem Spiel zur Förderung der Feinmotorik soll das Kind verschiedene Stäbe, Ringe und Kugeln in die Vertiefung einer Halbkugel stecken. Hierbei muss zuerst der Stab, dann der Ring und anschließend die Kugel ausgewählt werden. Eine Farbzuordnung ist zusätzlich möglich.

Wenn die Kinder das Spiel ohne Hilfe entdecken, richtet sich die Aufmerksamkeit häufig auf die Kugeln. Sie stecken diese auf ihre Finger oder klopfen damit auf den Boden. Andere Kinder nehmen zwei bis drei Stäbe und drehen diese in ihren Handflächen hin und her. Ein regelrechtes Zusammenstecken des Spieles findet nicht statt.

Mithilfe körperlicher Führung versuchen wir den Kaktus gemeinsam zu stecken und somit alle Einzelteile an ihren vorgesehenen Platz zu bringen. Im gemeinsamen Spiel (▶ Kap. 7) gelingt die Aufmerksamkeitslenkung auf das ausgesuchte Material und bei Bedarf werden weitere regulierende und körperliche Impulse angeboten.

Wenn die Therapeutin die Hand des Kindes nimmt, bietet sie dabei eine Massage oder ein festes Ausstreichen an. Zudem kann, wenn der Stab in das vorgesehene Loch gesteckt wird, das andere Ende des Stabs einen Druckimpuls in der Handfläche des Kindes hinterlassen.

Bevor die Ringe und Kugeln auf den Kaktus gesteckt werden, können sie zuerst ebenfalls gut spürbar auf den einzelnen Fingern des Kindes platziert werden, um dem Kind eine weitere Rückmeldung über sich und seinen Körper zu geben und um den Fokus auf die gemeinsame Handlung zu erhöhen.

Mithilfe dieser spezifischen Impulsgebung erfährt das Kind einerseits einen Regulationsimpuls, der langfristig die Eigenwahrnehmung verbessert, andererseits kann ein bisher uninteressantes Spiel für viele Kinder spannend und berührend gestaltet werden. Momente lebendiger Interaktion werden erlebbar.

Besonders impulsoffene Kinder, die in ihrem Alltag vielfältige Informationen ungefiltert aufnehmen, deren Aufmerksamkeit immer wieder abschweift und die stets etwas Neues zum Spüren, Sehen oder Hören suchen, können mithilfe des spezifisch-sensorischen Inputs einen bestimmten Impuls leichter fokussieren. Dieser intensive Input wird dann über einen längeren Zeitraum berührt, angeschaut oder sonstig manipuliert und das Kind versucht, das Wissen darüber zu erweitern und verknüpft die Informationen mit bisherigem Wissen.

Spezifisch-sensorischer Input bei Polywahrnehmung

6.1.1 Auswahl der Impulse

Um den passenden Impuls anzubieten, muss die Therapeutin das Verhalten des Kindes aufmerksam beobachten, seine Bedürfnisse und Fähigkeiten erkennen und diese als Ausgangspunkt für den individuellen Kontakt nutzen. Das gezeigte Stimming bietet hier eine gute Orientierung für die Impulsgebung. Je nach Zielsetzung erfolgt die entsprechende Hilfestellung bzw. die Auswahl der Stimuli. Auch die Intensität und Dauer sowie der weitere Ablauf werden stets individuell auf das Kind und die Situation angepasst.

Besonders zu Beginn empfiehlt es sich, Hilfen in Bezug auf die Körperwahrnehmung anzubieten. Erst im weiteren Verlauf erfolgen die Impulse auch im Hinblick auf die Außenwahrnehmung. Hierbei zeigen besonders das aktuelle Verhalten sowie die beobachtbaren Aktivitäten die Bedürfnisse der Kinder auf und dienen als Orientierung für den spezifisch-sensorischen Input. Weitere Angebote bei fremd- oder selbstverletzendem Verhalten sind unter »Stimming oder Autostimulationen« zu finden (▶ Kap. 3)

Von der Körperwahrnehmung zur Außenwahrnehmung

Wenn die Therapeutin die Handlung oder Stimulation als ein Bedürfnis nach einem ganz bestimmten Impuls erkennt und diesen im Laufe der Stunde immer wieder aufgreift, dann muss Stimulation nicht isolierte Fokussierung auf den eigenen Körper und somit Rückzug vom Gegenüber bedeuten, sondern kann eine Möglichkeit zur Interaktion sein.

Stimming zur Interaktion nutzen

Die Impulssetzung sollte stets so erfolgen, dass diese positiv wahrgenommen wird. Das Kind sollte mithilfe der gesetzten Impulse vor allem Regulation, aber auch Motivation und Anregung erhalten, um Interaktion und Kommunikation freudvoll erfahren zu können. Stimulationen im Gesichts- und Mundbereich haben dabei eine besondere Bedeutung und sollten deshalb immer wieder eingebunden werden: Einerseits wirken Berührungen des Kopfes besonders regulierend auf die gesamte Körperspannung, andererseits ermöglichen diese eine gezielte Verbesserung der mimischen Ausdrucksfähigkeit und somit der Interaktionsmöglichkeiten.

Motivation und Anregung

Tab. 6.1:
Praktische Tipps: Stimming erkennen und spezifische Intervention anbieten

Beobachtbares Verhalten des Kindes	Mögliche Angebote
Schlagen mit dem Handballen auf eine Tischplatte	eine feste Massage am Handballen des Kindes, evtl. mit kurzen, intensiven Vibrationen erweiterbar für die Finger, die Handinnenfläche, das Handgelenk, den Unterarm und die Schulter
Klopfen der Finger oder Kratzen mit den Fingernägeln auf der Tischplatte	Klopfen oder Druckimpulse auf die Fingernägel, Stimulation der Fingerkuppen mit einem Massagegerät, Anbieten verschiedener Oberflächen
häufiges Knabbern am T-Shirt oder an den Nägeln	Stimulierungen an den Lippen und Zähnen mit Kaumaterialien, Massagen oder Eis
häufiges Herumlaufen im Raum	gemeinsam Aufgaben im »Laufen« erledigen, Hüpfen auf dem Trampolin, Stimulierung der Beine und Fußsohlen
Bewegen der eigenen Finger nah vor den Augen	Spiele mit besonderen Lichteffekten oder mit der Taschenlampe, den visuellen Impuls ebenfalls »bewegt« vor den Kindern präsentieren
stetiges Brummen und Tönen	(zusätzliches) Abklopfen und Vibrieren des Brustkorbs und des Rückens, gemeinsames Tönen mit zunehmenden Variationen der Tonhöhe und Lautstärke

6.1.2 Intensität und Dauer der Impulsgebung

Auch Stärke und Frequenz der Impulse werden an die individuelle Erlebenswelt des Kindes angepasst und müssen in jeder Situation wieder neu geprüft und angepasst werden.

Intensität   In Bezug auf die Intensität sind für viele Kinder zu Beginn propriozeptive Impulse, wie ein besonders fester Druck mit einer großen Auflagefläche, angenehmer als eine sanfte taktile Information mit nur kleiner Auflage. Im auditiven Bereich sind zumeist eher tiefe Töne sowie prägnante Geräusche wie beim Aufprall von Gegenständen auf den Boden oder beim Zusammenprallen oder Aufeinanderschlagen von Materialien einen Blick wert.

Dauer   Zudem sollte die Information nicht anhaltend angeboten werden. Bei einer nur kurz angebotenen, positiv empfundenen Impulssetzung kann es sein, dass sich das Kind seinem Gegenüber anschließend aktiv zuwendet und eine Wiederholung einfordert. Dies erfolgt mithilfe eines Geräusches, eines Wortes, einer Gebärde, durch eine Bewegung des entsprechenden Körperteils oder auch nur mit einem Blick zur Therapeutin. So kann eine zustimmende Interaktion bzw. Kommunikation gelingen. Bei einer längeren Impulsgebung wird das Kind den Stimulus bald abwehren und sich dabei vom Gegenüber abwenden oder den Kontakt abbrechen.

> **Praktische Tipps: Passende Impulsgebung**
>
> - Impulse und Spiele müssen so angeboten werden, dass das Kind diese positiv wahrnimmt:
>   - Aufregung und Anspannung dürfen spürbar sein, doch trotz möglicher Herausforderungen muss immer wieder ein Lächeln sichtbar sein und die Momente der Entspannung müssen überwiegen.
>   - Der Impuls kann durch Veränderung von Druck, Geschwindigkeit, Lautstärke, Helligkeit usw. intensiver oder weniger intensiv präsentiert werden.
>   - Ein weiterer Impuls kann hinzugefügt werden, wie eine Gebärde, eine Berührung, ein bestimmtes Spiel.
> - Impulse und Spiele können auch bei abnehmendem Interesse fortgesetzt werden:
>   - Wenn die Aufmerksamkeit des Kindes trotz aller Interventionen weiter nachlässt, sollte versucht werden, noch ein oder zwei weitere Wiederholungen durchzuführen – um die Grenzen und die Möglichkeiten des Kindes etwas zu erweitern.
>   - Alternativ erfolgt ein Wechsel zu einem anderen Spiel, bei dem vorwiegend die Regulation im Fokus steht. Danach wird zum ersten Spiel zurückgekehrt und dieses wird fortgesetzt. Das Kind erlebt, dass Handlungen abgeschlossen werden können, auch wenn die Begeisterung für diese Aktivität abnimmt. Im Anschluss an diese besonders anstrengende Situation benötigt das Kind erneut ein entspannendes und wohltuendes Angebot.
> - Impulse oder Spiele werden abgebrochen:
>   - Wenn eine verstärkte negative Erregung zu beobachten ist, sollte die Impulsgebung abgebrochen und dieses Angebot oder dieses Spiel zunächst vermieden werden. Vielleicht ist der Impuls oder das Material in einigen Wochen positiv wahrnehmbar und kann dann mit Hilfe einer zusätzlichen Handlung oder Stimulierung nochmals aufgenommen werden.

6.1.3 Dynamische und hochfrequente Impulsgebung

Mithilfe einer dynamischen und hochfrequenten Impulssetzung wird die Aufmerksamkeit immer wieder auf die Angebote und Handlungen des Gegenübers gelenkt.

Besonders zu Beginn der Therapie ist die Konzentrationsspanne der Kinder für die angebotenen Informationen oft noch stark eingeschränkt. Deshalb wird, sobald sich die Intensität der Fokussierung verringert, die Impulsgebung zeitnah angepasst. Das heißt, die Information wird wiederholt und ggf. passend verändert, damit diese weiterhin Zielpunkt der Aufmerksamkeit bleibt.

Abb. 6.2:
Gemeinsames Hüpfen: Körperliche Impulse ermöglichen Regulation und Interaktion

Impulswechsel   Wenn das Kind an dem ausgewählten Impuls kein Interesse mehr zeigt, folgt ein Wechsel. Dieses neue Angebot wird ebenfalls zeitnah gesetzt, bevor sich das Kind von seinem Gegenüber abwendet und der Kontakt abbricht. Die Therapeutin versucht, die Angebote stets so zu gestalten, dass sich das Kind nicht auf die Suche nach weiteren Impulsen begibt, sondern erlebt, dass es auch für längere Zeit in einem positiven Kontakt mit seinem Gegenüber verbleiben kann. Aktivitäten wie eine Schaukeleinheit oder das Springen auf dem Trampolin dienen nicht »nur« der Entspannung, sondern bieten auch eine Möglichkeit zur lebendigen und länger anhaltenden Interaktion.

Wenn die Impulse im Verlauf nicht mehr ausreichend sind, das Kind den Kontakt abbricht und sich einer neuen Information zuwendet, ist ein passives Abwarten auf die »Rückkehr« des Kindes wenig zielführend. Wenn das Angebot den aktuellen Bedürfnissen des Kindes nicht entspricht, wird es dort nicht mehr anknüpfen. Auch das anschließende Zurückholen der Aufmerksamkeit mit nachträglich angepasster Impulsgebung erfordert zumeist viel Energie. Das Kind muss sich von seinem neuen, selbstgewählten Spiel wieder lösen und die Rückkehr ist deshalb mit einer stärkeren Erregung des Kindes verbunden. Eine dynamische und hochfrequente Impulsgebung wirkt dieser Problematik entgegen.

Ein hohes Tempo und schnelle Wechsel lassen die Kinder aufhorchen, aufblicken und können auch weniger spannende Impulse kurz in das Zentrum der Aufmerksamkeit rücken. Durch das aktive Hinlenken zu besonders faszinierenden Informationen vergessen die Kinder oft ihre bedingt durch frühere Erfahrungen zumeist abwehrende Haltung gegenüber Fremdimpulsen. Auch die gefestigten, häufig destruktiven Verhaltensmuster wie fremd- oder selbstverletzendes Verhalten kommen weniger zum Tragen, da die angebotenen Impulse regulierend und zugleich motivierend sind und die Aufmerksamkeit der Kinder immer wieder positiv bündeln.

Das stetige Lenken von Aufmerksamkeit und Fokus sowie die kontinuierliche, begleitende Regulation ermöglichen zusätzlich eine Verbesserung der Konzentrationsspanne. Impulse können dann auch mehrfach wiederholt angeboten werden und erleichtern das Abspeichern der Informationen.

Eine gute Beobachtungsgabe, Einfühlungsvermögen und die Bereitschaft, flexibel und individuell auf das Verhalten und die Bedürfnisse des Kindes zu reagieren, sind unabdingbare Fundamente für die »richtige« Intensität, Dauer und Dynamik der Impulsgebung. Erst ein stetiger Blick auf die Reaktionen und besonders die Körperspannung der Kinder ermöglicht eine adäquate Unterstützung.

Fundamente der »richtigen« Impulsgebung

6.1.4 Bewertung der erfolgten Impulsgebung

Auf jeden gesetzten Impuls, auf jede gestellte Aufgabe folgt eine Reaktion, welche bewertet wird und welche die weitere (gemeinsame) Handlung beeinflusst.

Ein Wedeln mit den Händen oder eine Schaukelbewegung des Oberkörpers können sowohl eine positive als auch eine negative Reaktion bedeuten. Ein Lächeln, Entspannung oder ein erneutes Einfordern des Impulses zeigen dagegen eindeutig an, dass dieser positiv wahrgenommen wird. Auch eine ausbleibende Reaktion ist eine Bewertung der Impulsgebung und das Angebot sollte daraufhin angepasst werden. Je differenzierter wir die Antwort des Kindes auf unsere Angebote beobachten, desto differenzierter kann die weitere Impulsgebung erfolgen und desto leichter lassen sich gemeinsame Aufmerksamkeit und gemeinsames Erleben festigen.

Hilfen zur Impulsgebung
- Verändert sich die gesamt-körperliche Muskelspannung? Ziel ist eine Eutonisierung der Körperspannung.
- Folgt eine Aufrichtung, ein Heben des Kopfes?
- Schaut das Kind auf? Zeigt es Blickkontakt?
- Ist ein Lächeln zu erkennen?
- Verändert sich das monotone Summen ein wenig?
- Ist ein zusätzliches Stimmen zur Beruhigung nicht mehr notwendig?
- Wird eine Wiederholung eingefordert?
- Läuft das Kind in der Folgestunde begeistert in den Therapieraum?

Impulse, die entspannen sowie Freude auslösen, und Informationen, die ausreichend interessant präsentiert werden, sind ein Grund, sich auszutauschen. Wenn die Lenkung der Aufmerksamkeit auf die gemeinsame Aktivität nicht gelingt, entspricht die Anregung nicht den Bedürfnissen des Kindes. Erst mit Hilfe passender, zumeist intensiv erlebbarer Angebote können sich die Wahrnehmung und Wahrnehmungsverarbeitung langfristig verändern und folgend werden auch ruhigere, sanftere sowie differenziertere Impulse aufgenommen und passend zugeordnet. Vor allem aber können sich Beziehung und Interaktion entwickeln.

6.1.5 Unpassende bzw. nicht entsprechende Impulsgebung

Kinder benötigen zu Beginn ihrer Entwicklung vorwiegend Informationen über die Sinne, welche ihnen direkte Informationen über ihren eigenen Körper geben. Später, wenn dieses Wissen ausreichend gefestigt ist, wenden sie sich vermehrt den Fernsinnen zu und es sind nur noch wenige oder geringe Impulse für den eigenen Körper notwendig.

Schwerpunkt Fernsinne
Kindern mit Autismus fehlt zumeist ein gutes Körperbewusstsein. Sie sind deshalb häufig auf der Suche nach intensiven Impulsen, mit denen sie ihren Körper spüren können. Therapeutinnen, Eltern und Begleitende bieten jedoch häufig Informationen und Aufgaben an, die den Bereich der Fernsinne (auditiv und visuell) betreffen und welche kognitiv verarbeitet werden müssen. Eine »Wissensinformation« oder eine visuelle Strukturierungshilfe bietet den Kindern, besonders in Erregungssituationen jedoch keine ausreichenden Hilfen zur Regulation an.

> **Fallbeispiel: Farina, 4,5 Jahre, geistige Behinderung, Epilepsie, im Autismus-Spektrum (Teil 1/2)**
>
> Hoher allgemeiner Erregungszustand, starke Eigenstimulationen, nonverbal, kaum (kommunikativer) Austausch möglich
> Farinas Schutz- und Lieblingsplatz ist ihr Buggy. Egal, ob im Kindergarten oder in einer neuen Umgebung, sie benötigt ihren Sitzplatz im Buggy, umklammert dann fest den Bügel vor ihrem Bauch und wippt vor und zurück, zum Teil schlägt sie den Bügel kräftig auf und ab. Immer

wieder spielt sie auch mit ihren Händen und brummt laut vor sich hin. Häufig bewegt sie ruckartig ihren Kopf, dann wieder schaut sie auf besondere Lichteffekte oder Bewegungen im nahen Umfeld. Immer wieder ist zu beobachten, wie sie auf der Suche nach Impulsen ist, die sie faszinieren und die ihr ein Wohlgefühl vermitteln.

Bei besonders freudiger oder auch besonders negativer Erregung spannt sie ihren ganzen Körper wie einen Bogen an und überstreckt dabei ihre Halsmuskulatur bzw. staucht ihre Nackenmuskulatur. So gelingt es ihr am besten, die erhöhte Anspannung zu reduzieren.

In ihrem Alltag, besonders im Kindergarten, gibt es für sie kaum passende Angebote. Wenn sich Betreuende mit den »üblichen« Impulsen an Farina wenden – ihr »hallo« sagen und dabei Blickkontakt suchen, ein Spiel auswählen und sie auffordern, eine einfache Aktion zu tätigen –, kann sie auf dieses Angebot nicht eingehen.

Manchmal, wenn sich die Betreuerinnen ihr zuwenden, wirft sie sich mit ihrem gesamten Körper in ihrem Sitz von der einen zur anderen Seite und schlägt zusätzlich den Kopf gegen die Rückenlehne. Ihre Beine pendeln dabei vor und zurück und schlagen gegen die Fußstütze.

Die angebotenen Interventionen führen zu keinem positiven Erleben der Kinder und sie werden immer unwilliger, auf die für sie »falschen/unpassenden« Angebote zu reagieren. Bald weisen sie jegliches (Interaktions-) Angebot ab und reagieren mit erhöhter Anspannung, sobald ihnen jemand Aufmerksamkeit schenkt. Die Therapeutin oder die Bezugspersonen wenden sich daraufhin immer weniger dem Kind zu. Sie möchten es nicht unnötig aufregen und spüren, dass – auf diesem Weg – kein positiver Austausch möglich ist. *Negative Interaktionsentwicklung*

Aber gerade Kinder, welche in ihrer gesamten Entwicklung stark verzögert und häufig stark angespannt sind, benötigen dringend spezifische Hilfen. Es ist wichtig, dass Therapeutinnen und auch Begleitende dem Kind passende Impulse anbieten, welche positiv verarbeitet werden können und zudem regulierend wirken, damit Weiterentwicklung gelingt und grundlegende Fähigkeiten für einen selbstbestimmten Alltag erworben werden.

Fallbeispiel: Farina, 4,5 Jahre, geistige Behinderung, Epilepsie, im Autismus-Spektrum (Teil 2/2)

Farina findet die meisten Angebote ihrer Betreuerinnen und der anderen Kinder nicht interessant oder nimmt diese sogar als unangenehm wahr, deshalb sitzt sie im Laufe des Tages oft isoliert in ihrem Buggy in einer Ecke des Zimmers.

In der ersten Therapiestunde zeigt Farina sofort vermehrte Stresssymptome, als sich die Therapeutin das erste Mal zu ihr herunterbeugt. Sie hält sich mit den Händen am Bügel ihres Buggys fest und wippt nochmals kräftiger vor und zurück.

Die Therapeutin begrüßt sich mit einem »Hallo«, nimmt dann Farinas Hand und bietet ihr ein »High five«. Der kräftige Impuls auf der Handinnenfläche lässt Farina ein erstes Mal innehalten.

Dann rollt die Therapeutin mit einem Tennisball kurz über die zappelnden Oberschenkel und erneut erklingt ein zugewandtes »Hallo«. Dieses Mal steigt Farinas Körperspannung deutlich, sie wird unruhiger und verstärkt ihren Griff am Buggy.

Die Therapeutin verändert ihr Angebot, sie nimmt Farinas Hand und übt mit den Handknöcheln Druck auf ihre Handinnenfläche aus. Damit knüpft sie direkt an Farinas bevorzugte Stimulation an, dem Aufschlagen der Hand auf den Bügel des Buggys. Einen kurzen Moment hält Farina erneut inne, dann zeigt sie wieder ein deutliches Unbehagen. Sie schlägt mit den Fersen gegen ihre Fußstütze.

Positive Rückmeldungen gesucht

Beim dritten Kontaktversuch rollt die Therapeutin mit einem Ball an Farinas rechter Ferse. Erneut unterbricht sie ihre Bewegung, dann wendet sie sich mit ihrem ganzen Körper der Therapeutin zu und lächelt. Die Therapeutin wiederholt den Stimulus. Farina zeigt nochmals deutlich ihr Wohlbefinden und setzt sich aufrecht und aufnahmebereit in ihren Wagen. Jetzt wird die andere Ferse stimuliert. Die Therapeutin fordert Farina auf, ihr den Fuß entgegenzustrecken. Erst bei genauer Beobachtung ist zu erkennen, dass Farinas Bein leicht zuckt und sich ein wenig in die Richtung der Therapeutin bewegt. Ganz kurz nur, aber sofort folgt die Massage mit dem Ball an ihrer linken Ferse.

Farina zeigt ein deutliches Lächeln und der gesamte Körper entspannt sich zunehmend.

Um den richtigen Stimulus zu finden und um sich auf der Suche nach diesem nicht entmutigen zu lassen, bedarf es einer guten Beobachtungsgabe, Variabilität und Ausdauer. Aus Angst, den Kindern ein falsches Angebot zu machen, werden notwendige Hilfen oft unterlassen. Dabei ist eine unterlassene Unterstützung der Kinder langfristig wenig zielführend und deutlich belastender, als zwei oder drei falsch getätigte Impulse, denen dann aber ein passendes und damit hilfreiches Angebot folgt.

Bedingt durch die fragmentierte Wahrnehmung ist zudem ein kurzzeitig nicht passender Impuls schnell wieder vergessen. Wenn die Therapeutin aufmerksam, achtsam und mutig ist, die spezifische Hilfestellung für dieses Kind, für diesen Moment zu finden, dann zeigen sich Entspannung und folgend auch lebendige Interaktion.

6.2 Impulskopplung

Ziele der Impulskopplung

Bedingt durch die Mono- bzw. Polywahrnehmung ist es Kindern im Autismus-Spektrum nicht möglich, Informationen einerseits vielfältig, andererseits konstant, in jedem Fall in Zusammenhängen wahrzunehmen und komplex zu verarbeiten. Mithilfe der Impulskopplung wird eine Kombination der spezifischen Informationen angeboten, mit dem Ziel, diese gezielt auszuwählen, ggf. einzelne intensiver zu betrachten und multimodal verarbeiten zu können.

Folgend können sich dann weitere Funktionen wie Konzentration, Merkfähigkeit, Sprache, Intermodalität, Serialität usw. verbessern, die weitere, langfristige Lernfortschritte in allen Bereichen ermöglichen.

Damit die gezielte Aufnahme der Informationen und die weitere Verarbeitung in einem Gesamtzusammenhang sowie in einem lebendigen und natürlichen Umfeld gelingen, müssen die Impulse in der Therapie spezifisch, dynamisch, hochfrequent und immer wieder in Kombination innerhalb der Modalitäten sowie der einzelnen Sinnes- und Aktivitätsbereiche angeboten werden.

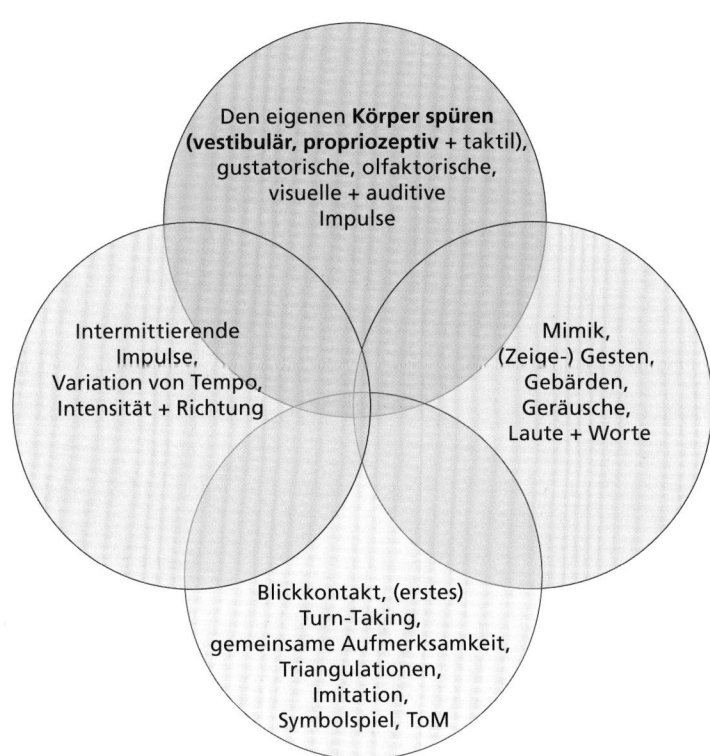

Abb. 6.3: Die Kopplung der spezifischen Impulse ermöglicht die Entwicklung einer multimodalen Wahrnehmung

Wenn es den Kindern möglich werden soll, Impulse zeitgleich, zeitnah und multimodal zu verarbeiten, benötigen sie zunächst ausreichend spannende und aufmerksamkeitslenkende Informationen. Die Kinder sollen erleben, dass sie aus einer Vielzahl an Impulsen Unwichtiges oder auch Störendes aussortieren, bedeutungstragende und wohltuende Informationen gezielt

Komplexe Impulsverarbeitung ermöglichen

fokussieren und diese in einem Gesamtzusammenhang wahrnehmen und abspeichern können.

Die Lenkung der Aufmerksamkeit geschieht unter anderem mit körperlicher sowie sprachlicher Begleitung und durch Gesten und Gebärden (▶ Kap. 7.5 ff.). Trotz der Vielfalt an Impulsen darf das Kind von den dargebotenen Informationen nicht überfordert werden, sondern es soll motivierend gefordert werden. Ein propriozeptiver oder vestibulärer Stimulus stellt deshalb ein wichtiges Angebot bei der Impulskopplung dar und auch im weiteren Therapieverlauf ist dieser Baustein oft eine unverzichtbare Grundlage.

Körpersinne einbeziehen

Das Einbeziehen der Körperimpulse bietet immer die Möglichkeit, eine erhöhte körperliche Spannung des Kindes aktiv und gezielt zu regulieren. Diese Stimuli sollten in der Therapie Anwendung finden und auch im normalen Tagesablauf immer wieder zusätzlich angeboten und eingebunden werden, um das Wohlbefinden der Kinder zu steigern.

Abb. 6.4: Gleichzeitige propriozeptive, vestibuläre und später taktile Stimulationen ermöglichen: entspannen, greifen, puzzeln, lautieren und gemeinsame Freude erleben

Für Außenstehende erscheint das zeitgleiche oder zeitnahe Anbieten einer Vielzahl von Informationen teilweise unstrukturiert, zu temporeich und somit (über-)fordernd. Doch die einzelnen Impulse werden ganz gezielt ausgewählt, mit individueller Intensität angeboten und variabel, aber ausgesucht kombiniert; immer im Hinblick darauf, dass das Kind sich selbst und die umgebende Umwelt positiv wahrnehmen kann.

Im Laufe der Therapiestunden zeigt sich, dass bedingt durch das Bündeln der Stimuli verschiedene Informationen gezielter aufgenommen und verarbeitet werden können. Das Erleben, dass dargebotene Informationen und Aufgaben verarbeitet und gelöst werden können und dass diese Vielfalt eine Bereicherung darstellt und nicht zu einer Überforderung führt, hilft zudem, dass das Kind mehr Vertrauen zu seinem Gegenüber und dessen Angeboten aufbaut.

6.2.1 Überforderung durch intensive Impulsgebung?

Viele Therapeutinnen, die sich mit dem lebendigen und körpernahen Therapieansatz Komm!ASS® befassen, stellen sich anfangs die Frage, ob die intensive Therapiearbeit die Kinder nicht überfordert und einen Overload bzw. Meltdown begünstigen oder sogar auslösen kann.

Im Gegenteil, die starken, gut wahrnehmbaren Impulse, verringern die Möglichkeit und die Ausprägung einer Überforderung. Wie bereits beschrieben, erfolgt die Impulssetzung gezielt und stets angepasst an die Bedürfnisse und an das aktuelle Befinden der Kinder. Bereits in den ersten Stunden erleben sie viele positive Momente und erfahren, dass jemand ihren Bedürfnissen entsprechend reagiert. Im weiteren Verlauf lernt die Therapeutin das Kind stetig besser kennen und passt ihr Handeln nochmals gezielter an. Das Kind erlebt, dass die von außen angebotenen Impulse einerseits positiv spannend und andererseits regulierend und entspannend sind.

Ein multimodales Verarbeiten der Informationen, welches durch das Koppeln möglich wird, kann auch in Bezug auf eine aktive Unterstützung bei einem Overload oder sogar Meltdown helfen.

Ein Kind, welches mit dem Kopf gegen die Wand schlägt oder sich die Hände fest auf die Ohren drückt, hört nicht die beruhigenden Worte der Mutter, sieht nicht ihr ermutigendes Lächeln. Wenn das Kind in dieser Situation jedoch eine passende und somit körperlich entspannende Zuwendung erfährt, kann es vielleicht nach einigen Wiederholungen seine Aufmerksamkeit zusätzlich auf sein Gegenüber lenken, dessen Stimme hören oder den mitfühlenden und ermutigenden Gesichtsausdruck sehen.

Wenn die Kinder auch in (extremen) Notsituationen Unterstützung annehmen können, hilft dies die schwierigen Situationen leichter zu überstehen.

6.2.2 Impulswahrnehmung auf Angebote erweitern, die wohltuend sind

Kindern, deren Blick sich vorwiegend konstant auf einen isolierten Impuls richtet, sollte ermöglicht werden, diesen Fokus zu erweitern und weitere interessante Dinge zu entdecken.

Wenn das Kind gebannt ein Spielzeug betrachtet, wird ein weiterer, für es ebenfalls faszinierender Impuls angeboten. Die Aufmerksamkeit wird so zu einem neuen Stimulus hingelenkt. Die zusätzliche, am Anfang häufig tiefenstimulierende Information, soll ein vielfältiges Erleben ermöglichen. Auch ein Lied, eine Melodie oder ähnliches können zeitgleich eingesetzt werden, um die Aufnahme von weiteren Wahrnehmungsimpulsen zu ermöglichen.

Das Kind positiv berühren

Bei mehreren gleichzeitig angebotenen Informationen ist es zu Beginn nicht immer möglich, gezielt zuzuordnen, ob die Massage auf dem Arm, das besonders schön klingende Wort oder der glitzernde Ball das Kind (am meisten) fasziniert. Wenn das Kind sich dem Gegenüber jedoch aufmerksam zuwendet, empfindet es zumindest einen dieser Impulse als wohltuend. Je besser die Therapeutin das Kind und seine Wahrnehmungsbesonderheiten kennt, umso gezielter kann sie die Angebote auswählen und koppeln.

> **Gut zu wissen: Impulskopplung mit dem Kugelbaum**
>
> Beim Kugelbaum rollen Kugeln oder Murmeln über verschiedene Ebenen und lassen dabei einen besonderen Klang ertönen. In der Therapie spielen wir das Spiel gemeinsam mit dem Kind und bieten zeitgleich zu den visuellen und auditiven Informationen einen körperlichen Stimulus, indem das Kind mit unseren Händen abgeklopft oder »angestupst« wird.
>
> Jetzt hören und sehen die Kinder die Kugel nicht nur, sondern sie spüren auch die Dynamik und den Rhythmus der Kugel. Doch sie können noch mehr erfahren:
>
> Im Laufe der folgenden Stunden können sie ihr Gegenüber zusätzlich anschauen, die Bewegung der Hände beobachten, ein Lachen sehen und hören, Worte oder unterstützende Äußerungen der Therapeutin aufnehmen. All diese Informationen werden zunehmend mit dem Kugelbaum erlebbar.

Wenn durch die Erweiterung der Aufmerksamkeit die verschiedenen spannenden und berührenden Einzelimpulse zusätzlich aufgenommen und verarbeitet werden, intensiviert sich auch der Fokus auf die jeweilige Situation. Ein Abspeichern der damit verbundenen Informationen und möglicher Variationen gelingt und bald können neue Erweiterungen hinzukommen.

6.2.3 Impulswahrnehmung auf Angebote erweitern, die nicht im Fokus stehen oder Unbehagen auslösen

Wenn die Erweiterung der Aufmerksamkeit auf interessante Informationen gelungen ist, sollten Informationen hinzugenommen werden, die bis zu diesem Zeitpunkt keine oder eine negative Bedeutung für die Kinder hatten.

Neue Impulse

Mithilfe eines favorisierten körperlichen Stimulus wird es dem Kind möglich, entspannt in der vorher bedrohlichen Situation zu verweilen. Der »Basisimpuls« verbessert das situative Körpergefühl und schafft so eine gute Voraussetzung für Konzentration und Mitarbeit. Der zusätzliche Impuls, der bis dato nicht ausreichend oder vorwiegend negativ wahrgenommen wurde, wird nun mit Hilfe der spezifischen Impulsgebung variiert angeboten. So ist er für das Kind ausreichend interessant und positiv erlebbar. Häufig gelingt es bereits nach wenigen Einheiten, die regulierende Stimulation zurückzunehmen, ohne dass das Kind den Fokus verliert und ohne einen deutlichen Anstieg der Erregung.

> **Gut zu wissen: Spielen auf dem Trampolin**
>
> Einige Kinder können stundenlang begeistert auf dem Trampolin hüpfen. Das stetige Auf und Ab ist ein intensiver Stimulus für das vestibuläre System. Das Stauchen der Gelenke beim Aufkommen bietet zusätzlich gut spürbare Impulse für das propriozeptive System. Die damit verbundene Regulation und gleichzeitige Aktivierung der Aufmerksamkeit ermöglichen folgend Blickkontakt, einen lebendigen Austausch sowie ein Interesse daran, Neues aufzunehmen – ohne Anzeichen ansteigender Erregung.
>
> Diese Beobachtung lässt sich z. B. für das Erlernen eines einfachen Puzzles nutzen: Beim Hüpfen auf dem Trampolin wird das Kind mit einem gut spürbaren Halt an Händen und Armen unterstützt. Nach einigen Wiederholungen und einem sprachlichen Hinweis wird die bewegungsintensive Aktivität kurz unterbrochen. Die nächste Handlung erfolgt sitzend auf dem Trampolin, in Greifnähe liegt ein Puzzle bereit. Die Therapeutin nimmt die Hand des Kindes, knetet sie ein wenig und nimmt dann gemeinsam mit dem Kind die einzelnen Puzzleteile auf und ordnet sie zu. Zusätzlich kann immer wieder ein fester Impuls auf das Trampolin gegeben werden, so dass dieses leicht zu schwingen beginnt.
>
> Die vestibulären sowie die propriozeptiven Stimuli helfen dem Kind sich zu regulieren, damit es sich entspannt und konzentriert auf das neue Spielmaterial einlässt. Bei Bedarf wird das Puzzle zwischenzeitlich an die Seite gelegt und es wird eine »Hüpfpause« eingeschoben. Entspannter gelingt die anschließende Fortführung des Puzzlespiels deutlich leichter.

Singend therapieren Auch auditive Angebote können die Fokussierung auf einen neuen Impuls erleichtern. Bei Kindern, die begeistert unterschiedlichen Stimm- und Lautvariationen lauschen, wird das Spiel mit diesen begleitet. Bei jeder Handlung und jedem Blick erklingt die Stimme des Gegenübers: laut oder leise, hoch oder tief, Laute oder Worte präsentiert in Form einer Melodie.

Das Ausführen einer bestimmten Tätigkeit oder der Blick auf ein Spielzeug, das vorher nicht im Fokus war, wird somit möglich.

> **Gut zu wissen: Spielen auf der Schaukel oder auf dem Pezziball**
>
> Bei der Steckbox müssen verschiedene Holzteile unterschiedlicher Form in passende Aussparungen gesteckt werden. Häufig ist dieses Spiel nach einigen eingesetzten Teilen für die Kinder nicht mehr spannend genug oder der Wunsch nach Bewegung und Regulation ist stärker.
>
> Das Spiel kann dann mit einem zusätzlichen, intensiven Stimulus für das vestibuläre und das propriozeptive System durchgeführt werden. Das Kind legt sich bäuchlings auf eine Schaukel oder einen großen Pezziball. Jetzt wird das Kind mehrmals vor und zurück geschaukelt bzw. gerollt, zumeist verbunden mit einem zusätzlichen festen Halt auf dem Rücken des Kindes. Dann stoppt die Schaukel/der Ball nach der Vorwärtsbewegung, mit dem Kopf als tiefsten Punkt und das Kind steckt dort den Stein in die Box oder die Therapeutin führt die Hand des Kindes, ggf. gekoppelt mit einer Vibrationsmassage. Am Ende, wenn alle Teile den Weg in die Steckbox gefunden haben, folgt noch einmal eine entspannende Sequenz auf der Schaukel bzw. dem Pezziball.

Durch das Koppeln verschiedener Impulse erfährt das Kind, dass ein bunter und lebendiger Alltag Freude bereiten kann, Variationen und Vielfalt werden bald vielleicht nicht mehr als Bedrohung empfunden, sondern als eine Bereicherung.

6.3 Variationen

Das Erfassen von Strukturen, das Einordnen ähnlicher Abläufe und auch das Erstellen von Ritualen ermöglichen dem Kind, sich in einem wechselhaften und komplexen Alltag zurechtzufinden. Es kann nachfolgende Handlungen voraussehen und diese eigenständig und flexibel planen.

Autistischen Menschen gelingt es kaum, sich (neue) Strukturen zu erarbeiten oder Erlerntes in andere Situationen zu übertragen. Deshalb ist ein Festhalten an bestimmten Abläufen und Gegebenheiten für sie dringend notwendig.

> »Nun sind Routinen bei den meisten Menschen häufig. Die Besonderheit, die aus einer gewöhnlichen Routine eine Stereotypie macht, ist die unflexible Rigidität und die hohe, oft kaum nachvollziehbare Bedeutung, die sie für autistische Menschen hat. Werden Stereotypien und Rituale etwa von außen gestört, kann dies zu extremen Überforderungsgefühlen, Anspannung und Frustrationen führen, die sich nicht selten in Wutausbrüchen entladen« (Tebartz van Elst, 2018, S. 77).

Routine oder Stereotypie

Die Kinder halten sich in vielen Situationen starr an ihre Rituale, da diese ihnen die notwendige Sicherheit vermitteln. Der Alltag, besonders der Kontakt zu anderen Kindern, bedeutet jedoch stetige Veränderung: Ein Familienfest, ein Besuch im Zoo oder auch ein Urlaub sind nicht (exakt) planbar. Aber auch die Erkrankung von Bezugspersonen oder ein Umzug erfordern ein flexibles Reagieren auf die aktuelle Situation und das Erstellen neuer Strategien und sind für viele Familien mit Kindern mit Autismus eine große Herausforderung.

> »Wir machten Fotos von der Praxis und von den Mitarbeitern und fuhren mehrere Mal mit ihr an der Praxis vorbei«, erklärte er. »Der Zahnarzt nahm uns am Ende des Tages dran; da waren keine anderen Patienten mehr da. Dann setzten wir Ziele fest. Das Ziel des ersten Termins bestand darin, meine Tochter dazu zu bringen, sich auf den Stuhl zu setzen. Beim zweiten Termin ging es darum, die für die Behandlung notwendigen Schritte zu proben, ohne sie tatsächlich durchzuführen. Der Zahnarzt gab all seinen Geräten und Apparaturen extra für sie besondere Namen. Dabei verwendeten wir ständig einen großen Spiegel, damit sie genau sehen konnte, was vor sich ging, und sicher sein konnte, dass keine Überraschungen auftraten« (Silberman, 2017, S. 19).

Bedingt durch die Monowahrnehmung nimmt ein Kind mit Autismus seine Umwelt stark fragmentiert wahr. Wenn eine für das Kind besonders wichtige Information durch eine Änderung plötzlich wegfällt (wie z. B. die langen, weichen Haare der Integrationskraft oder die geliebte farbige Wand im Kindergarten), ist dies für das Kind verwirrend und beängstigend. Eine Neuorientierung ist, auch bedingt durch die Hyperfokussierung auf die bisherige vertraute Information, nur schwer möglich.

Mithilfe der spezifischen Impulsgebung und auch durch deren vielfältige Variationen lernt das Kind, langfristig Veränderungen anzunehmen und seinen Fokus bei Bedarf auf andere Informationen zu lenken. Die gezielten Wechsel der Aufmerksamkeit, gekoppelt mit Variationen und dem Übertragen in neue Situationen ermöglichen die Einordnung der Impulse in verschiedene Systeme. Langfristig gelingt eine Bewertung der Information, je nachdem, wie es die aktuelle Situation erfordert: Welche Informationen sind vordergründig, welche gleichwertig, welche als unwichtig einzuordnen und sollten ausgeblendet werden; mit dem Ziel, bei einer Vielzahl von Informationen Strukturen und Zusammenhänge zu erkennen, neue Strategien zu entwerfen und adäquat zu reagieren.

Die Umwelt vielfältig wahrnehmen

6.3.1 Variationen im Therapieablauf

In den ersten Wochen und Monaten der Therapie werden dem Kind häufig ähnliche Impulse, Spiele und Aktivitäten angeboten: spannend und beruhigend zugleich, motorisch leicht handhabbar und mit einem einfachen Ursache-Wirkungs-Prinzip. Dabei gibt es im Verlauf der Stunde nur wenig feste Abläufe. Kein immer gleiches Singspiel, mit dem die Stunde begonnen wird, kein festes Ritual, mit der sie endet. Auch die Reihenfolge, in der einzelne Sequenzen angeboten werden, wechselt je nach Aufmerksamkeit und Abrufbarkeit der Fähigkeiten sowie der Zielsetzung. Die Abläufe der einzelnen Teilbereiche und auch der einzelnen Spiele sind ähnlich, aber nicht stringent.

Wiederholungen von Therapieinhalten

Zudem gibt es wiederkehrende Bausteine, welche zumeist gemeinsam durchgeführt werden:

- das lautstarke Mischen der Puzzleteile in einer Box
- das Starten vieler Abläufe mit einer passenden Ansage: »Achtung, fertig … looos!« und das gleichzeitige Strecken der Arme nach oben
- das Einräumen von Gegenständen, welches sprachlich begleitet wird mit »rein und rein« und bei dem die einzelnen Teile mit Schwung in ein Behältnis geworfen werden
- das Verschließen der Schachtel am Ende des Spiels, »… und zu!«, wobei dies mit einem kräftigen Druck auf den Deckel geschieht

Diese wiederkehrenden Sequenzen ermöglichen es dem Kind, stetig mehr an der Handlung teilzuhaben. Im Verlauf führt es einige Tätigkeiten selbstständig durch und bald bringt das Kind eigene Ideen und Impulse ein.

Veränderungen können faszinieren

Wenn neu erlernte Abläufe oder wiederkehrende Impulse sich im Verlauf jedoch zu einer zwanghaften Handlung entwickeln, welche stringent von den Kindern eingefordert wird, wenn keine Variationen mehr möglich sind, sollte die Therapeutin versuchen, die Abläufe wieder flexibler zu gestalten. Mit Hilfe zusätzlich regulierender Impulse, sowie neuer spannender Variationen erlebt das Kind erneut, dass Veränderungen positiv berühren können und dass das Lösen von Ritualen neue spannende Möglichkeiten und Erfahrungen bietet.

Rituale und Neues im Gleichgewicht

Wenn Rituale hingegen nur wenig Bedeutung haben und es eher liebgewordene Gewohnheiten sind, kann diesen auch nachgegeben werden, z. B. dem Versteckspiel beim Hereinkommen in den Therapieraum oder ein bevorzugtes Lied am Ende der Stunde.

In Therapie und Alltag wechseln sich bald Vertrautes und Neues immer wieder ab.

6.3.2 Variationen schützen vor Überforderung

Wenn ein Kind lernt, sich in neuen Situationen und inmitten einer Vielzahl von Impulsen auf die bedeutungstragenden zu konzentrieren und diese passend einordnet, ist der Alltag weniger herausfordernd. Das Gesicht der Betreuerin bleibt auch nach dem Friseurbesuch gleich, die Spielsachen und die vertrauten Personen im Kindergarten sind auch nach der Renovierung noch dieselben. Die Fähigkeit, die Aufmerksamkeit gezielt auf die beruhigenden Informationen lenken zu können, hilft, komplexe oder unangenehme Situationen leichter zu bestehen.

Ein Kind, das im Alltag unerwartet mit einem ungeliebten oder angstauslösenden Impuls konfrontiert wird, beruhigt sich leichter, wenn es gelernt hat, den Fokus zu wechseln. Wenn es zusätzlich seine Aufmerksamkeit auf die beruhigende Stimme der Eltern, auf die begleitende Hand der Therapeutin oder auch auf eigene Ressourcen lenken kann, wird es möglich, die »Bedrohung« zu bewältigen ohne Überforderung zu erleben.

Unterstützung spüren

Variationen können zudem zu einem besseren Verständnis vieler Abläufe führen: Wenn das Kind schrittweise lernt, die umgebenden, besonders bedeutungstragenden Einzelbausteine sinngebend zu verbinden, hilft jede Erfahrung und jede Verknüpfung, die Vorhersehbarkeit kommender Erlebnisse zu verbessern. Eventuell wird somit auch ein notwendiges Verändern der Abläufe oder das Einfordern einer frühzeitigen Hilfestellung selbstständig möglich.

6.3.3 Variationen ermöglichen neue Schritte

Variationen bieten Freiraum für neue Schritte und kreative Wege.

Ein Spiel, das stets auf die gleiche Weise gespielt wird, bedeutet Stagnation. Erst neue Wege, neue Handlungen ermöglichen Erweiterungen und Entwicklung. Wenn zunehmend neue Spiele oder Aktivitäten in der Therapie eingeführt und Abläufe variabel gestaltet werden, erlernt das Kind Strategien, sich in neuen Situationen zurechtzufinden. Es erfährt, dass auch bei Neuerungen oder Veränderungen nicht jeder einzelne Schritt neu gelernt werden muss, sondern dass es einzelne Komponenten und somit Erfahrungen gibt, die bereits bekannt sind und welche bei Bedarf abgerufen werden können.

Im weiteren Verlauf zeigen die Kinder bei neuen Informationen oder Variationen bald nicht mehr das übliche Abwehrverhalten, sondern versuchen, diese in ihr Spiel einzubeziehen und erleben Veränderungen als Bereicherung.

Impulsvielfalt ist Bereicherung

Abb. 6.5:
Die Stapelsteine werden abwechselnd gestapelt und umgeworfen, dann wieder als Behältnis oder als Versteck für Spielzeuge genutzt

Fallbeispiel: Aron, 3 Jahre, im Autismus-Spektrum (Teil 1/2)

Nonverbal, starke Bindung zur Mutter, fremdverletzendes Verhalten

Aron klammert sich in vielen Situationen, besonders außerhalb des Elternhauses, fest an seine Mutter, um gleich danach mit seinen Armen aufgeregt um sich zu schlagen. Bedingt durch die körperliche Unruhe verzichtet die Familie auf Treffen mit Freunden oder Restaurantbesuche.

Zu Beginn der Therapie löst sich Aron kaum von seiner Mutter und trifft mit seinen ausladenden Bewegungen mehrmals ihr Gesicht und ihre Brille.

Nach 18 Monaten Therapie ist Aron deutlich entspannter. Seine körperliche Unruhe zeigt sich noch beim zwischenzeitlichen Ballen seiner Fäuste und beim häufig angewandten Klatschen, nicht aber in Form von Schlagen. Aron kann Impulse aus seiner Umwelt nun besser selektiert verarbeiten. Er hat die Freude an lebendiger Interaktion und wechselseitiger Kommunikation entdeckt. Immer häufiger löst er sich von seiner Mutter und wendet sich interessiert Neuem zu. Auch andere Kinder, besonders wenn diese in Bewegung sind, findet er spannend. Aron liebt Musik und schaukelt dabei mit seinem ganzen Körper im Takt hin und her.

Als die Eltern eine Einladung zu einer türkischen Hochzeit bekommen, haben sie einige Bedenken, wie dieser Tag ablaufen wird. Noch vor einem Jahr hatte Aron große Angst vor verschiedenen Geräuschen und Menschenansammlungen. Zu Beginn der Feier bleibt Aron noch eng bei seiner Mutter. Er schaut aufgeregt, aber nicht panisch, in der Halle umher. Auf der großen Bühne entdeckt er mehrere Kinder, die zur Musik tanzen. Aron geht vorsichtig ein paar Schritte Richtung Bühne. Immer wieder blickt er sich um und schaut zu seiner Mutter. Diese ermuntert ihn mit Blicken und Gesten weiterzugehen: »Es ist alles in Ordnung, geh ruhig«. Aron kommt der Bühne immer näher, kehrt dann jedoch aufgeregt zur Mutter zurück, um sich in ihrer Nähe wieder zu beruhigen und zu regulieren. Dann wagt er einen weiteren Versuch.

Im Laufe des Abends klettert Aron gleich mehrmals auf die Bühne. Und dann stellt er sich mit etwas Abstand zu den anderen Kindern auf und beginnt zu tanzen. Er imitiert deren Bewegungen und schaukelt im Rhythmus der Musik. Musik in einer Lautstärke, die noch vor einem Jahr unerträglich für ihn gewesen wäre. Jetzt ist es ein Impuls, den er liebt. Ein weiterer viel bedeutenderer Stimulus sind die anderen Kinder, zu denen er mehr und mehr den Kontakt sucht. Mit der Gewissheit, dass er immer wieder zu seiner Mutter zurücklaufen kann, diese ihm beruhigend seinen Rücken krault, hält er die steigende Erregung und die bestimmt vorhandene Unsicherheit aus. Am Ende des Abends bleibt für Aron die Freude am Tanz auf der Bühne mit oder auch neben den anderen Kindern noch lange präsent.

6.3.4 Variationen ermöglichen die Übertragung in den Alltag

In vielen Situationen gibt es eine Vielzahl von Impulsen: im Kindergarten, auf dem Spielplatz, in der Schule (hier besonders in den Pausen oder im Sportunterricht) sowie im Supermarkt. Hier ist es häufig laut und bunt, es gibt schnelle Wechsel oder überraschende Wendungen. Kinder mit Autismus können die verschiedenen Informationen weder selektieren noch einordnen oder miteinander verknüpfen. Der Alltag ist für Betroffene deshalb verwirrend und stark belastend.

Impulsvielfalt im Alltag

In der Therapie sollen die angebotene Vielfalt und die Varianz der Impulse das Zurechtfinden und die Mitbestimmung im Alltag erleichtern. Erst mithilfe multi-modaler Angebote und vor allem von Variationen kann die Übertragung der in der Therapie erworbenen Fähigkeiten in den Alltag gelingen.

Impulsvielfalt in der Therapie

> **Gut zu wissen: Gestaltung des Therapieraumes**
>
> Unsere Therapieräume sind in warmen Farben gestrichen, mit bunten Bildern an den Wänden. Es gibt farbige Teppiche, weiche und feste Unterlagen zum Hüpfen und Krabbeln, große und kleine Schaumstoffwürfel in verschiedenen Formen. Ein Trampolin und eine Kugelbahn stehen offen bereit, ein Pezziball liegt in der Zimmerecke. In einer Kiste befinden sich weitere Spiele für die impulsintensive und vor allem körperbetonte Therapie. Einige Materialien sind in Schränken verstaut, weitere liegen offen herum. In jeder Stunde sieht der Raum ein klein wenig anders aus. Auch beim großen Sitzsack wird regelmäßig der Bezug und damit die Farbe gewechselt. Die Räume sind nicht schalldicht gedämmt, immer wieder ist von draußen ein Lastwagen zu hören oder das Rufen eines anderen Kindes. Manchmal kommt eine Kollegin in den Raum, um sich ein Material auszuleihen oder eine Praktikantin schaut interessiert zu.

Im Vergleich zum Alltag ist die Arbeit in unseren Räumen trotz der vielen Informationen und Variationen eine geschützte und nicht überfordernde Situation für das Kind: Es erfährt einerseits ausreichend regulierende Impulse, andererseits werden vorwiegend Informationen angeboten, die es (positiv) verarbeiten kann.

Impulsvielfalt im Alltag — Wenn die vielfältigen Entwicklungsschritte in der Therapie gefestigt werden konnten und das Kind offen und neugierig für neue Wege ist, kann das Erlernte Schritt für Schritt in einen (noch) impulsintensiveren und (noch) unberechenbareren Alltag übernommen werden.

> **Fallbeispiel: Aron, 4 Jahre, im Autismus-Spektrum (Teil 2/2)**
>
> Nach einem Jahr Therapie imitiert Aron begeistert verschiedene Handlungen und Aktivitäten.
> Wir werfen beim Ausräumen des Puzzles die einzelnen Teile stets mit einem begleitenden »Plopp« in eine Kiste. Beim Einräumen der Murmeln werfen wir diese ebenfalls mit einem »Plopp« in ein Behältnis. Als Aron nach einigen Stunden beim Wegräumen seiner Schuhe in das Schuhregal ein »Plopp« äußert, ist die Freude bei seiner Mutter, bei mir, aber auch bei Aron groß.
> In der folgenden Woche berichtet die Mutter, dass Aron beim Entenfüttern mit der Schwester das Werfen der Brotstückchen auch sprachlich mit einem »Plopp« kommentierte. Die Schwester imitierte ihrerseits diese Äußerung und es entwickelte sich ein wundervoller »Familienmoment«. Aus dem anfänglichen begleitenden Sprechen und der gemeinsamen Aufmerksamkeit entwickelte sich eine wechselseitige Handlung.
>
> »Die einzige Konstante im Leben ist die Veränderung.«
> Heraklit, griechischer Philosoph

6.3 Variationen

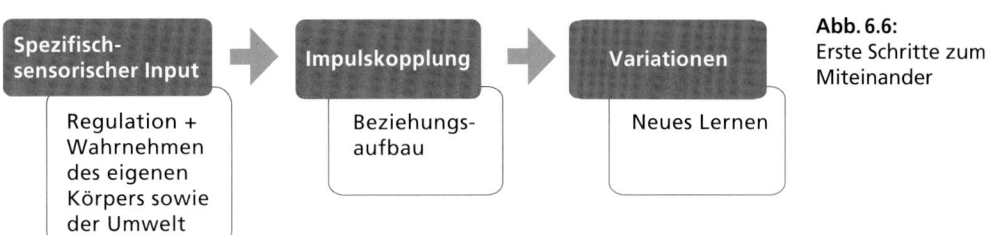

Abb. 6.6: Erste Schritte zum Miteinander

7 Das gemeinsame Spiel entdecken

Ziele beim gemeinsamen Spiel

Beim gemeinsamen Spiel werden Fertigkeiten und Entwicklungsschritte angebahnt, welche dem Kind, bedingt durch die andere Wahrnehmung bisher nicht möglich waren. Die dialogisch gestalteten Aktivitäten stärken zudem die Regulationsfähigkeiten, die Körperwahrnehmung sowie das Selbstbewusstsein und sind ein wichtiger Baustein zur Interaktions- und Kommunikationsanbahnung.

Ein gezieltes Hinführen zu situationsbedingt bedeutungstragenden Informationen ermöglicht notwendige Modalitäten- und Perspektivenwechsel und somit ein gezieltes Lenken der Aufmerksamkeit. Mithilfe der zusätzlichen Kopplung von Impulsen verändert sich die Wahrnehmungsverarbeitung grundlegend:

Gemeinsame Aufmerksamkeit und Freude, Mimik mit Blickkontakt, Turn-Taking und (einfache) Imitationen, Triangulationen und auch die Entdeckung des Ich-Bewusstseins entwickeln sich. Folgend zeigen sich durch das gemeinsame Tun die Kompetenzen der aufbauenden sozialen Interaktion: Modelllernen, Symbolspiel und das Wahrnehmen des anderen, mit seinen Gedanken und Bedürfnissen. Die Grundlagen für den Spracherwerb und die pragmatische Anwendung von Sprache werden dabei ebenfalls gezielt angestoßen.

Das gemeinsame Spiel bei Komm!ASS®, welches häufig mit einer aktiven körperlichen Führung einhergeht, zeigt einige Parallelen zum Behandlungsansatz »Führen nach Affolter«. Affolter stellt die taktil-kinästhetische Wahrnehmung, das Spüren selbst, in den Fokus. Dabei erfolgt das Führen der zielgerichteten Handlungen vorwiegend von hinten, mithilfe der »Finger-Hand-Deckung«. Dies ist ein wichtiges Merkmal beim »elementaren Führen« und bedeutet, dass Hände und Finger der Therapeutin auf der Hand des Kindes aufliegen. Das eigenständige Aufnehmen von Spürinformationen ist ein wichtiges Ziel der Therapie nach Affolter.

> »Die gespürte Interaktionstherapie hat denn auch zum Ziel nicht nur über das Führen zu ›helfen‹, sondern zu ›führen‹. […] Wir führen eine Person, um zu interagieren, damit wir ein primäres Interventionsziel erfüllen können: die Erfahrung bei der Alltagsinteraktion zu verbessern, indem wir mehr angemessene taktile Information vermitteln und dadurch an der Wurzel arbeiten« (Affolter & Bischofsberger, 2007; zitiert nach Hofer, 2009, S. 130).

Beim gemeinsamen Spiel im Rahmen des Therapiekonzeptes Komm!ASS® soll ebenfalls die (Selbst-)Wahrnehmung gestärkt werden und das Kind die Möglichkeit erhalten, sich in seiner Umwelt mit neuen Fähigkeiten und Fertigkeiten zu erleben. Mithilfe der spezifischen Impulsgebung, also dem zeitgleichen Anbieten regulierender sowie positiv wahrnehmbarer Angebote, können neue Materialien und Spiele entdeckt werden. Das Kind spürt vor allem sich selbst, nimmt aber auch sein Gegenüber wahr und erlebt positive Interaktionen.

In den ersten Wochen und Monaten erfolgt das gemeinsame Spiel häufig in Form eines (ganz-)körperlichen Bewegungsangebotes, einer spannenden Spürinformation oder auch eines anderen sensorisch spezifischen Angebotes, stets in Blickrichtung des Kindes. Mimik, Gesten und Sprache werden so sichtbar gemacht. Ein (bewusstes) Wahrnehmen und Verstehen dieser zusätzlichen Hilfestellungen ist noch nicht zu erwarten. Erst zu einem späteren Zeitpunkt, wenn das Kind Fokuswechsel leichter absolviert und verschiedene Impulse miteinander verbinden kann, sieht es auch ein begleitendes Lächeln oder hört den sprachlichen Zuspruch. Zu einem späteren Zeitpunkt können diese Hilfen vielleicht auch die körperlichen Unterstützungen (zum Teil) ersetzen.

Die Zielsetzungen und Erläuterungen, die im Folgenden für das gemeinsame Spiel beschrieben werden, sind auch auf die Bereiche Gestik und Sprache übertragbar.

Wenn es gelingt, dass das Kind sich und seine Umwelt vielfältig wahrzunehmen lernt, und diese Informationen vielseitig und flexibel vernetzt, wird es vielleicht in Zukunft keine oder nur wenige Hilfen bei eigenständigen Aktivitäten benötigen. Mit einer gestärkten Eigenwahrnehmung lernt es, Handlungen auch im Austausch mit einem Gegenüber zu planen, sich selbstständig zu motivieren und zu regulieren.

Handlungen selbstständig planen

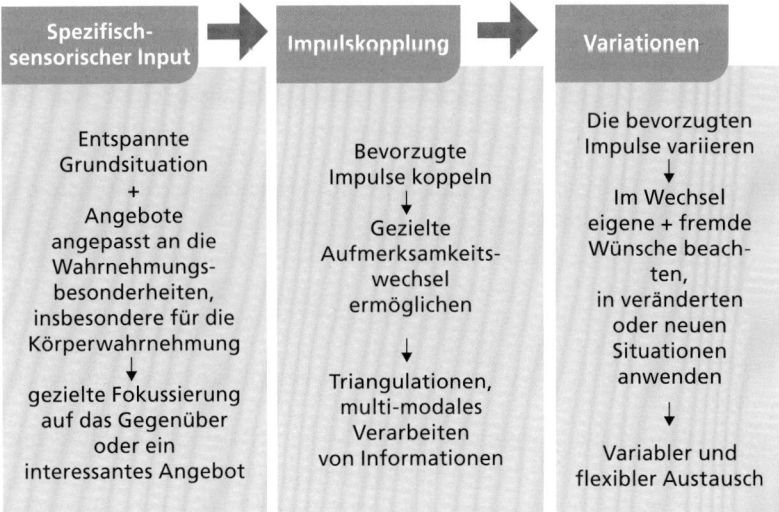

Abb. 7.1: Therapiebausteine bei Komm!ASS® in Bezug auf das gemeinsame Spiel

7 Das gemeinsame Spiel entdecken

7.1 Anleitung zum gemeinsamen Spiel

Vor Beginn des gemeinsamen Spiels erfolgt eine körperliche Stimulation. Mithilfe von zumeist propriozeptiven Impulsen, wie Massagen oder einem festen Abstreichen, oder vestibulären Angeboten, wie ein Hin- und Herschaukeln des Oberkörpers, erlebt das Kind, dass der Kontakt mit dem Gegenüber wohltuend und regulierend ist (▶ Kap. 2.1 + 2.2).

Die Stimulationen vorab erfolgen zumeist auf dem Boden sitzend, dabei möglichst von vorne oder von der Seite, damit das Kind seine Interaktionspartnerin sehen, hören und spüren kann. Viele Kinder können sich nochmals besser auf die folgenden Aufgaben einlassen, wenn sie zusätzlich eine Begrenzung am Rücken erfahren, z. B. mithilfe eines Sitzsackes. Einige bevorzugen auch einen engen und gut spürbaren Körperkontakt, wie ein Umschließen und Halten des gesamten Körpers oder sie klettern selbstständig auf den Schoß ihres Gegenübers, um hier »Halt« zu erfahren. Einige Kinder können den folgenden Spielen besser folgen, wenn vestibuläre oder tiefenstimulierende Impulse, wie das Rollen auf einem Ball, hinzukommen, so dass das gemeinsame Spiel dann auch bäuchlings auf einem Pezziball erfolgen kann.

Die anfangs isolierten Impulse werden bald mit einem Spielmaterial oder einer weiteren Aufgabe gekoppelt. Jetzt beginnt das gemeinsame Spiel: Die Therapeutin nimmt die Hand des Kindes, umschließt sie mit einem gut spürbaren Druck und stimuliert sie zusätzlich mit einer Massage oder einer Vibration und führt dabei die gewünschte Aktivität ein.

Dabei sollte, wenn möglich auch die Händigkeit des Kindes beachtet werden. Das bevorzugte Aufnehmen der dominanten Hand (Arbeitshand) unterstützt die Festigung der Händigkeit und erleichtert dem Kind die Aktion. Das Einbeziehen der nicht dominanten Hand ermöglicht ein erweitertes Körperbewusstsein und somit auch koordinatives Arbeiten. Die zielgerichtete Handlung wird dann gemeinsam mit dem Kind ausgeführt, stets im engen Kontakt. Die zusätzlichen Stimuli unterstützen eine positive Aufmerksamkeitslenkung auf die geführte Hand.

Das Kind kann so zielgerichtet verschiedene Aktivitäten erleben und erlernen. Die Aufmerksamkeit kann auf ein bestimmtes Ziel gelenkt werden oder die Konzentration für eine Aktivität verlängert sich. Wenn sich die Anspannung des Kindes während oder nach dem gemeinsamen Tun deutlich erhöht, empfiehlt es sich eine Bewegungseinheit einzuschieben oder anzuschließen.

Gemeinsam mit dem Kind

Auch wenn das gemeinsame Spiel das Ziel ist, darf das Kind nicht zu einer Handlung gezwungen werden! Die Aktivität wird nur mit der (körperlichen) Zustimmung des Kindes durchgeführt. Sobald sich eine Abwehrhaltung zeigt, muss der Impuls verändert werden und ggf. wird die Aktivität abgebrochen.

Fallbeispiel: Rosanna, 3,5 Jahre, Rubinstein-Taby-Syndrom (Teil 1/2)

Keine gesprochene Sprache, stark verkürzte Konzentrationsspanne, starker Bewegungsdrang

Rosanna wedelt und spielt viele Stunden am Tag mit ihren Händen. Häufig dreht sie zusätzlich noch ihren Kopf hin und her und beginnt auch mit dem ganzen Körper zu schaukeln. Bedingt durch die vielen körpereigenen Stimulationen ist eine gemeinsame Aufmerksamkeit auf eine bestimmte Handlung oder ein Spiel nicht möglich.

Zu Beginn der Therapie läuft Rosanna unruhig im Raum umher. Ihre Blicke suchen und finden immer wieder ein neues Ziel. Jeder neuen Information wendet sie sich kurz zu, dann folgt bereits die nächste. Es scheint, dass sie sich keinem Stimulus ausreichend lang zuwendet, um diesen auf- oder wahrzunehmen und mit anderen Informationen sowie mit bereits erworbenem Wissen zu verbinden.

Ich hole ein Steckspiel und nehme Rosannas Hand. Ich lege einen Klotz in ihre Handfläche und umschließe diesen fest mit ihrer Hand. Tanzend und vibrierend bewege ich unsere Hände Richtung Steckbox, gemeinsam lassen wir den Stein nun hineinfallen – »rums«. Rosanna hält kurz inne und zeigt für einige Sekunden ein Interesse an unserer Aktion. Ich kann das Spiel ein zweites und drittes Mal wiederholen, bevor ein neues Angebot folgt.

Nach einigen Wochen spüre ich, wie Rosanna sich mit jedem Mal mehr auf die Handlung konzentriert. Sie folgt bald mit ihren Augen, hört den Geräuschen und Worten zu und auch in Bezug auf die körperliche Aktivität beteiligt sich Rosanna stets aktiver an der gemeinsamen Handlung. Wenn ich zu diesem Zeitpunkt jedoch meine Hand von ihrer löse, verliert sie den Kontakt zum Spiel und zu mir. Sie wedelt mit den Händen, dreht ihren Kopf und schaukelt ihren Körper. Ohne die körperliche Führung bricht die Aufmerksamkeit ab und die Eigenstimulationen sind ihr einziger Fokus.

Wenn ich ihr jedoch ein spannendes Spiel und zeitgleich körperliche Stimulationen anbiete, gelingt es Rosanna, sich auf die gemeinsame Aktivität zu konzentrieren. Ein Abbruch oder gar Aufspringen und Herumlaufen sind nicht mehr notwendig. Bei jedem Abbruch des gemeinsamen Spiels wäre ein Zurückholen der Aufmerksamkeit oft schwieriger als ein Erhalt. Heute gelingt es zum ersten Mal, dass Rosanna alle Steine mit mir zusammen in die Box wirft. Sie ist stolz und glücklich, diese Aufgabe bewältigt zu haben. Um die gemeinsame Freude nochmals intensiver spüren zu können und um die erhöhte Anspannung wieder abzubauen, hat sich Rosanna eine ausgiebige Klopfmassage mit dem Softball redlich verdient.

7.1.1 Einstieg in das gemeinsame Spiel

Eine ausreichende Regulation vorab erleichtert den Einstieg in das gemeinsame Spiel. Zusätzlich unterstützen eine zu Beginn schnelle und zielgerichtete Handlungsweise und das daraus entstehende Überraschungsmoment ein erstes Zulassen der unbekannten Aktivität. Mithilfe von visuell, auditiv, aber vor allem körperlich spannenden und wohltuenden Impulsen und Materialien gelingt eine gemeinsame positiv erlebbare Handlung.

So ist es hilfreich bei Steckspielen mit dem zu steckenden Teil in der Handfläche des Kindes einen festen Druck zu hinterlassen. Beim Spiel mit der Puppe stellt die Creme eine taktile sowie eine thermische Information dar. Das Zusammenführen der Soundwürfel wird mit einem besonderen Schwung ausgeführt und bietet so einen körperlich spürbaren sowie einen auditiven Effekt. Auch Spiele mit spannenden Licht- oder Soundeffekten, bei denen die Kinder Unterstützung vom Gegenüber benötigen, sind gute »Türöffner«.

Verstärker zeitnah erleben

Wenn das Kind sich zu Beginn für einen kurzen Moment auf das gemeinsame Spiel einlässt, sollte zeitnah ein besonderer Effekt erlebbar sein. Zu Beginn sollte die gemeinsame Aktivität selbst mit einem positiven Empfinden verbunden sein, im weiteren Verlauf kann der »Verstärker« auch leicht zeitversetzt oder in Kombination mit einer zusätzlichen Aufgabe wie z. B. einer Gebärde, erfolgen.

> **Praktische Tipps: Gemeinsames Spiel mit den Seifenblasen**
>
> Ablauf, wenn die gemeinsame Handlung den positiven Impuls darstellt:
>
> - Das Kind beobachtet passiv, aber fasziniert die Seifenblasen. Ein aktives Zerplatzenlassen findet nicht statt, da das Kind dieses Ziel nicht (erkannt) hat oder die notwendige Auge-Hand-Koordination fehlt.
> - Um eine gemeinsame Handlung zeitgleich mit einem spannenden Impuls zu verbinden, wird die Hand des Kindes genommen und gemeinsam wird die Seifenblase angetippt, welche daraufhin zerplatzt.
> - Das Antippen und das folgende Verschwinden sind ein faszinierendes Schauspiel und stellen die Verstärker in dieser Situation dar.
> - Mithilfe des gemeinsamen Spiels zerplatzt eine schillernde Seifenblase nach der anderen – das Kind spürt: Zusammen können wir etwas bewirken.
>
> Ablauf, wenn der positive Impuls nach der gemeinsamen Handlung folgt:
>
> - Gemeinsam mit dem Kind wird die Gebärde für »Seifenblasen pusten« durchgeführt.
> - Dazu wird die geballte Hand am Mund des Kindes vom Körper wegbewegt, die Hand zeichnet dabei einen Bogen.
> - Zeitgleich wird mit dem Mund das Pusten angedeutet.
> - Anschließend fliegen die Seifenblasen.

> Zu Beginn ist es ausreichend, wenn die Hände nur einen Teil der Bewegung in die Luft zeichnen. Wichtig: Wenn das Kind sich für einen kurzen Moment auf das Zusammenspiel einlässt, folgt der Verstärker, die Seifenblasen fliegen.

Jeder noch so kurze Moment, jedes Zusammenspiel, wird belohnt: mit einem gesprochenen Wort, mit einem strahlenden Lächeln, aber besonders mit einer begleitenden Stimulation und dem Verstärker. Das Kind erfährt, dass die gemeinsame Handlung keine Belastung bedeutet, sondern mit einem schönen Erlebnis verbunden ist.

7.1.2 Weiterer Verlauf beim gemeinsamen Spiel

Zu Beginn der Therapie sind es oft nur kurze Sequenzen, in denen das gemeinsame Spiel gelingt. Im Laufe der folgenden Einheiten werden die dialogisch gestalteten Aktivitäten stetig mehr bis hin zu Sequenzen, in denen Kind und Therapeutin sich fast durchgehend miteinander bewegen, zusammen spielen oder sich austauschen. Momente, in denen sich das Kind nur mit sich und seinem eigenen Tun beschäftigt, sind in der Therapie kaum mehr beobachtbar.

Mit jeder Wiederholung, mit jeder gemeinsamen Handlung wird das Vertrauen des Kindes zu seinem Gegenüber und im Hinblick auf die zu bewältigende Aufgabe stärker. Bald kann die vertraute Aktivität erweitert werden, die Regulationshilfen werden entweder zurückgenommen oder es kommen neue Ziele hinzu. Das Kind erfährt das gemeinsame Tun als Hilfestellung, welche bei Bedarf auch vom Gegenüber eingefordert werden kann.

»Hilfesuchen« ermöglichen

Im Therapiealltag gibt es immer wieder Situationen, in denen ein gemeinsames Tun nicht (mehr) möglich ist und auch eine Veränderung der Impulsgebung oder eine verstärkte Regulation nicht mehr ausreichen. Auch ein gemeinsames Wegräumen der Materialien, bei dem das Spielzeug schwungvoll zusammen in eine Kiste »geworfen« wird, wehrt das Kind ab, da seine Verarbeitungsfähigkeiten für diese Aufgabe erschöpft sind. Dann sollte die Sequenz auch »unfertig« beendet werden können. Für einen positiv erlebbaren Abschluss empfiehlt sich ein Angebot mit propriozeptiven oder vestibulären Impulsen, wie Hüpfen auf dem Trampolin, Schaukeln oder Boxen.

Eine Verweigerung der gemeinsamen Aktivität kann durch eine zu schwere Aufgabenstellung oder aufgrund der aktuellen Alltagssituation (Faktoren außerhalb der Therapie) bedingt sein. Vielleicht ist die Abwehr auch ein neuer Entwicklungsschritt (▶ Kap. 12) und das Kind möchte die angebotenen Anforderungen (teilweise) alleine oder anders bewältigen. Dann darf das Kind das gemeinsame Spiel gerne verändern, es darf aktiv einzelne Handlungen einleiten und so die Abläufe bestimmen. Im weiteren Verlauf erfolgt das Spiel mit wechselnder Führung, teilweise erlebt sich das Kind als aktiver Initiator, teilweise in der passiven Reaktion auf einen Impuls.

Verweigerung der gemeinsamen Aktivität

Nach einigen Wochen und Monaten können viele Aktivitäten gemeinsam erfolgen, ohne dass die Handlung körperlich geführt wird. Jetzt sind auditive und visuelle Unterstützungen ausreichend, damit die gemeinsame Aktivität gelingt. Eine körperliche Unterstützung erfolgt nur noch, wenn sich die Aufmerksamkeit des Kindes verringert oder wenn es den Fokus für die gewählte Aktion nicht mehr halten kann. Dies kann zu Beginn der Stunde oder eines Spieles sein, wenn das Kind noch mit zurückliegenden Erlebnissen beschäftigt ist und sich deshalb noch nicht auf das jeweilige Spiel konzentrieren kann. Oder auch im Verlauf eines Spiels oder am Ende der Therapie, wenn die Fokussierung nachlässt, die (Selbst-)Regulation abnimmt und das Kind zusätzliche Hilfen benötigt.

7.2 Frühe Interaktion ermöglichen

Wenn erkennbar ist, dass Kinder nicht von alleine diese Fähigkeiten im sozialen Austausch erwerben, sollte eine gezielte Förderung so früh wie möglich beginnen. Mithilfe einer körpernahen Therapie und dem Aufbau eines gemeinsam erlebten Spiels ist eine Unterstützung bereits vor dem zweiten Lebensjahr möglich. Somit können die grundlegenden Schritte der sozialen Interaktion angestoßen werden und die darauf aufbauenden Fähigkeiten können sich mit nur geringer weiterer Unterstützung oder zum Teil auch selbstständig entwickeln.

Vielfältige Interaktion ermöglichen

Ein Kind, dem es möglich ist, die Aufmerksamkeit zu teilen und welches gezielte Fokuswechsel beherrscht, kann auch die Kernkompetenzen im Bereich der Interaktion wie Turn-Taking und Triangulation erwerben. Dieser lebendige Austausch von Informationen und Emotionen ermöglicht vielfältige weitere Entwicklungsschritte, wie Lernen durch Imitation und Lernen von anderen.

> »›Ach, Sie müssen sich seinetwegen keine Gedanken machen – er ist lieber allein‹. Wie oft haben wir das schon gehört. Und doch kann ich es nicht glauben, dass irgendein menschliches Wesen gern vollkommen allein gelassen werden möchte. Nein. Aber eines möchten wir autistischen Menschen auf keinen Fall: euch Ärger bereiten oder auf die Nerven gehen. […] In Wirklichkeit wären wir schrecklich gern mit anderen Menschen zusammen« (Higashida, 2018, S. 44).

Zusätzliche Beeinträchtigungen

Der Erwerb und die Verbesserung der sozialen Kompetenzen können durch Erkrankungen wie Epilepsie, ein eingeschränktes Seh- oder Hörvermögen oder starke kognitive Beeinträchtigungen zusätzlich erschwert und nur kleinschrittig möglich sein. Doch jede Verbesserung der Interaktionsfähigkeiten ermöglicht eine verbesserte Teilhabe und Teilnahme.

Welche sozialen Fähigkeiten zu Beginn gefördert werden sollten, orientiert sich an den Interessen des Kindes. In der neurotypischen kindlichen Entwicklung stellen der Blickkontakt und der mimische Austausch mit der Mutter den Beginn der Interaktionshandlungen dar. Kinder mit Autismus zeigen häufig (noch) keinen Blickkontakt, sie schauen auf andere, für sie interessante Informationen. Wenn Therapeutinnen erkennen, welche die speziellen Interessen des Kindes sind und welches Bedürfnis diesen zugrunde liegt, gelingt damit der Einstieg in die Interaktion. Über die gemeinsame Aufmerksamkeit für einen spannenden Impuls wird der Blick zunehmend zum Gegenüber gelenkt, um daraufhin das Turn-Taking zu erarbeiten. Zeigt das Kind hingegen großes Interesse an seinem Gegenüber, an dem Gesicht oder den Ausdrucksmöglichkeiten, dann ist dies der Ausgangspunkt für eine wechselseitige Interaktion. Hier wird zuerst der direkte Austausch mit dem Gegenüber intensiviert und erweitert, wie z. B. beim Grimassieren. Erst dann erfolgt der Versuch der Lenkung der Aufmerksamkeit und die gemeinsame Fokussierung auf weitere spannende Objekte oder Personen. Jeder Wechsel und jedes Verbinden der unterschiedlichen Zielpunkte bedeuten eine gelungene Triangulation.

Fallbeispiel: Nadine, 4 Jahre, im Autismus-Spektrum

Kaum gezielter Sprachabruf, vorwiegend funktionale Handlungen, kaum Interaktion

Als Nadine in das Therapiezimmer kommt, geht sie direkt zum Puppenwagen. Sie schaut interessiert auf die Räder und streicht sanft über die Reifen. Ich setze mich dazu und hole die Puppe aus dem Wagen. Nadine kennt das Spielzeug und greift danach. Ihr liebster Fokus beim »Puppenspiel« ist die Weinfunktion, welche man durch ein Drehen des Oberkörpers auslösen kann. Nadine mag auch die klappernden Schlafaugen der Puppe, welche ihr beim Hinlegen zufallen. Nadine betrachtet und untersucht den geliebten Gegenstand und manipuliert ihn immer wieder auf ihre stereotype Weise. Ein gemeinsames Spiel mit mir oder ein Eintauchen in ein Rollenspiel findet nicht statt.

Ich versuche deshalb, mithilfe weiterer spannender (Körper-)Impulse, die Manipulation der Puppe zu einem gemeinsamen Spiel zu erweitern. Ich umschließe fest Nadines Hand und wir ziehen gemeinsam eine Socke aus. Einen kurzen Moment lässt Nadine meine Handlung zu, besonders als ich den Impuls an ihrer Hand mithilfe einer kurzen Vibration nochmals verändere. Dann löst sie sich aus dem Kontakt, nimmt die Puppe fest an sich und wendet sich wieder dem Puppenwagen zu. Ich nehme Nadine die Puppe in diesem Moment nicht ab und ich nehme auch nicht nochmal ihre Hand, da ihre Körpersprache mir ein deutliches »Nein« signalisiert. Eine Fortsetzung würde jetzt in einem Machtkampf enden, welcher nicht zielführend ist.

Aus der bereitstehenden Kiste hole ich stattdessen eine Cremedose. Ich zeige Nadine die Dose, drehe sie in meiner Hand und klopfe mehrmals mit den Fingerspitzen auf das Blech. Nadine schaut auf und wendet sich mir (oder auch der Cremedose?) aufmerksam zu. Mit einem festen Griff darf ich ihre Hände nehmen und gemeinsam öffnen wir dieses neue interessante Objekt. Ich halte die Dose nah vor ihr Gesicht und fordere sie auf, gemeinsam mit mir aktiv zu werden. Noch einmal nehme ich ihre

Hand fest in meine und tauche ihren Finger in die Creme. Nadine ist von diesem Impuls fasziniert und schaut gebannt auf ihren Finger. Der für sie passende Impuls an ihrer Fingerkuppe lässt jegliche Abwehr vergessen. Mit meiner Unterstützung verteilt sie die Creme auf dem Bauch und auf den Armen der Puppe, verbunden mit einem festen Streichen auf dem Vinylkörper. Mit aufmerksamen Blicken folgt Nadine unserer Aktivität. Zwischendurch tauchen die Finger immer wieder in die kühle Cremedose. Jetzt cremen wir Nadines Gesicht ein. Mit einer gleichzeitigen Druckmassage führe ich ihre Hand und setze einen prägnanten Impuls. Nadine bevorzugt langanhaltende, großflächige und kräftige Impulse. Diese können jedoch auch tupfend, leicht vibrierend oder vorsichtig streichend sein, je nach den Vorlieben des Kindes.

Einige Stunden später cremen wir auch mein Gesicht ein. Ich rücke noch ein wenig näher an Nadine heran und führe ihre Finger erst an meine Nase, dann an die Wangen bis zum Kinn. Immer so, dass es viel zu spüren gibt und Nadines Blick den Fingern folgen kann.

Zwischendurch wenden wir uns immer wieder der Puppe zu, lassen sie weinen und ihre Augen klappern. Auch ich seufze und weine dann laut oder klappere mit den Augen. Nach einigen Stunden nutze ich zusätzlich die Gebärde für »weinen« und streiche dafür fest an Nadines Wangen entlang. Bald führen wir dann die Gebärden bei mir durch und jetzt kann sie diese nicht nur fühlen, sondern auch sehen. Ganz neugierig beobachtet sie die Bewegung, aber auch mich. So entstehen immer wieder Momente mit lebendigem Blickkontakt und wechselndem Turn-Taking.

Gerade zu Beginn der Therapie sind nicht das Spiel selbst und das Eintauchen in die Symbolwelt oder das Erlernen von Gebärden die Zielsetzung. Die Kinder sollen vielmehr körperliche Impulse und gemeinsames Spiel positiv erleben. Deshalb eignen sich anfangs besonders (gegenseitige) Massagen, Schaukelspiele oder auch ein Durchkitzeln, um die frühe Interaktion zu ermöglich.

7.2.1 Gemeinsame Aufmerksamkeit ermöglichen, gemeinsame Freude erleben

Wenn der Fokus des Kindes (kurz) auf einen beliebten Gegenstand oder eine Aktivität gerichtet ist, stellt dies die erste Verbindung zum Kind und damit den Ausgangspunkt der Interaktion dar. Die Therapeutin versucht, die Bedeutung dieser Fokussierung zu verstehen und dem Kind ein seiner Wahrnehmung entsprechendes Angebot zu machen. Mithilfe spezifischer Impulse und neuer individuell passender Materialien wächst die Bedeutung und damit die Beziehung zum Gegenüber.

Körperliche Nähe zum Kind

Die Therapeutin sollte sich nahe zum ausgewählten Gegenstand und nahe zum Kind positionieren und ggf. bereits im Körperkontakt mit diesem sein. Wenn das geliebte Spiel seine Funktion zeigt (wie das Rollen der Murmel in der Kugelbahn), unterstreicht die Therapeutin dies mit einem zusätzlichen visuellen Impuls, wie einem gleichzeitigen Drehen der Hand, einem weiteren auditiven Impuls »klack, klack, klack« und einem propriozeptiven Impuls, wie ein festes Anstupsen mit den Fingern. Um die eigene Person nochmals interessanter zu präsentieren, begleitet die Therapeutin alle Aktivitäten mit ausdrucksstarker Gestik und Mimik. So nimmt das Kind nicht nur das Spiel wahr, sondern auch die Mitspielerin ihm gegenüber. Nach Beendigung des Spiels kann die erlebte Freude mit einem Abklatschen oder mit einer Aufforderung zur Wiederholung zusätzlich angezeigt werden.

Besonders bei (intensiven) körperlichen Aktivitäten und Angeboten gelingt die gemeinsame Aufmerksamkeit zum Teil ganz leicht: beim gemeinsamen Springen auf dem Trampolin, beim geführten Werfen von Sandsäcken in ein Behältnis oder auch beim abwechselnden Zerplatzen lassen der Seifenblasen.

Wenn sich bei berührenden Aktivitäten, wie beim Abrollen mit einer festen Massagerolle oder dem Hüpfen auf dem Pezziball die Therapeutin dabei im Blickfeld des Kindes positioniert, spiegelt ein intensiver Blickkontakt diesen Moment der gemeinsamen Freude.

Abb. 7.2: Gemeinsame Aufmerksamkeit beim gemeinsamen Spiel mit der Eisenbahn

7.2.2 Blickkontakt und mimischen Austausch ermöglichen

Lebendiger Blickkontakt und mimischer Austausch bedeuten Austausch von Informationen und Befindlichkeiten. Wenn aus einem Betrachten des Gegenübers ein Wechselspiel werden soll, müssen erst die mimischen Bewegungen in den Fokus rücken und folgend deren Bedeutung erlebbar werden. Die zu erkennenden Zeichen müssen dazu für das Kind visuell gut erkennbar und zusätzlich emotional nachvollziehbar sein.

Die Therapeutin rückt zuerst nah mit ihrem Gesicht an das Kind heran, damit die Fokussierung leichter gelingt. Der mimische Ausdruck darf überzeichnet werden, um so den visuellen Aufforderungscharakter zu stärken. Die Bewegungen müssen gut erkennbar sein, das heißt, die Augen werden je nach Situation deutlich größer oder kleiner, die Augenbrauen und die Stirn unterstützen den jeweiligen Ausdruck. Der Mund kann sich (weit) öffnen, die Mundwinkel und die Lippen bewegen sich in unterschiedliche Richtungen. Je nach Ausdruck sind auch die Zähne oder die Zunge erkennbar. Für das Kind muss sich der Blick zum Gegenüber lohnen.

Emotionen erleben und verstehen

Wenn das Kind beginnt, sich für das Mienenspiel zu interessieren, genauer hinschaut, erste Bewegungen zu imitieren beginnt und die unterschiedlichen Gesichtsausdrücke bald einer Situation und auch einem Gefühl zuzuordnen lernt, wird auch emotionaler Austausch möglich (▶ Kap. 10). Ist dieser Entwicklungsschritt vollzogen, wird es für die Therapeutin, aber auch für alle anderen Begleitenden leichter möglich, die emotionalen Befindlichkeiten des Kindes differenzierter zu erkennen und nochmal spezifischer auf seine Bedürfnisse zu reagieren.

Säuglings-/ Kleinkindspiele als Vorbild

Als Vorbild dienen die ersten Interaktionsspiele zwischen Eltern und Säugling: Die Mutter macht »große Augen«, wenn das Kind sich wundert, wo das Spielzeug geblieben ist, der Vater grimassiert beim Wechsel der Windel. Das Geschwisterkind freut sich über das Lachen des Babys, imitiert es und bietet die freudige Geste erneut verstärkt an. Auch Kopfbewegungen, Gestik und die gesamte Körperhaltung können in die zu übertragenden Informationen einbezogen werden und somit den Austausch noch bewegender und informativer gestalten.

Der zu Beginn besonders intensiv ausgeführte mimische Austausch wird mit zunehmender Differenzierungsmöglichkeit der Betroffenen zurückgenommen und passt sich so allmählich den im Alltag eher geringer ausgeprägten Bewegungen an.

Gelingen dem Kind diese ersten Imitationen bedingt durch motorische, visuelle oder weitere Schwierigkeiten nicht oder nicht ausreichend, können die mimischen (Imitations-)Bewegungen mithilfe von Druck- und Zugimpulsen im Gesicht des Kindes direkt geführt werden. Beim »Weinen« streichen die Hände der Therapeutin beim Kind unterhalb der Augen die Wangen entlang. »Ärger« wird mit einer Stimulation an der Stirn des Kindes mithilfe kurzer, klopfender Bewegungen unterstützt, »Freuen« wird durch ein Ziehen oder Klopfen an den Mundwinkeln begleitet. Zu einem späteren Zeitpunkt können diese Stimulierungen auch gemeinsam mit dem Kind im Gesicht der Therapeutin erfolgen.

Die Möglichkeit, zwischen Beobachtung und Imitation zu wechseln, sowie die Fähigkeit, zwischen den fremden sowie den eigenen Emotionen zu unterscheiden, zeigt die Entwicklung des Turn-Takings an.

7.2 Frühe Interaktion ermöglichen

Abb. 7.3:
Anbieten von ausgeprägter Mimik, um Imitation anzustoßen

Abb. 7.4:
Lebendiger mimischer und gestischer Austausch

Fallbeispiel: Sam, 7 Jahre, im Autismus-Spektrum

Leicht eingeschränkter Wortschatz, vorwiegend monotone Sprechweise, kaum emotionaler Austausch, kaum mimische Bewegungen

Das Spiel »Obstgarten« liegt vor uns. Hier bildet das Kind mit der Therapeutin ein Team und der gemeinsame Gegner ist der Rabe.

Wenn einer aus dem Team »Obst« würfelt, darf das passende Holzteil in einen Korb gelegt werden. Das Team hat gewonnen, sobald das gesamte

Obst eingesammelt werden konnte. Zeigt der Würfel den Raben, wird ein Puzzleteil auf das Spielbrett gelegt. Das fertige Puzzle zeigt einen Raben und bedeutet, dass dieser gewonnen und das Team verloren hat.

Sam würfelt einen Apfel. Das ist ein guter Wurf, ein Grund zur Freude. Ich nehme die Arme von Sam, führe sie nach oben und schüttele diese kräftig durch. Meine Augen und mein Mund sind weit geöffnet, ich lasse ein lautes »Jaaa!« hören – Freude. Sam lässt sich mit Genuss durchschütteln und bewegt seinen Körper unterstützend zu dieser Stimulation. Beim nächsten Mal strecke ich Sam meine Hände entgegen und er muss mich beim »Sich freuen« durchschütteln. Ein anderes Mal führen wir unseren »Freudentanz« gemeinsam aus.

Nach einigen Runden würfele ich den Raben. Sam kennt die nun folgende Reaktion bereits und führt sie selbstständig, mit einem rückversichernden Blick, durch. Wir fassen mit einer Hand an den Kopf, bewegen diesen kräftig von rechts nach links, wir verziehen das Gesicht zu einer Grimasse, machen die Augen ganz klein und rufen: »Neeeiiiin!«. Anschließend ballen wir unsere Fäuste, der gesamte Körper spannt sich an, die Stirn bildet eine Zornesfalte, der Mund öffnet sich und wir rufen: »Oh nein!« oder »ärgern, ärgern!« Dann lassen wir los und lachen gemeinsam.

7.2.3 Turn-Taking und einfache Imitationen ermöglichen

Beim Turn-Taking erlebt sich das Kind zunehmend als Teil eines Austausches, mit aufeinander abgestimmten Aktionen und Reaktionen. Damit dies auch bei zumeist bevorzugter Monowahrnehmung gelingt, müssen die Interventionen des Kindes immer wieder zu einem bedeutsamen Ergebnis führen. Zu Beginn sollte jedem Versuch der Kontaktaufnahme oder Ansprache ein positiver Impuls folgen.

> »Nur wenn ein Mensch mit einer schweren Behinderung die positive Erfahrung machen kann, dass ein Gegenüber auf seine minimalen Ausdrucksfähigkeiten mit passenden Antworten reagiert, kann er sich selbst als agierende, autonome Persönlichkeit erleben. Bleiben angedeutete Wünsche, z.B. nach einer Positionsveränderung, unbeobachtet und dadurch unbeantwortet, so wird bald ein negativer Lernprozess eingeleitet: Dieser Mensch wird nicht mehr versuchen, seine Wünsche zu zeigen, da er den Zusammenhang von Äußerung, Wahrgenommen-Werden und Eine-Handlung-Bewirken nicht erlebt. […] Ohne diese Erfahrungen wird er nicht in Kommunikation und Interaktion eintreten können« (Fröhlich, 2015, S. 10 f.).

Kontakt soll positiv erlebbar sein — Um ein Turn-Taking anzubahnen, eignen sich zu Beginn körperlich gut wahrnehmbare Impulse wie der Massagestab, das Eis oder das Trampolin. Die Therapeutin wendet sich dem Kind zu, spricht es an und versucht, seine (visuelle) Aufmerksamkeit zu erlangen, indem es ihm z.B. ein geliebtes Material anbietet. Immer wenn das Kind seine Aufmerksamkeit daraufhin auf sein Gegenüber richtet, folgt eine Stimulation oder eine Spielaktion. Das Kind erfährt so Regulation und erste Selbstwirksamkeit in Zusammenhang mit Interaktion.

Im Laufe der Therapiestunde(n) sollen die vielfältigen Angebote der Therapeutin immer wieder die Interaktions- und Imitationsbereitschaft des Kindes stärken. Unterstützend kann die Therapeutin die Hand des Kindes nehmen, diese zusätzlich massieren und folgend führen sie zusammen unterschiedliche Aktivitäten aus. Auch hier eignen sich bevorzugt körperbezogene Angebote, wie gegenseitiges Eincremen, (Ab-)Bürsten oder gemeinsames Gebärden – bevorzugt im Gesichtsbereich. Anfangs werden die Aktionen und zugleich Stimulationen vorwiegend beim Kind durchgeführt, später darf das Kind auch die Therapeutin eincremen, bürsten oder sie beim Gebärden unterstützen. Wenn bei all diesen Aktivitäten der Blick des Kindes immer wieder der Handlung folgt, das Kind zudem entspannt und interessiert teilnimmt, erlebt und lernt es, dass ein wechselseitiger Austausch bereichernd ist.

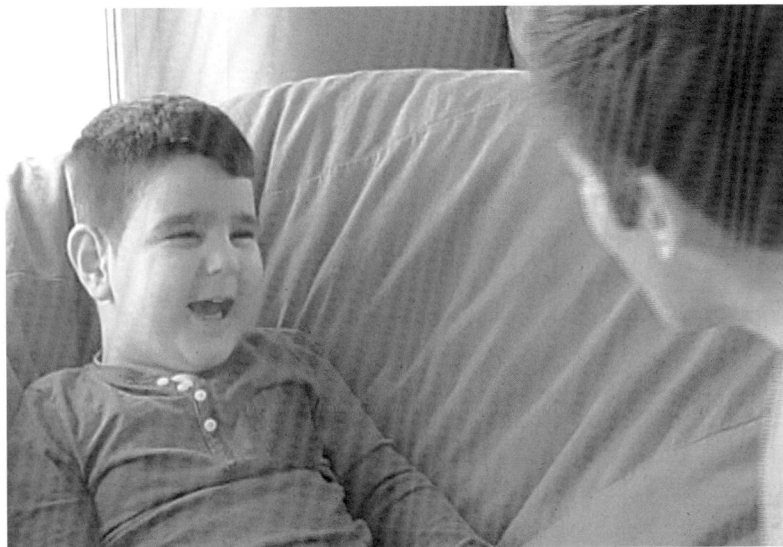

Abb. 7.5:
Beim Turn-Taking
Freude erleben

Gut zu wissen: Der Igelball

Gerade in den ersten Stunden ist die Massage mit dem Igelball eine gute Möglichkeit, mit dem Kind in Kontakt zu kommen und es für eine impulsintensive und variationsreiche Herangehensweise zu begeistern. Wir präsentieren dem Kind den Ball, indem wir diesen zeigen und benennen, stets mit einer lebendigen Sprechweise und ausdrucksstarker Mimik.

Dann führen wir ihn an die Fußsohlen, die Handinnenflächen, an die Beine bzw. Arme und drücken ihn mit einer kurzen Vibration oder einer Drehung auf den Körper. Gleichzeitig wird dies von einem Laut oder einem prägnanten Wort begleitet: »ui« oder »kribbel-krabbel« oder

»drehen, drehen«. Dieser Kontakt dauert nur wenige Sekunden, anschließend nehmen wir den Ball wieder zurück, unterstreichen das Geschehen nochmals mit einem Kommentar, nehmen dabei die erste Reaktion des Kindes auf und reagieren entsprechend.

Jede kleine Geste, jede minimale Aufforderung, die Handlung noch einmal zu wiederholen, ist für uns der Impuls, erneut mit dem Igelball zu agieren. Dies kann ein kurzer Blick, ein Laut oder einfach nur ein Lächeln sein. Das Kind soll erleben, dass seine Reaktionen die Stimulation beeinflussen können und dass es mit einem Blick oder einer anderen Intervention Interaktion für sich passend gestalten kann.

In den nächsten Stunden können wir diese Sequenz weiter ausbauen. Dann erfolgt die Ankündigung mit einem Klopfen (Anbahnung einer Zeigegeste) auf der zu stimulierenden Stelle. Ein anderes Mal versuchen wir das Benennen des Balls in den Fokus zu rücken, indem wir ihn mit einer Gebärde anbieten, das Wort besonders betonen, die Lippen fest aufeinander ploppen lassen oder mit der Stimme Lautstärke- oder Betonungsvariationen anbieten.

Wenn wir zu einem späteren Zeitpunkt die Massage nicht nur beim Kind, sondern auch bei uns durchführen, kann es uns dabei beobachten, wie wir auf diesen Impuls reagieren, wie es bei uns kribbelt, wie wir uns schütteln und wie es uns zum Lachen bringt. Dieser Positionswechsel ermöglicht bald auch die Entwicklung von Selbstbewusstsein und Selbstwirksamkeit.

Abb. 7.6: High five – Hände abklatschen zum gegenseitigen Austausch

7.2.4 Selbstbewusstsein stärken

Die Notwendigkeit, die Verbesserung der Körper- und Selbstwahrnehmung in die Therapiemethodik bei Kindern mit Autismus einzubeziehen, ist in Bezug auf die Stärkung des Selbstbewusstseins besonders wichtig.

Erst wenn die eigenen körperlichen Bedürfnisse keine besondere Aufmerksamkeit mehr fordern, kann das Kind die Welt entdecken und lernen, seine eigenen Möglichkeiten und Wünsche mitzuteilen. Das Kind muss zunächst seinen Körper ausreichend spüren (ob es sitzt oder liegt) und ggf. etwas für ihn Störendes anzeigen und beeinflussen können (wie eine Positionsänderung oder das Ausziehen eines Kleidungsstückes, das drückt oder scheuert), erst dann kann es aufmerksam weitere Impulse und Angebote aufnehmen und später ggf. autonom durchführen.

Jede gelungene und neu erworbene Handlung führt dazu, dass sich das Selbstbewusstsein des Kindes festigt. Dabei kann die Hand einer Partnerin helfen, dass neue Fähigkeiten leichter gelingen: Ein gemeinsam aufgebauter Turm wird anschließend mit viel Schwung zerstört, das gemeinsam angestoßene Klangspiel lässt seine Melodie ertönen. Die spezifischen Hilfen und die damit verbundenen Erfolgserlebnisse bestärken und motivieren gleichermaßen und ermöglichen bald neue Schritte.

Selbstbewusstsein durch Entwicklungsschritte

Abb. 7.7: Mit jeder neu erworbenen Handlung wächst das Selbstbewusstsein des Kindes

Nach einigen Wiederholungen erkennt das Kind, dass es diese Aktivitäten auch alleine tätigen kann. Es möchte den Turm alleine aufbauen oder stößt diesen eigenständig um, bevor er zu Ende gebaut werden konnte. Es möchte das Klangspiel für sich haben und dreht sich von der Partnerin weg. Das teilweise zum ersten Mal gesprochene »Ich« des Kindes oder das Wegstoßen der geführten Hand zeigen das gestärkte Bewusstsein für die eigenen Fähigkeiten und auch der eigenen Person an. Materialien und Tätigkeiten, die nur gemeinsam mit einer Partnerin gelingen, stärken die Bereitschaft, sich langfristig auf den Dialog mit einem Gegenüber einzulassen.

Andererseits ist es auch wichtig, dem Kind Aufgaben anzubieten, die es nach einigen Wiederholungen alleine bewältigen kann. Das gewachsene Selbstbewusstsein stärkt die Eigenaktivität und somit auch die Selbstwirksamkeit und ist der erste Schritt in die Autonomiephase.

Gut zu wissen: »Nein!« – ein ganz besonderes Wort

»Nein« ist von großer Bedeutung und oft eines der ersten Worte von Kindern mit und ohne Einschränkungen und ist verbunden mit dem Entdecken der eigenen Person sowie der eigenen Bedürfnisse und Wünsche.

Bei Kindern mit Autismus heißt das »Nein« jedoch noch mehr. Es steht häufig stellvertretend für ihr geringes Selbstbewusstsein, ihre Einstellung gegenüber dem Lernen und ihren eigenen Fähigkeiten. Die Kinder wehren in ihrem Tagesablauf die meisten Impulse und Angebote ab. Ihre gesamte verweigernde Körperhaltung zeigt eindeutig »Nein!«. Sie haben gelernt, sich zu schützen, sich abzuwenden und lehnen oft seit Jahren Aufforderungen, Veränderungen, aber auch Hilfen ab.

In der Therapie soll das Kind neue Erfahrungen machen. Vor allem soll das Selbstbewusstsein gestärkt werden, um den unterschiedlichen Aufgaben und Herausforderungen offener begegnen zu können. Ein zu Beginn ausgesprochenes oder durch den Körper angezeigtes »Nein« soll im Laufe der Therapie je nach Situation veränderbar werden. Wenn das »Nein« zu Beginn eine notwendige Grenzsetzung darstellt, kann es im Verlauf zu einem »Vielleicht« oder sogar zu einem klaren »Ja!« werden.

Um dies zu ermöglichen, müssen die Reaktionen des Kindes besonders aufmerksam wahrgenommen werden und die entsprechenden Hilfen achtsam, aber doch prägnant erfolgen. Ein zeitgleiches Regulationsangebot hilft der steigenden Erregung entgegenzuwirken und Veränderungen zuzulassen.

- Kann das »Nein« des Kindes (kurzfristig) ignoriert und versucht werden, die Aufmerksamkeit auf etwas Positives zu lenken?
- Kann/soll der Impuls oder das Spiel noch einmal verändert werden, damit eine Wiederholung möglich ist?

Die Therapeutin sollte dem Kind deutlich signalisieren, dass es unterstützt wird und dass es sich lohnt, weiter zu machen: einerseits mit körperlichen Stimulationen, andererseits mit verbalen Äußerungen, wie

»du schaffst das, du kannst das, ich glaube an dich«. Die Therapeutin sollte dem autistischen Menschen ebenfalls verdeutlichen, wie schwer es ist, »Ja« zu sagen, wie anstrengend es ist, sich zu überwinden, und ihm helfen, stetig mehr zu wagen und über sich hinauszuwachsen.

In anderen Situationen ist es jedoch wichtig, das »Nein« zeitnah anzunehmen und dem Kind zu signalisieren: »Ich habe dich verstanden« und sich zurückziehen. Gerade zum Ende der Stunde zeigt sich, dass jedes noch so spezifisch angepasste Angebot, jede zusätzliche Stimulation jetzt nicht mehr annehmbar ist und dass das »Nein« akzeptiert werden sollte.

Fallbeispiel: Amanda, 3 Jahre, im Autismus-Spektrum

Nonverbal, kein kommunikativer Austausch, motorisch (fast) völlige Passivität

Amanda wird in den ersten Stunden von der Mutter in den Therapieraum getragen. Sie ist sehr aufgeregt und weint. Sie klammert sich an die Mutter und schaut mich mit großen ängstlichen Augen an. Wir setzen uns gemeinsam auf den Boden. Zu Beginn steigt ihre Anspannung bei jedem näheren Kontakt meinerseits stark an und sie schimpft lautstark. Meine ersten beiden Spiel- und Kontaktangebote biete ich mit ausreichend Abstand an. Einige, wenige Sekunden schaut sie zu, dann überwiegt wieder die Angst, sie wendet sich ab und klammert sich fest an ihre Mutter.

Ich hole die große Kugelbahn und lasse eine Kugel über die Bahn laufen. Jetzt schaut sie aufmerksam auf. Die Mutter berichtet, dass sie Bälle und Kugeln liebt, diese gerne sammelt und möglichst viele davon bei sich haben möchte. Beim nächsten Durchlauf lege ich die Kugel auf meine Handfläche und halte diese neben das Einstiegsloch. Für einen kurzen Moment, verbunden mit einer Vibration und einem Druckimpuls, nehme ich ihre Hand und gemeinsam stoßen wir die Kugel an: Die Kugel rollt über die Bahn! Amanda schaut jedoch nicht der Kugel nach, sondern allein der Körperkontakt unserer Hände bündelt ihre Aufmerksamkeit. Ihre Erregung steigt und gerade als sie sich erneut der Mutter zuwendet, fällt ihr Blick auf die kullernde Kugel. Jetzt erreicht diese den Trichter und zieht dort kreisend ihre Bahnen. Amandas Aufmerksamkeit ist nun wieder bei der Kugelbahn und ein Lächeln zeigt sich in ihrem Gesicht.

Ich wiederhole das Spiel und nehme nochmal ihre Hand zum Anstoßen. Wieder zeigt sie beim Kontakt mit mir ein leichtes Unbehagen. Einerseits verändere ich nun die Handführung und biete ihr einen stärkeren Kontrast, damit sie die körperliche Führung nicht als unangenehm empfindet. Andererseits hilft die Aussicht, erneut eine Kugel rollen zu sehen, und Amanda kommt ein wenig näher an die Kugelbahn heran. Nach zwei weiteren Runden liegt ihr Fokus einzig auf der Kugel und das gemeinsame Anstoßen wird ohne Unruhe toleriert bzw. vielleicht sogar als angenehmer Halt empfunden. In den folgenden Wochen ist die Kugelbahn immer wieder Amandas »Highlight« in der Therapie und sie fordert sie häufig ein, teils lautstark, teils mit einem Grinsen. Dann lege ich die Kugel auf meine Hand und Amanda stößt diese immer selbstständiger an.

Auch wenn Amanda mittlerweile alleine in den Raum kommt und gleich zur Bahn robbt, schafft sie es (noch) nicht, selbst in Aktion zu treten, sich die Kugel aus der Box zu holen und das Spiel zu starten. Deshalb verändere ich das Setting ein wenig. Ich lege die Kugel in ihre Hand, schließe diese zu einer Faust und öffne sie wieder über dem Einwurfloch. Mit jeder Wiederholung wird Amanda aktiver. Bald kommt sie mir mit der geöffneten Hand entgegen. Manchmal fällt die Kugel schon auf dem Weg zum Turm und somit ohne den gewünschten Effekt. Dann holen wir schnell ein neues Exemplar aus der Kiste und ich verstärke die Führung soweit, dass das Spiel gelingt.

Erst viele Wochen später, als ich gerade mit der Mutter die aktuelle Stunde bespreche, passiert es. Amanda sitzt wie so häufig leicht schaukelnd vor der Bahn, auf einmal nimmt sie eine Kugel und wirft diese fast an die passende Stelle. Schnell komme ich zu ihr auf den Boden, unterstütze einen weiteren Versuch mit viel Mimik, Gestik und entsprechenden Worten und helfe ihr mit nur einer leichten Lenkung, damit die Kugel in die Bahn fällt. Amanda strahlt. Ich schiebe die Box zu ihr und eine weitere Kugel wird ins Rollen gebracht. Geschafft!

In den nächsten Stunden klappern während der Absprache mit den Eltern ständig die Kugeln. Einige Male versucht sie, andere Dinge in das Loch zu werfen, wie einen Baustein oder ihren Schnuller, bemerkt aber schnell, dass es mit der Kugel am besten klappt.

Im weiteren Verlauf erweitern wir das Spiel mit neuen Bahnen und neuen Hindernissen. Stets ist es für Amanda eine Herausforderung, sich den neuen Aufgaben zu stellen, »eigentlich« reicht ihr der Spielablauf, wie sie ihn bei unserem ersten Treffen erlernt hat. Aber immer dann, wenn sie wieder etwas Neues geschafft hat, wenn sie ihre Angst überwunden hat, richtet sie sich auf und strahlt. Dann ist sie ganz stolz auf sich und darauf, was sie geleistet hat.

Nach solchen Erlebnissen berichtet die Mutter, dass Amanda auch daheim, in weiteren Situationen, mutiger geworden ist und Dinge ausprobiert, die sie vorher abgewehrt hat.

7.2.5 Wechsel der Aufmerksamkeit und Triangulationen ermöglichen

Sobald das Kind im Autismus-Spektrum mehr Selbstbewusstsein entwickelt und der Austausch mit seinem Gegenüber vielfältiger wird, können mit zusätzlicher Führung auch die Grundlagen des triangulären Blickkontaktes angebahnt werden. Die Fähigkeit zur Triangulation ist ein wichtiger Schritt, um Zusammenhänge zu erkennen und mit diesen Informationen komplexe Systeme zu entwickeln.

Dafür lenkt die Therapeutin die Aufmerksamkeit des Kindes (ab-)wechselnd auf drei verschiedene Zielpunkte: erstens soll sich das Kind selbst spüren und wahrnehmen, zweitens soll es Blickkontakt zum Gegenüber (Therapeutin) aufnehmen und drittens soll es eine weitere Spielpartnerin oder ein ausgewähltes Spiel wahrnehmen. Zwischen diesen dreien muss eine inhaltliche Verbindung aufgebaut werden und die Wechsel müssen immer wieder flexibel abrufbar sein.

Zu Beginn erfährt das Kind z. B. eine wohltuende Ballmassage. Die Aufmerksamkeit für diese Aktivität wird dann zu einem weiteren Zielpunkt gelenkt, wie der Therapeutin selbst. Mit körperlicher Führung wandert der Ball zum Gegenüber und hier wird die Stimulation fortgesetzt. Auch die Stimulation beim Gegenüber sollte mit positiv spürbaren Impulsen für das Kind verbunden sein, wie ein fester Druck auf die Handfläche oder ein festes Umschließen der Hand, damit die Aufmerksamkeitslenkung gelingt.

Aufmerksamkeit einfangen

Zu einem späteren Zeitpunkt können zusätzliche Positionen hinzukommen, dann werden eventuell auch die Puppe oder auch ein Elternteil massiert. Überwiegend erfolgen die Stimulationen beim Kind, aber immer wieder wechselt der Fokus auf die umgebende Umwelt.

Auch mithilfe eines Spielzeuges kann dieser Positionswechsel gestaltet und stetig erweitert werden. Zu Beginn sollte das Kind die Murmel spüren und fokussieren, dann kullert sie über die Kugelbahn. Beim nächsten Mal lässt die Therapeutin die Kugel zwischen dem Kind und sich hin und her tanzen, wirft sie hoch, fängt sie wieder auf und dann erst läuft sie wieder über die unterschiedlichen Ebenen. Die Therapeutin versucht stets, die Aufmerksamkeit des Kindes immer wieder umzulenken. Das Kind darf sich dabei spüren, wenn die Kugel z. B. in der Hand liegt, es darf den Weg und die Aktivitäten der Kugel verfolgen und nimmt immer wieder wahr, dass an all diesen Wechseln und positiven Impulsen eine weitere Person beteiligt ist.

Creme oder Fingerfarbe sind ebenfalls hilfreiche Materialien, um den Blick und den Fokus gezielter lenken zu können und dem jeweiligen Zielpunkt ausreichend Aufmerksamkeit zukommen zu lassen. Mit der Zeit kann der körperliche Abstand zum Kind vielleicht etwas größer gestaltet und die Intensität der Impulse weniger werden.

Je sicherer und häufiger das Kind diese Wechsel ausführen kann, umso eher wird es dem Kind möglich sein, die Verbindungen zwischen den Positionen zu erfassen und auf andere Situationen selbstständig zu übertragen: auf den Austausch mit den Eltern, dem Geschwisterkind, einer Handpuppe oder dem Haustier.

> **Gut zu wissen: Das gemeinsame Spiel verbessert die Fähigkeiten der zentralen Kohärenz**
>
> Die Impulskopplung, die u. a. beim gemeinsamen Spiel Anwendung findet, ermöglicht einerseits die Erweiterung der Aufmerksamkeit auf neue Informationen, anderseits das Verbinden und Eingliedern dieser in einen Kontext. So wird es den Kindern ermöglicht, komplexe, einander bedingende Systeme zu bilden und somit die Fähigkeiten der zentralen Kohärenz zu erlangen (▶ Kap. 4.3).

7.3 Aufbauende soziale Interaktion ermöglichen

Autistische Kinder benötigen auch für die weiteren Schritte vielfältige Hilfen. Die im Folgenden anstehenden, aufbauenden Fähigkeiten stehen zumeist in einem engen Zusammenhang mit den exekutiven Funktionen (▶ Kap. 4.3). Sie erfordern nochmals mehr Flexibilität, Spontaneität und Komplexität als die bereits beschriebenen Interaktionsbereiche.

> **Gut zu wissen: Das gemeinsame Spiel verbessert die Fähigkeiten der exekutiven Funktionen**
>
> Mithilfe des gemeinsamen Spiels und bedingt durch eine multimodale, spezifische und variable Impulsgebung übernimmt die Therapeutin viele verschiedene Aufgaben und bahnt langfristig deren eigenständige Durchführung an. Die gemeinsame Handlung ersetzt somit die fehlenden Fähigkeiten im Bereich der exekutiven Funktionen.
> *Arbeitsgedächtnis:* Die Therapeutin hilft durch stetig angepasste Impulse, dass sich das Kind immer wieder gut auf seine Aufgabe konzentrieren kann. Sobald es sich durch eine andere Information ablenken lässt, »erinnert« die Therapeutin das Kind an die aktuelle Aufgabe: mit einem weiteren bedeutungstragenden Impuls holt sie das Kind zurück.
> *Inhibition:* Wenn das Kind den Wunsch verspürt, die Aktivität abzubrechen und sich anderen Dingen zuzuwenden, die angenehmer scheinen, oder es sich körperlich regulieren möchte, dann benötigt das Kind Unterstützung von außen. Besonders mithilfe körperlicher Stimulationen ermöglicht die Therapeutin dem Kind, sich zu regulieren, ohne die Aufgabe abzubrechen. Später greifen auch sprachliche oder visuelle Unterstützungen und ermöglichen dem Kind, eine Aufgabe zu beenden und seinen Wunsch nach Ablenkung aufzuschieben.
> *Kognitive Flexibilität:* Mithilfe unterschiedlichster Variationen und dem stetigen Eingliedern der Aktivitäten in vielfältige Situationen und Abläufe unterstützt die Therapeutin die Fähigkeiten des Kindes bezüglich der kognitiven Flexibilität. Zur Bewältigung dieser Aufgabe bekommt der Mensch mit Autismus kontinuierlich Hilfestellungen, welche Aufgaben zu welcher Zeit im Fokus stehen. Die Therapeutin unterstützt beim (zeitnahen und flexiblen) Erstellen neuer Strukturen. Zusätzlich lenkt sie den Blick immer wieder auf ihre eigenen Handlungen und Bedürfnisse und verhilft dem Kind damit zu Perspektivenwechsel; sie ermöglicht ihm, für Impulse und Argumente seines Gegenübers offen zu sein. Auch in Bezug auf die kognitive Flexibilität benötigt das Kind Hilfen zur Regulation. Nur in einer entspannten Grundsituation ist es dem Gehirn möglich, flexibel zu reagieren und neue Vernetzungen aufzubauen.

> Die beschriebenen Hilfen werden zu Beginn der Therapie sehr intensiv gesetzt und später, wenn das Kind die Fähigkeiten der exekutiven Funktionen selbstständig anwenden kann, zurückgenommen oder nur noch bei Bedarf angeboten.
> »Der Therapeut übernimmt die exekutiven Funktionen, bis diese selbstständig beherrscht werden« (Abshagen, Federkeil & Funke, 2019b).

Exekutive Funktionen selbstständig anwenden

7.3.1 Imitationen und (Modell-)Lernen ermöglichen

Der fehlende Austausch mit der Umwelt sowie der ausbleibende Wunsch nach Variationen erschweren autistischen Menschen Imitation und (Modell-)Lernen und weitere darauf aufbauende Fähigkeiten. Das Kind verbleibt zumeist bei einigen wenigen von ihm favorisierten Handlungen.

Mithilfe des gemeinsamen Spiels wird die fehlende Imitationsbereitschaft angebahnt. Die Therapeutin lenkt anhand verschiedener Impulse die Aufmerksamkeit immer wieder zu einer ausgesuchten Handlung. Die Handlungen erfolgen oft im engen körperlichen Miteinander oder unter Anwendung körperlicher Stimulationen und dem körperlichen Führen der Handlung. Das Kind soll bei diesem Spiel in unterschiedlicher Weise mitwirken. Die Therapeutin fordert das Kind stetig zum Mitmachen auf, wobei es vieler Wiederholungen und der Bestärkung selbst kleinster Imitationsschritte bedarf. Anschließend wechselt das Spiel und eine neue Aktivität steht im Fokus. Auch hier wird die gewünschte Tätigkeit zu Beginn gemeinsam ausgeführt und das Kind wird ermutigt, beim nächsten Mal die Handlung selbstständig zu tätigen. Erst im weiteren Verlauf zeigt sich eine vermehrte Eigenaktivität des Kindes und die körperliche Nähe wie auch das aktive Begleiten der Handlung können zurückgenommen werden.

Dies ähnelt dem Vorgehen zur Festigung des Selbstbewusstseins, jedoch weniger mit dem Ziel, selbstbewusst eine Handlung durchführen zu können, sondern um zu erkennen, was Imitation bedeutet: Lernen durch Beobachtung.

Sequenzen, in denen das Kind Imitation durch geführte Handlungen erfahren darf, wechseln sich mit Sequenzen ab, in denen die Therapeutin die Aktivitäten des Kindes imitiert. Dazu spiegelt die Therapeutin bevorzugte Tätigkeiten des Kindes und versucht, diese erneut in ein dialogisches Spiel umzuwandeln: Einige Handlungsschritte können nebeneinander getätigt werden, dann abwechselnd und anschließend gemeinsam, stets im engen Körperkontakt. So erlebt das Kind erneut, dass das gemeinsame Tun eine Bereicherung darstellt, in diesem Fall mit ihm und seiner Tätigkeit als Vorbild.

Wechselseitige Imitation

> **Praktische Tipps: Sprachimitationen**
>
> Zusätzlich zu den Handlungsimitationen sollten auch die lautsprachlichen Äußerungen des Kindes imitiert werden, um somit die Interaktionsfähigkeiten in Bezug auf Sprache zu stärken.
> Die Therapeutin übernimmt die Laute des Kindes, variiert sie und bringt diese dann in das gemeinsame Spiel ein. Auch der sprachliche Austausch wird wechselseitig gestaltet. Einmal spricht die Therapeutin die Laute des Kindes nach, dann wieder reagiert sie auf dessen sprachliche Imitationen. Die Rückmeldung sollte stets mit ausdrucksstarker Mimik und eventuell einer körperlichen Stimulation, wie einem »High five« erfolgen. Dabei werden dem Kind spannende Laute und Worte angeboten, so dass es aufhorcht und diese imitieren möchte (▶ Kap. 9.2).
> Dabei spielt es keine Rolle, ob ein Rachenlaut oder Lippenflattern, ob ein Seufzen oder freudig erregte Töne zu hören sind. Es ist wichtig, dass das Kind erlebt, dass es gehört wird, dass seine Stimme, seine Laute und Worte von Bedeutung sind.

Sobald das Kind seine Aktivität beginnt, wiederholt die Therapeutin diese. Wenn sie wiederum eine Handlung ausführt, wird das Kind aufgefordert, diese zu wiederholen. Die gewünschte Imitation kann kurzzeitig mithilfe körperlicher Führung oder weiterer Impulse zur Lenkung unterstützt werden. Später können die Imitationen auf komplexere Abfolgen erweitert werden. Unterteilt in kleinere Sequenzen darf einmal das Kind die Art der Durchführung oder die Handlung bestimmen und die Therapeutin imitiert, beim nächsten Mal bestimmt die Therapeutin und wird vom Kind imitiert.

Wiederholungen

Mit jeder Wiederholung wird es für das Kind leichter, das Gesehene mit der eigenen Handlung zu verbinden. Bald ist eine Imitation auch ohne körperliche Unterstützung möglich. Das Kind beobachtet Abläufe in seiner Umwelt intensiver, versteht vermehrt Zusammenhänge und ahmt bald gezielt die Handlungen nach, welche bedeutungstragend oder besonders hilfreich sind.

Fallbeispiel: Sina, 4 Jahre, im Autismus-Spektrum

Keine gesprochene Sprache, kein Imitationsverhalten
Sina sitzt im Sitzsack, ich sitze ihr gegenüber, eine Handpuppe in Form eines Schweins liegt in meinem Schoß. Ich zeige Sina die Handpuppe, öffne und schließe ihren Mund, lasse das Tier auf und ab hüpfen und stupse immer wieder mit dem Rüssel gegen Sinas Bauch, da ich weiß, dass sie diese Stimulation liebt.

Dann lege ich das Schwein an die Seite und fordere das Mädchen auf, mit mir zusammen das Wort »Schwein« zu gebärden.

Dafür führe ich eine erste Stimulation an Sinas Nase durch. Ich halte diese fest zwischen zwei Fingern und streiche sie ab. Begleitend dazu lautiere ich ein lautstarkes Grunzen. Da es Sina zu gefallen scheint, wiederhole ich dies noch einmal. Dann nehme ich wieder die Handpuppe und stupse damit gegen ihren Bauch. Sina lacht und zeigt sich entspannt.

Jetzt zeige ich ihr die Gebärde an meiner Nase, damit sie später beide Impulse miteinander verbinden lernt. Häufig ist die isolierte Durchführung der Gebärden bei ihrem Gegenüber für Kinder nicht ausreichend interessant und ihr Fokus wandert zu anderen Impulsen. Deshalb nehme ich zeitnah Sinas Hand, (um-)schließe sie zu einer Faust und führe sie dann, verbunden mit einem Druckimpuls, an meine Nase. Immer mit dem Ziel, dass ihre Aufmerksamkeit der Handlung folgt.

Dann wird die Gebärde an Sinas Nase wiederholt, dieses Mal Hand in Hand mit zusätzlichen leichten Druckimpulsen. Immer wenn die Bereitschaft für die gemeinsame Handlung weniger wird und die Aufmerksamkeit des Kindes sinkt, erfolgt der nächste Impuls. So kann Sinas Fokus mehrmals zur gemeinsamen Handlung zurückkehren.

Im weiteren Spiel werden bald immer wieder Veränderungen eingebaut, damit der Austausch lebendig bleibt und Sina sich regelmäßig an ihrem Gegenüber orientiert.

Nach einigen Wochen entdeckt Sina, dass es einen Zusammenhang zwischen der ausgewählten Handpuppe, den Bewegungen der Hände und den Lautäußerungen gibt. Ich hoffe, dass sie bald beginnt, sich aktiver in das Spiel einzubringen und entweder die Gebärde für Schwein selbstständig durchzuführen lernt oder auch, dass erste Lautimitationen zu hören sind.

7.3.2 Symbolspiel erleben

Damit es Kindern mit Autismus gelingt, Symbol- und Rollenspiele zu erlernen, müssen sie ihre bisher erworbenen Fähigkeiten flexibel anwenden und zudem intensiv in die »Welt« des anderen eintauchen.

In der Therapie ist der Einstieg in das Symbolspiel mit der Puppe empfehlenswert. Es spiegelt den täglichen Ablauf, so dass eine Verbindung zwischen Real- und Spielwelt gelingen kann.

> **Gut zu wissen: Symbolspiel Puppe**
>
> Viele Abläufe, die den Alltag des Kindes bestimmen, finden sich im Puppenspiel wieder: An- und Ausziehen, Waschen, Abtrocknen, Eincremen, Essen und Trinken. Hier spiegelt sich die Alltagswelt wider und steht stellvertretend für diese.
>
> Anfangs erkennen Kinder im Spektrum nicht die Symbolfunktionen. Sie nehmen eventuell die Zahnbürste in den Mund und beginnen sich selbst die Zähne zu putzen oder versuchen, aus der Milchflasche zu trinken. Sie finden die Funktion der Schlafaugen interessanter als das von der Therapeutin gewünschte komplexe »Versorgen« der Puppe.

Funktion- vor Rollenspiel

> Damit ein Symbolspiel möglich wird und das Kind die Symbole zu entschlüsseln lernt, muss es intensiv in diese Welt eintauchen. Dabei sollten zunächst einige spannende Details in den Fokus rücken. Es ist gut zu beobachten, dass das Kind bei positiv überraschenden Momenten, wie der »Weinfunktion« der Puppe, aufmerksam aufschaut. Im Folgenden beginnt es die Gebärde für »weinen« zu imitieren, ahmt bevorzugt die Lautmalerei nach und wendet diese Fähigkeiten später autonom an.
>
> Die Mitarbeit beim Ausziehen der Puppe gelingt leichter, wenn die Kleidungsstücke anschließend mit Schwung weggeworfen werden. Waschen und Abtrocknen der Puppe ist, wenn es mit viel Druck und einer kräftigen Vibration durchgeführt wird, eine spannende Aktivität. Das anschließende Eincremen ist besonders berührend, die Spielpartnerinnen cremen sich gegenseitig ein und erweitern das Spiel dann auf die Puppe.
>
> Erst beim Anziehen zeigt sich zumeist eine Abwehr oder ein Desinteresse des Kindes. Die feinmotorisch herausfordernde Aktivität erfordert zusätzlich eine gute Inhibition (Regulation). Beides kann es zu diesem Zeitpunkt (noch) nicht leisten.

Zusätzlich können Symbol- und Rollenspiele auch Themen in den Blickpunkt rücken, die im Alltag besonders wichtig sind: die Windel bzw. der Toilettengang, Essen oder Zähneputzen – je nach Zielsetzung und besonderer Belastung.

Intensives Rollenspiel   Wenn den Kindern der Rollentausch gelingt, kann es sein, dass sie zeitweise besonders intensiv in diesen eintauchen: Sie verwandeln sich in ein bestimmtes Tier oder nehmen die Stimme und das Verhalten eines Freundes an und sind in dieser (Phantasie-)Welt kaum ansprechbar. Für Außenstehende erscheint dies wie ein Rückschritt. Die Kinder nehmen die Rolle in vielen Alltagssituationen ein und die Interaktion bezieht sich dann vorwiegend auf das erdachte Rollenspiel. Im weiteren Verlauf wird dieses Phantasiespiel stetig vielfältiger, die Kinder nehmen verschiedene Standpunkte ein. Einmal unterhält sich das Kind mit einer Puppe, dann wieder mit den Stofftieren oder der Superman-Figur. Das gleichzeitige Einbeziehen eines realen Gegenübers ist zu diesem Zeitpunkt noch schwierig. Erst später, wenn die Rollen ausreichend gefestigt werden konnten und die Wechsel leichter fallen, kann auch die Therapeutin oder ein Elternteil in das Rollenspiel eingegliedert werden und dieses um weitere, spannende Nuancen erweitern.

7.3.3 Andere mit ihren Bedürfnissen wahrnehmen

Der Fokus des autistischen Kindes wird nun zunehmend auf die Wünsche, Bedürfnisse und Emotionen seines Gegenübers gerichtet. Dazu werden die Aktivitäten wechselseitig durchgeführt. Um das Erkennen und folgend ein »Mitfühlen« und »Mitspüren« beim Gegenüber anzubahnen, begleitet die Therapeutin auch diesen Schritt mit einer besonders ausgeprägten Mimik und Gestik.

Mit dem Wissen, dass jeder Mensch unterschiedliche Bedürfnisse hat, kann das Entdecken von Unterschieden das nächste Ziel darstellen. Nachdem die Stimulationen anfangs vorwiegend beim Kind, dann abwechselnd bei beiden Interaktionspartnerinnen zumeist in ähnlich starker Intensität ausgeführt wurden, ändert sich dies mit der Zeit. Die Impulssetzung beim Kind erfolgt weiterhin mit einem prägnanten Druck, anschließend wird jedoch ein anderes Bedürfnis in den Fokus gerückt. So zeigt die Therapeutin mit Mimik, Gestik, Lauten und Worten, dass sie ein sanftes Streicheln oder ein leichtes Kitzeln bevorzugt. Die unterschiedlichen Wünsche werden nun im Wechsel bedient und das Kind erfährt, dass fremde und eigene Bedürfnisse sich unterscheiden.

Bedürfnisse spüren

Fallbeispiel: Julia, 4 Jahre, im Autismus-Spektrum (Teil 1/2)

Kaum gezielter Sprachabruf, geringe Frustrationstoleranz, fremdverletzendes Verhalten

In der ersten Stunde reagiert Julia auf fast alle Angebote mit Abwehr. Wenn ich mich ihr mit einem Spiel zuwende, versucht sie, danach zu greifen und es an sich zu nehmen. Wenn ihr das gelingt, dreht sie sich von mir weg.

Wenn Julia ein Spiel gefunden hat, das ihr gefällt, beschäftigt sie sich damit bevorzugt alleine. Dann zeigt sie sich auch über einen längeren Zeitraum fokussiert. Sobald aber eine weitere Person hinzukommt oder auch bestimmte Geräusche sie ablenken, wird Julia unruhig und die Körperspannung steigt. Ein gemeinsames Spiel oder auch nur einige wenige Hilfestellungen wehrt sie vehement ab.

Mit einer Cremedose, den Seifenblasen und einer brummenden Handpuppe biete ich ihr in den folgenden Stunden spannende Spielideen, die Freude bereiten.

Einige Stunden später creme ich nicht nur ihre Nase ein, sondern auch meine. Wenn ich die Seifenblasen fliegen lasse, zeige ich ihr, wie wir diese mit den Händen, den Füßen oder auch der Nase zerplatzen lassen können. Wenn der Bär gemeinsam durchgekitzelt wird, beginnt er zu brummen, wenn Julia auf Aufforderung meine Füße kitzelt, ziehe ich sie mit einem lauten Schrei und einem empörten Gesichtsausdruck weg. Immer wieder biete ich ihr, teils zeitgleich, Druckmassagen, Eisstimulationen und weitere Impulse an. Ich verändere diese Angebote stetig und übertrage sie von Julia auf mich: Dafür nehme ich ihre Hand und wir führen die Kratzmassage mit der Bürste auch an meinem Körper durch. Mit großen Emotionen begleite ich jede Stimulation. Und wenn bei der Eisstimulation plötzlich ein Wassertropfen auf meine Hand fällt, ist dies ein Grund, mit großen Augen und weit geöffnetem Mund meine Stimme laut tönen zu lassen. Ich zeige meine Überraschung an, um dann wieder zu Julia zurückzukehren und sie zu motivieren, ihre Reaktion ebenfalls ganz deutlich aufzuzeigen.

Wiederholt mache ich ihr deutlich, dass einige der Stimulationen, die sie genießt, bei mir ein Unbehagen auslösen, bzw. dass ich Impulse mag, welche sie abwehrt. So kann sie erleben, dass jeder Mensch anders wahrnimmt, dass jeder eigene Bedürfnisse und Wünsche hat.

In einem Kindergarten, in der Schule, aber auch später im Arbeitsumfeld sind viele unterschiedliche Menschen, jeder mit eigenen Wünschen und Ideen. Wenn Teilhabe in einem lebendigen Umfeld möglich werden soll, dann sollten alle lernen, die eigenen und die Bedürfnisse des Gegenübers zu erkennen und im besten Fall optimal darauf zu reagieren. Auch das Zurücknehmen der eigenen Wünsche ist wichtig für das Leben in Gemeinschaften.

Mit ausreichender Unterstützung, einem gestärkten Selbstvertrauen und dem Wissen, dass auch die eigenen Bedürfnisse und Wünsche Beachtung finden, ist es möglich, den Kindern im Spektrum ein wohltuendes Zusammensein in der Gemeinschaft zu ermöglichen.

Spannende Missgeschicke

Eine weitere Hilfe, um den Blick für das Gegenüber zu intensivieren, ist ein stark emotionales Schauspiel mithilfe von Missgeschicken und Fehlern. Wenn jemand ausgeschimpft wird oder sich über etwas ärgert, zeigen die meisten neurotypischen Kinder und auch Kinder mit Autismus eine erhöhte Aufmerksamkeit und ein besonderes Interesse für ihr Gegenüber und dessen Emotionen. Sie beobachten dann aufmerksam Körpersprache und Gesichtsausdruck des anderen, verbinden dies zunehmend mit sich selbst und zeigen spontane Imitationen.

Fallbeispiel: Julia, 4 Jahre, im Autismus-Spektrum (Teil 2/2)

Kaum gezielter Sprachabruf, geringe Frustrationstoleranz, kein fremdverletzendes Verhalten mehr beobachtbar

Nach einigen Wochen sucht Julia zuhause zunehmend das gemeinsame Spiel mit ihrem kleinen Bruder. Oft bestimmt sie noch die Regeln, aber immer häufiger gelingt es ihr, auch die Ideen und Wünsche des Bruders einzubeziehen. Spiele und Übungen mit der Mutter oder der Oma gelingen leichter, da diese in einem guten Wechsel ihre eigenen und Julias Bedürfnisse einfließen lassen. Wenn das Gegenüber die eigenen Wünsche und Grenzen deutlich anzeigt, wenn Julia sich zudem ausreichend sicher und gesehen fühlt, gelingt das abwechselnde Spiel.

Die neue Fähigkeit, sich auf die Wünsche und die Bedürfnisse der anderen einzulassen, ist aktuell nur für eine kurze Zeitspanne möglich. Nach solch einer anstrengenden Aufgabe und der erhöhten körperlichen Anspannung bedarf es eines Bewegungsangebotes oder eines von ihr bevorzugten und besonders wohltuenden Spiels.

Aber es wird mit jeder Woche leichter. Das Loslösen von einer beliebten Handlung und das zusätzliche Miteinbeziehen weiterer Impulse erfolgen fließender. Julia zeigt ein vermehrtes Interesse an anderen Kindern und es werden Momente mit lebendigem Austausch beobachtbar.

Je interessierter der Blick für das Gegenüber, je wechselseitiger der Austausch, umso leichter werden auch dessen folgende Aktivitäten einschätzbar.

7.3.4 Theory of Mind ermöglichen

Um die Kompetenzen der Theory of Mind zu erlangen, bedarf es eines besonders guten Gespürs für die eigenen Emotionen und eines sehr differenzierten Blickes für das Gegenüber. Zusätzlich müssen vielfältige Informationen aus der Umwelt und den eigenen Erfahrungen in diese Hypothesenbildung miteinfließen. Dies ist für Menschen mit Autismus auch bei guten Fortschritten im Bereich der Interaktion nur eingeschränkt möglich. Aber auch hier bedeutet jeder Teilschritt eine Erleichterung für den Alltag und dessen vielfältige Anforderungen.

7.3.5 Selbstwirksamkeit erleben

Im Verlauf der Therapie ist die Stärkung der Selbstwirksamkeit und damit die Bereitschaft, neue, evtl. auch unangenehme Situationen zu meistern, ein zentrales Ziel. Es beeinflusst besonders das Zurechtfinden in einem komplexen sozialen Gefüge und ermöglicht u. a. das Gefühl, in diesem einen Platz gefunden zu haben.

Die Selbstwirksamkeit wird mit jeder erfolgreich getätigten Handlung, mit jedem positiv erlebbaren Dialog und auch bei einem konkurrierenden Spiel mit dem Gegenüber gefestigt.

Auch wenn viele Aufgaben zu Beginn noch mit engen Hilfestellungen verbunden sind, ist der erfolgreiche Abschluss doch das Ziel der Handlung. Bei neurotypischen Kindern ist oft eine Modellperson eine wichtige Motivation bei der Bewältigung schwerer Aufgaben. Bedingt durch die fehlende Orientierung an anderen Personen fehlt dies bei Menschen im Autismus-Spektrum. Hier stellt das körperliche Erleben des gemeinsamen Spiels die zusätzliche Motivation dar, auch gegen Widerstände etwas bewirken zu können.

»Ich bin etwas und ich kann etwas!« – Kinder mit Autismus benötigen in ihrem Alltag besonders viel Energie und Durchhaltevermögen für all die Schwierigkeiten, die sie jeden Tag bewältigen müssen. Für die Betroffenen stellen einige, nach außen kaum erkennbare Entwicklungsschritte große Hürden dar. Um sich diesen Herausforderungen immer wieder zu stellen und nicht enttäuscht oder verzweifelt aufzugeben, müssen die Stärken und Ressourcen der Kinder immer wieder in den Mittelpunkt gerückt werden. Es braucht viele Situationen und Erlebnisse, bei denen die eigene Stärke gespürt und erlebt werden kann.

Stärken und Ressourcen

Eine gefestigte Selbstwirksamkeit ermöglicht der autistischen Person die Erfahrung, dass sie dem Alltag nicht hilflos ausgeliefert ist, dass sie sich auch in einer häufig veränderbaren Umgebung, mit wechselnden Aufgaben zurechtfindet und adäquat auf diese Herausforderungen zu reagieren lernt. Das Leben kann aktiv gestaltet werden, Teilhabe und Teilnahme werden möglich.

7.4 Weitere Zielsetzungen

Zusätzlich zu dem Erwerb der beschriebenen Fähigkeiten der sozialen Interaktion gibt es noch weitere Ziele, die für die Bewältigung des Alltags hilfreich sind.

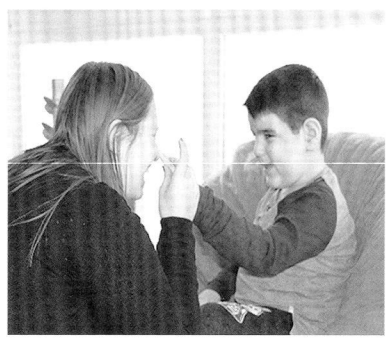

Abb. 7.8: Gegenseitiges Eincremen, anfangs mit körperlicher Begleitung, später mit sprachlicher Unterstützung

7.4.1 Neue Impulse zulassen, neue Dinge erleben

Offenheit und Neugier lassen Kinder die Welt entdecken. Damit vielfältiges Lernen möglich wird, sollten neue Impulse und neue Erfahrungen zum großen Teil mit einem positiven Empfinden verbunden sein.

Bei der Arbeit mit Menschen im Autismus-Spektrum soll mithilfe von gemeinsam durchgeführten Aktivitäten und stetigen Variationen diese Offenheit möglich werden. Es werden zunehmend Gegenstände und Situationen in den Austausch miteinbezogen, welche die Person bisher gemieden hat. Ein Verlassen der Komfortzone bedeutet kurzfristig eine höhere Anspannung, eine vermehrte Unsicherheit, ermöglicht aber langfristig das Erlernen und Erleben neuer spannender Abläufe und Fähigkeiten und vielleicht auch das Finden neuer wohltuender Routinen.

Beim gemeinsamen Spiel wächst das Vertrauen zwischen Therapeutin und Kind stetig und ermöglicht so, dass sich das Kind auch zu weiteren unbekannten oder aufregenden Anforderungen einladen lässt. Mit ausreichend regulierenden und motivierenden Angeboten, mit mimischer, gestischer und verbaler Unterstützung werden Variationen und Handlungen möglich, welche zum Teil vor einigen Monaten noch stringent abgewehrt wurden.

Um das Kind nicht zu überfordern, werden zu Beginn die Impulse so angeboten, dass der Fokus nur kurzzeitig auf das neue bzw. unbeliebte Objekt oder eine Handlung gelenkt wird. Dann wieder sollen die Bereiche Aufmerksamkeit bekommen, die dem Kind bereits vertraut sind, die es nicht beunruhigen oder welche zusätzlich regulierend wirken. Mit jeder Wiederholung kann das Verweilen bei dem neuen Spiel oder der neuen Aktivität ein wenig verlängert werden.

Neue Impulse müssen von Beginn an präsent gesetzt werden und gut erkennbar sein. Neue Materialien sollten anfangs entweder einen hohen Aufforderungscharakter (z. B. einen Überraschungseffekt) haben oder spannend präsentiert werden (z. B., indem der Gegenstand hin- und herbewegt wird). Dies erleichtert das Einlassen auf die aktuelle Situation. Nur so kann Neues ausreichend wahrgenommen und verarbeitet werden. Angebote, die »nur so nebenbei« oder unterschwellig eingeschoben werden, verwirren die Kinder und führen zu steigender Erregung und folgender Abwehr.

Neugier wecken

Zu Beginn der Therapie sind zum Teil auch die Versagensängste Auslöser für die Abwehr von Neuem. Bedingt durch viele ungünstige Erlebnisse und schlechte Erfahrungen zeigen sich die ersten Schritte in Bezug auf Veränderungen und leider auch in Hinblick auf Interaktionsangebote als die schwierigsten.

Unter Zuhilfenahme propriozeptiver und vestibulärer Impulse ist es aber auch hier möglich, die Abwehr und die Übererregung des Kindes zu mindern und ihm mit diesen individuell passenden Impulsen sowohl ein gutes Gefühl zu vermitteln als auch die Erkenntnis, dass Neues keine Bedrohung darstellen muss.

Fallbeispiel: Marvey, 6 Jahre, im Autismus-Spektrum

Kaum gezielter Sprachabruf, intensives Stimming wie Händeklatschen und lautes Tönen

Nachdem wir bereits einige körperorientierte Spiele absolviert haben, hole ich die Puppe aus dem Wagen. Marvey schaut nur kurz auf, sein Blick spiegelt seinen Unwillen und er beginnt stärker zu tönen. Ich drehe die Puppe so, dass die Weinfunktion zu hören ist. Marvey sieht mich an und ich streiche ihm für die Gebärde »Weinen« fest an seinen Wangen entlang, zusätzlich ahme ich das passende Geräusch nach. Marvey richtet sich ein wenig auf, er wird aufmerksamer für diesen Moment und das ausgesuchte Spiel. Ich zeige auf den Po der Puppe und rümpfe die Nase: »iiih«. Marvey lacht und versucht, sich an seine Nase zu fassen. Mit meiner Hand unterstütze ich die Berührung und massiere ihn dort. Als wir die einzelnen Kleidungsstücke ausziehen, lässt die Fokussierung nach und er schaut zum Fenster. Ich ziehe schnell die Hose der Puppe aus, dann versuche ich seine Aufmerksamkeit wieder zurückzulenken, indem ich eine Socke nehme, an meine Nase halte und erneut »iiih« rufe. Es funktioniert, Marvey lässt sich ein weiteres Mal einladen, er schaut zu mir und lacht. Wir führen das Spiel fort. Beim Waschen und Abtrocknen lässt seine Bereitschaft zur Mitarbeit und zur Interaktion erneut nach. Trotz kräftigem Abrubbeln, auch seiner Arme und Beine, wird Marvey unruhiger, lautiert erbost und schlägt seine Hände aneinander. Ich lege die Puppe weg und hole das Novafon. Jetzt lacht er und streckt mir seine Hand entgegen. Ich massiere seinen Handballen für einige Sekunden und führe die Stimulation dann bei der Puppe durch. Marvey schaut weiter interessiert zu. Als ich das Gerät weglege und die Cremedose hole, ist er wieder aufmerksam bei unserem Spiel. Erst als die Hose und die Jacke angezogen werden sollen, zeigen sich erneut Ungeduld und Unmut. Jetzt schlägt Marvey mit der Hand in den Sitzsack, der Moment der gemeinsamen Aufmerksamkeit ist vorbei, sein Fokus ist nun einzig auf die Impulse an seiner Hand gerichtet.

In diesem Moment kann Marvey das Spiel nicht fortführen, er benötigt etwas zum Spannungsabbau. Ich fordere Marvey auf, zum Trampolin mitzukommen. Beim gemeinsamen und abwechselnden Springen erhält er wohltuende Impulse und seine vermehrte Anspannung reduziert sich. Jetzt ist es ihm wieder möglich, sich mir zuzuwenden und auch die Puppe darf mit auf das Trampolin. Deutlich entspannter und mit einem Lächeln auf Marveys Gesicht, setzen wir uns wieder auf den Boden. Nun füttern wir die Puppe geräuschvoll mit Milch, putzen ihr mit kräftigem Druck die Zähne und legen sie dann schwungvoll in den Wagen. Als das Lied von der Spieluhr erklingt, geben wir der Puppe einen Kuss, damit sie schlafen kann. Marvey lächelt mich stolz an.

Zum Abschluss schubst er den Wagen mit Schwung gegen die Wand, ruft »buh« und lacht. Ich nehme seine Hand, schlage mit meiner Handfläche fest auf seine und rufe »bumm«. Marvey strahlt.

7.4.2 Warten lernen

»Abwarten« bedeutet passiv sein und auf den Eintritt oder das Ende eines Ereignisses zu warten.

Das damit verbundene Verschieben der eigenen Bedürfnisse auf einen späteren Zeitpunkt fällt den meisten Kindern mit Autismus schwer. Sie haben die Handlung im Fokus und wollen unmittelbar darauf reagieren. Dass andere Personen oder auch Aktivitäten Vorrang haben, nehmen sie kaum wahr. Warten und das Umlenken ihrer fokussierten Handlung lässt die Stressbelastung und somit auch die körperliche Anspannung ansteigen. Stimulationen nehmen zu, das Kind versucht aktiv, die erhöhte Muskelspannung abzubauen: Es wirft ein Spiel um oder springt auf und läuft im Raum herum.

Um (Ab-)Warten zu lernen, muss sich der Fokus vom gewünschten Impuls und von der zu erwartenden Handlung zeitweise lösen. Wenn »Warten« eine eigene, wichtige Bedeutung erhält, ermöglicht dies dem Kind das Überbrücken dieser Zeitspanne. Mithilfe einer Bewegung, einem neuen zwischenzeitlichen Spiel oder auch einer sprachlichen Äußerung kann die zeitweise Lenkung der Aufmerksamkeit gelingen.

Fingerspiele Bei dem Kinderspiel »Alle Vögel fliegen hoch« wird je ein Tier benannt und daraufhin folgt eine passende Bewegung. Kurz bevor der Name des Tieres genannt wird, klopfen die Finger aller Kinder kräftig auf die Tischplatte und zeigen damit den Moment des »Wartens« an. Hier ist das Warten auf die zentrale Aktivität (das Hochfliegen der Hände) kein stilles Sitzen, sondern es ist eine aktive und gut spürbare eigenständige Handlung. Die Kinder zelebrieren mit Begeisterung diesen Warte-Moment. Solche aktiven »Pausenfüller« können besonders in einer körpernahen Begleitung gut angebahnt werden.

> **Gut zu wissen: Die Kugelbahn mit Trichter**
>
> Eine Kugelbahn ist für viele Kinder ein faszinierendes Spielzeug. Diese Faszination lässt sich gut nutzen, um das Abwarten zu erlernen. Ich hole die Kugelbahn und positioniere diese nah vor dem Kind und mir. Nun umfasse ich die Hand des Kindes und gemeinsam schnellen unsere Hände nach oben. Ein zusätzlicher Streckimpuls für die Schulter und ein Durchschütteln des Armes erleichtern das Zulassen der Handführung. »Achtung, fertig – looos!« rufe ich und gemeinsam werfen wir die Kugel in die Startposition. Ein erstes kurzes Abwarten auf den Start hat das Kind hier schon erfolgreich bewältigt. Die Murmel kullert über einige Hindernisse und fällt dann in einen Trichter. Hier rotiert die Kugel mehrere Sekunden, bis sie am tiefsten Punkt angelangt ist und von dort in die nächste Ebene rollt.
>
> Die meisten Kinder werden sofort unruhig, wenn die Kugel im Trichter ihre Runden dreht. Sie möchten, dass sie sofort ihren Weg fortsetzt und manövrieren sie deshalb aktiv in das Loch. Andere Kinder wenden sich ab, sobald die Kugel zu rotieren beginnt, da der visuelle und der auditive Impuls nicht mehr ausreichend spannend sind.
>
> Deshalb halte ich, wenn die Kugel den Trichter durchläuft, die Hand des Kindes nochmals fester und intensiviere die Massage oder Vibration. Zusätzlich zeichnen wir mit unseren Händen die Drehbewegungen der Kugel nach. Je nach Bedarf intensiviere ich die Stimulation und bringe den gesamten Oberkörper und das Becken des Kindes in Bewegung. Zeitgleich spreche ich im Rhythmus »drehen, drehen …«.
>
> Mithilfe der (ganzkörperlichen) Drehbewegung und dem zusätzlichen sprachlichen Input erleben die Kinder, dass auch das Warten und das gemeinsame Erleben der Spannung ein positiver Moment sein kann. Das Drehen der Hand oder des gesamten Körpers ist mindestens genauso spannend wie die Kugel, die bald weiterrollt. Sobald die Kugel eine Ebene weiter ist, lenke ich die Aufmerksamkeit wieder auf die Bahn und begleite den Lauf der Murmel zusätzlich mit einer Zeigegeste.
>
> »Und jetzt … PLUMPS!« Auch der Abschluss kann mit einem zusätzlichen Impuls intensiviert werden, wie z. B. einem festen Abklatschen der Kinder auf ihren Oberschenkeln. So schauen die Kinder nicht vor dem Ende des Spiels bereits auf die nächste Kugel oder ein folgendes Spiel, sondern der finale Moment bekommt nochmals ausreichend Aufmerksamkeit.

7.4.3 Motorische Fähigkeiten stärken

Die Auswirkungen der besonderen Wahrnehmung zeigen sich häufig auch in der motorischen Entwicklung und führen zu Schwierigkeiten bei vielen Alltagshandlungen. Einige autistische Menschen sind in ihren grob- und feinmotorischen Fähigkeiten besonders stark eingeschränkt und können auch scheinbar einfache Handlungen nicht tätigen: Materialien für jüngere Kinder, wie Motorikschleifen, Steckspiele und Puzzles gelingen auch nicht, wenn das Kind älter wird. Weitere Tätigkeiten, wie das selbstständige An- und Ausziehen der Schuhe oder der Jacke werden nicht beherrscht. Teilweise sind die Kinder auch bei der Nahrungsaufnahme und dem Toilettengang auf Hilfe angewiesen. Eine Verbesserung in Bezug auf die beteiligten Wahrnehmungsbereiche, wie auch das eng ausgeführte gemeinsame Spiel können die motorischen Fähigkeiten der Kinder verbessern.

Gemeinsam schwere Aufgaben lösen

Wenn das Kind die Handführung als einen wohltuenden Impuls wahrnimmt, können neue Bewegungen erlernt werden. Gemeinsam wird die Motorikschleife entdeckt, die Steckbox befüllt oder das Puzzleteil an die passende Stelle gelegt. Auch das Lösen des Klettverschlusses am Schuh ist möglich, wenn die Lasche gemeinsam gehalten wird, die Gabel kann zusammen am Griff gefasst werden und in Richtung Mund geführt werden.

Auch wenn Handlungen bereits einige Male zusammen geübt wurden, kann das Kind sie oft noch nicht alleine durchführen. Es benötigt zahlreiche Wiederholungen und viele ähnliche Handlungen, häufig mit zusätzlicher Fokuslenkung und mit stetiger Anpassung der Intensität der Handführung, bis die Aktivität alleine gelingt. Doch für die Kinder ist es spannend zu erleben, dass sie bei Handlungen mitwirken können, die vorher nicht möglich waren oder die sie zum Teil überhaupt nicht wahrgenommen haben.

Die Hilfen für die Grob- und Feinmotorik ersetzen keine ergotherapeutische Behandlung, diese sollte ergänzend erfolgen. Erfahrene Sensorische-Intergrations-Therapeutinnen sind gute Kooperationspartnerinnen in der körperbetonten Therapie.

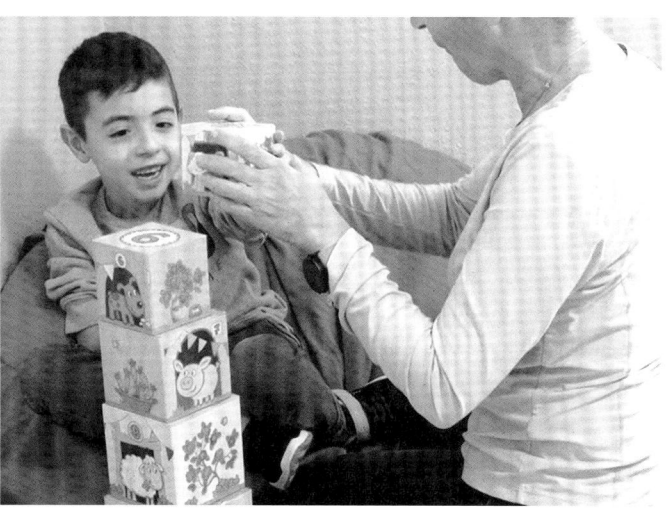

Abb. 7.9: Motorische Fähigkeiten stärken beim gemeinsamen Spiel

7.5 Anbahnung von (Zeige-)Gesten

Das gemeinsame Spiel wird von Beginn an unterstützt durch Mimik, Gestik, Gebärden und gesprochene Sprache. Die unterschiedlichen zusätzlichen Hilfestellungen ermöglichen eine vielfältige und lebendige Interaktion für Kinder mit Autismus.

Das langfristige Ziel ist ein Austausch mithilfe von Mimik, Gestik sowie dem gesprochenen Wort. Unterstützungen, wie eine enge körperliche Begleitung sowie die Gebärden, können situationsbedingt, je nach Entwicklung aber auch je nach Zielsetzung zurückgenommen und auch wieder begleitend eingesetzt werden.

7.5.1 Gesten

Das Einbeziehen von Gesten, besonders im Hinblick auf den Einsatz von Gebärden, ermöglicht eine nochmalige Erweiterung der körperlichen Ausdrucksmöglichkeiten und erleichtert zudem den Einstieg in die sprachliche Kommunikation.

Erste Gesten können bereits bei der Begrüßung eingesetzt werden. So lässt sich ein »High five« oft bereits mit einem kurzen Impuls an der Hand des Kindes einleiten. Den Schlag auf die Handfläche empfinden viele Kinder als einen spannenden Impuls, der in Form von »Händeklatschen« oft als Stimming genutzt wird. *High five*

Die Hand als Startsignal nach oben strecken, den Zeigefinger erheben, um auf etwas aufmerksam zu machen oder sich durch ein Winken zu verabschieden, viele spannende Gesten aus dem Alltag eignen sich zum gezielten Einführen von Gesten. Der Übergang zu den Gebärden ist dabei oft fließend.

Zum Einstieg führen wir die ausgesuchte Bewegung gemeinsam mit dem Kind durch. Verbunden mit einem deutlich spürbaren Impuls in Bezug auf die Geste und unterstützt durch ein körperliches Begleiten finden die Gesten in unterschiedlichen Situationen Anwendung.

So kann die Therapeutin beim Anbahnen einer »Winkbewegung« diese mit einem festen Handdruck anführen und zudem die Auf- und Abbewegung intensivieren, indem sie auf das Handgelenk einen etwas stärkeren Impuls ausübt. Wenn »Klatschen« als Geste der Belohnung oder Zustimmung angebahnt werden soll, kann die Therapeutin eine Hand des Kindes halten und dann die andere fest darauf schlagen lassen.

Manchmal zeigen die Kinder bereits nach wenigen geführten Abläufen eine vermehrte Eigenbeteiligung und bald wird die Geste vielleicht selbstständig durchgeführt. Wenn auch das weitere Umfeld daheim und die Tageseinrichtung aktiv die Anbahnung unterstützen, erleichtert dies den Übertrag in den Alltag.

7.5.2 Zeigegesten

Zeigegesten vermitteln bedeutungstragende Informationen über die aktuelle Aktivität oder ein Gegenüber, auch über größere räumliche Entfernungen.

Beim gemeinsamen Spiel wird der Blick der Kinder immer wieder auf die Hände des Gegenübers gelenkt. In einem weiteren Schritt versucht die Therapeutin, diese Aufmerksamkeit mithilfe von Zeigegesten auf ein weiteres Objekt zu übertragen.

Möglicher Verlauf bei der Anbahnung von Zeigegesten:

- Der Finger ist ausgestreckt, um einen entfernten Gegenstand anzuzeigen.
- Wenn dieser sich zusätzlich bewegt, ist es für das Kind leichter, ihn zu fokussieren.
- Das Kind schaut auf die Hände der Therapeutin, das Zielobjekt nimmt es nicht wahr.
- Die Therapeutin berührt mit ihrem Finger den Gegenstand, klopft darauf oder streicht darüber, bis es dem Kind gelingt, sowohl den Finger als auch das Objekt wahrzunehmen.
- Ein wiederholtes Anbieten der Fokuswechsel ist empfehlenswert, damit eine Verknüpfung beider Zielpunkte gelingt.
- Der räumliche Abstand wird zunehmend vergrößert.
- Mit der Zeit wird das Kind das Austrecken des Zeigefingers mit dem Hinweis verbinden, dass es etwas zu entdecken gibt und dass es sich lohnt, dem Fingerzeig zu folgen.

Die Möglichkeit, mithilfe einer Zeigegeste einen deutlich weit entfernten Gegenstand anzuzeigen, ist nochmals deutlich komplexer und deshalb für viele Menschen im Spektrum nur schwer zu erwerben. Hier ist die Geste nicht nur ein Hinweis hinzuschauen und die Aufmerksamkeit auf die nahe Umgebung zu erhöhen, sondern sie ist Teil einer komplexen Leistung: Um einer Zeigegeste mit Blicken folgen zu können, muss eine imaginäre Linie vom ausgestreckten Finger bis hin zum ausgewählten Objekt gezogen werden. Je größer diese Entfernung ist, umso wichtiger wird es, dass sich die Suchende exakt in die Ausgangslage der Zeigenden hineinversetzt, um das Zielobjekt zu erkennen.

8   Gebärden

Als Bestandteil der Unterstützten Kommunikation können Gebärden einerseits helfen, Sprache anzubahnen und zu erweitern, andererseits fördern sie verschiedene Einzelfähigkeiten und ermöglichen langfristig multimodales Lernen.

Gebärden bieten einen besonderen visuellen Impuls. Die sich bewegenden Hände bieten eine spannende Information, welche, bevorzugt in Gesichtsnähe ausgeführt, die Aufmerksamkeit auf das Gegenüber und die sprechenden Hände lenkt.

Zusätzlich können die Gebärden einen propriozeptiven, vestibulären und taktilen Input vermitteln. Diese gezielt gesetzten körperlichen Stimuli sind für viele Kinder ein wichtiger »Türöffner« zum Einstieg in die nonverbale Kommunikation. Dazu sollten die Gebärden für die Kinder passend abgeändert werden, so dass sie ihren individuellen, visuellen und auf den eigenen Körper bezogenen Bedürfnissen entsprechen. Eine körperlich gut spürbare und motivierende Gebärde erfährt von Beginn an eine gute Aufmerksamkeit und wird vom Kind bald zum Teil eingefordert oder selbstständig angewandt.

Türöffner zur Kommunikation

Gebärden erfordern und fördern zudem multimodale Fähigkeiten. Eingebettet in eine Handlung oder eine Alltagssituation und möglichst verbunden mit einer intensiven Emotion können sowohl Einzelfähigkeiten sowie auch deren Verbindung und Vernetzung ermöglicht und gefestigt werden. Dabei unterstreichen die Gebärden das betreffende Wort, die Aktivität oder die Handlung, bei der die Hände die visuelle Bedeutung des Wortes aufzeigen bzw. darstellen.

Besonders in Bezug auf das Sprachverständnis und bei ausgeprägten Defiziten der auditiven Wahrnehmung werden mithilfe der Gebärden verschiedene Informationen gleichzeitig übermittelt. Sprachliche Äußerungen mit begleitenden Gebärden können die Kinder besser verstehen und einordnen, so dass ihnen der Spracheinstieg gelingen kann. Bei Schwierigkeiten im Abruf der Stimme und der Artikulation können die Gebärden die gesprochene Sprache ersetzen oder unterstützen.

Auch das Übertragen der Fertigkeiten in weitere Situationen wird möglich. So berichten Eltern, dass das Kind beim gemeinsamen Einkauf auf die ausgewählten Windeln zeigte, sich dann an seine Nase fasste und »iiih« rief. Oder dass es beim Einkauf von Taschentüchern die Gebärde für »Weinen« machte und gleichzeitig laut und emotional schluchzte. Dies zeigt, dass es dem Kind jetzt möglich ist, die verschiedenen Wahrnehmungs- und Kommunikationsbereiche sowie die bedeutungstragenden Informationen miteinander zu verknüpfen. Es tauscht sich mithilfe der Gebärde und der lautlichen Äußerung vielfältig mit seinem Gegenüber aus.

8.1 Auswahl der Gebärdensysteme

Die Gebärdensysteme unterscheiden sich in Laut- und Wortgebärden. Die Wortgebärde stellt eine Verbindung zwischen dem Zielwort und seiner Bedeutung her. Die Lautgebärde verweist hingegen auf das phonetische Merkmal und hat für den Symbolwert des Wortes und damit für die soziale Interaktion weniger Gewichtung. Bei Komm!ASS® wird mit dem Ziel der Interaktions- und Sprachanbahnung vorwiegend mit Wortgebärden gearbeitet. Ist die Bereitschaft eines Kindes zum (sprachlichen) Austausch bereits gefestigt und es zeigt Auffälligkeiten in der Lautbildung, können auch Lautgebärden eingeführt werden.

Die Entscheidung, welches Gebärdensystem ausgewählt wird, sollte frühzeitig und in Orientierung an den Einrichtungen (Kindergarten, Schule oder Werkstatt) vor Ort erfolgen. Im vorliegenden Buch finden die Wortgebärden der Deutschen Gebärdensprache (DGS) und der Gebärdensammlung »Schau doch meine Hände an« Verwendung.

Differenzen und Variationen
Die verschiedenen Gebärdensysteme haben für viele Worte übereinstimmende oder ähnliche Zeichen. Einige Unterschiede sind jedoch zu finden und auch in Familien gibt es teilweise bereits gefestigte, individuelle Handzeichen.

Solche Differenzen finden sich auch in der gesprochenen Sprache: »Mutter«, »Mama«, »Frau« und »Schatz« sind die gleichen Bezeichnungen für eine Person, je nach Sprecherin oder Situation werden sie in der jeweiligen Situation passend zugeordnet. »Backe« und »Wange« sind unterschiedliche Worte, welche in den jeweiligen Sprachräumen entsprechend Anwendung finden. Variationen und Differenzen einzelner Worte können im Alltag nicht vollständig verhindert werden und zeigen erneut auf, dass bei der Anwendung von Wissen oder Fähigkeiten stets Flexibilität erforderlich ist.

8.2 Auswahl des Gebärdenwortschatzes

Die Auswahl des Vokabulars erfolgt nach verschiedenen Gesichtspunkten. Der physiologische Spracherwerb in der Entwicklung des Kindes bietet eine erste Orientierung. Die ersten Worte beim Gebärden sollten eine hohe emotionale Bedeutung aufweisen und eng mit dem täglichen Erleben verbunden sein – Worte und Lautmalereien wie: »Mama«, »Papa«, »Haus«,

»Wau-wau«, »Auto«, »Ball« sind nicht zufällig die ersten Worte, die ungefähr um den ersten Geburtstag zu hören sind. Die semantischen Felder »Familie«, »Tiere«, »Fahrzeuge« oder »Spielsachen« finden sich zudem bei Spielmaterialien sowie in Büchern und sind bevorzugte Themen im Kindergarten und in der Schule.

Die Auswahl einiger für die Familie besonders relevanter Gebärden sollte mit den Eltern abgesprochen und individuell abgestimmt werden. Die gewählten Gebärden sollten in verschiedenen Situationen anwendbar sein und auch zu Hause und im gesamten Umfeld angeboten und durchgeführt werden.

Individueller erster Wortschatz

Häufige Wiederholungen verbessern den Lerneffekt, vorausgesetzt, die Begeisterung und Konzentration sind bei der Durchführung ausreichend vorhanden.

8.3 Hilfen für die Einführung von Gebärden

Menschen mit Autismus können bedingt durch die vorhandenen Schwierigkeiten beim Fokuswechsel und Teilen der Aufmerksamkeit Gebärden nicht oder schwer imitieren. Die Kinder beachten diese nicht ausreichend, verstehen deren Bedeutung nicht und führen die Gebärden nicht selbstständig durch.

Bereits bei den körperlichen Stimulationen und beim ganzkörperlichen Führen zeigt sich, dass das Spüren des eigenen Körpers sowie die gemeinsam durchgeführte Bewegung die Aufmerksamkeit und das Interesse für das Gegenüber verbessern. Dies zeigt sich auch bei gemeinsam geführten Gebärden. Das Kind erlernt die Bewegung leichter, wenn es sie intensiver spürt, indem es körperliche Unterstützung bekommt. Zu Beginn werden einzelne bedeutungstragende Worte gebärdet, die das Kind später selbstbestimmt anwenden kann.

Auch bei der gesprochenen Sprache wird den Kindern mithilfe der vereinfachten »Babysprache« der Einstieg erleichtert. Bei den Gebärden sollte die Anforderung ebenfalls an die Bedürfnisse und Möglichkeiten der Kinder angepasst werden. Besonders die ersten Gebärden werden deshalb abgeändert, um ein positiv berührendes und bewegendes Erlebnis zu bieten.

Zu Beginn nimmt die Therapeutin die Hand des Kindes. Diese Kontaktaufnahme erfolgt bereits mithilfe eines Druckimpulses oder einer Massage. Die zu führende Bewegung wird dann flüssig und gemeinsam mit dem Kind ausgeführt. Die Intensität und Qualität der Ausführung wird dabei auf die jeweiligen Wahrnehmungsbesonderheiten der Kinder abgestimmt: eventuell mit einer zusätzlichen Vibration, einer größeren Auflagefläche, individueller Druckauswahl oder Richtungsvariationen, Veränderungen der Geschwindigkeit und ggf. einigen Wiederholungen. Bei angespannten oder bewegungsintensiven Kindern erfolgt der Kontakt mit gut spürbaren und somit

Gebärden sollen berühren und bewegen

regulierenden Impulsen, wie z. B. mit einem abrupten Ende der Bewegung, bei dem die Hand des Kindes schwungvoll in das Kissen geführt wird.

Beim Führen der Gebärden erfolgen die Bewegungen gemeinsam im teilweise engen körperlichen Kontakt. So kann zusätzlich ein propriozeptiver, vestibulärer oder taktiler und zumeist regulierender Impuls angeboten werden, der die Aufmerksamkeit auf diesen Moment und das jeweilige Wort erhöht. Wenn die Aktivitäten im gegenseitigen Wechsel durchgeführt werden und die Kommunikationspartnerinnen sich gegenseitig fühlen, sehen und hören, gelingt die Erweiterung der sonst bevorzugten Monowahrnehmung und das Kind nimmt sich und seine Umwelt vielfältiger wahr. Aktive und passive Phasen wechseln sich ab und bedingen sich gegenseitig. Beide Partnerinnen lernen, sich mit dem anderen abzustimmen. Die »sprechenden Hände« ersetzen und unterstützen damit nicht nur die fehlende oder eingeschränkte lautsprachliche Kommunikation, sondern sind auch ein wichtiger Baustein im Bereich der Interaktion.

> **Gut zu wissen: Multimodale Ausführung der Gebärde für »Schwein«**
>
> Bei der Gebärde »Schwein« geht die geballte Hand an die Nase und zeichnet damit den Schweinerüssel. In der Komm!ASS®-Therapie wird die Gebärde leicht abgeändert: Zusätzlich zur geballten Hand umschließt der Daumen mit den Fingern die Nase, unterstützt durch eine leichte oder auch intensive Massage oder Vibration.
>
> Zu Beginn nimmt die Therapeutin die Hand des Kindes, umfasst sie und führt sie zur Nase des Kindes oder auch zur eigenen Nase. Zusätzlich bietet die Therapeutin eine weitere visuelle Information an, durch das Hochziehen ihrer Nase. Als zusätzlicher auditiver Impuls empfiehlt sich bei kaum oder nicht sprechenden Kindern bevorzugt der Tierlaut (hier das Grunzen). Dieses so besonders klingende Geräusch erleichtert den Einstieg in die Lautimitation. Bei bereits sprechenden Kindern kann auch das Wort begleitend gesprochen werden. Im Wechsel mit dem Gegenüber wird diese Gebärde mehrmals wiederholt. Bei geringer Aufmerksamkeit des Kindes kann der räumliche Abstand nochmals verringert werden, die Vibration verstärkt und das Geräusch lauter oder kräftiger angeboten werden. Wenn es dem Kind zu Beginn noch nicht möglich ist, die Handlung beim anderen wahrzunehmen wird die geführte Gebärde noch einige Stunden ausschließlich am Körper des Kindes durchgeführt.

Gebärden zusätzlich zur Sprache und Mimik

Zusätzlich zur Gebärde wird eine ausdrucksstarke Mimik eingesetzt und das Wort oder der Laut werden benannt. So werden Körpersprache, mimischer Ausdruck und gesprochene Sprache eng in Bezug zueinander gesetzt. Erfolgt die Ausführung der Gebärden zudem nah am oder im Gesicht des Gegenübers, verstärkt dies das Interesse für den Sprecher nochmals. Die Kinder sehen die Bewegungen der Hände, sehen den Mund, die Zunge, die (großen) Augen und hochgezogenen Augenbrauen. Diese unterschiedlichen

Informationen laden ein, den Blick zu heben und den anderen anzuschauen. Somit gelingen gemeinsame Freude und Aufmerksamkeit, der Austausch weiterer Emotionen wird möglich und erleichtert den Einstieg in die mimische Interaktion.

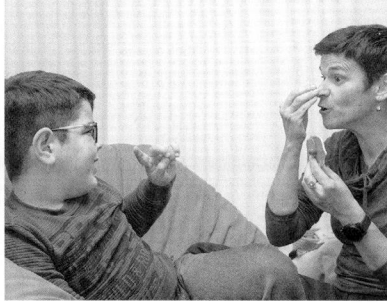

Abb. 8.1:
Sprache gemeinsam erleben: Gebärde Hahn und Schwein

Zu Beginn reicht ein teilweises Mitgebärden des Kindes aus, die Bewegung wird dann von der Therapeutin vollendet. Mit jeder Wiederholung wird das Kind motiviert, sich mehr einzubringen, die Therapeutin nimmt ihre Aktivität zurück, bis das Kind die Gebärde eigenständig durchführen kann.

Ziel-Wort	Gebärde	Mögliche Variationen	Zusätzliche Stimulierung	Begleitende Lautmalerei
Affe	mit den Händen in die Achseln greifen	sich gegenseitig unter den Achseln kitzeln	Banane und Essen gebärden	»uu-aa-a« oder auch nur »uuu« »mhhh« beim Essen der Banane
Auto	die Arme ahmen die Bewegung des Lenkrades nach	ausufernde Bewegung mit Rotation des ganzen Körpers	Unfall simulieren: sich mit Schwung auf das Kissen fallen lassen oder an sein Gegenüber anstoßen	»brrummmm« »tuutuut« »bumm« beim Unfall
Hund	mit der Hand auf die Oberschenkel schlagen	kräftiges, gegenseitiges Schlagen auf die Oberschenkel	Knurren und Beißen imitieren	»wauuuu« »wuff-wuff« »grrr«
Katze	Schnurrbart der Katze wird mit den Händen geformt	entlangstreichen an der Oberlippe, schnell oder langsam, fest oder locker	Schlecken von Milch imitieren, »Zungenspiele«	»miau« »mauuu« »auuuu«

Tab. 8.1:
Gebärden verändern und Multimodalität ermöglichen

Tab. 8.1: Gebärden verändern und Multimodalität ermöglichen – Fortsetzung

Ziel-Wort	Gebärde	Mögliche Variationen	Zusätzliche Stimulierung	Begleitende Lautmalerei
Löwe	die Mähne des Löwen wird mit den Händen dargestellt	gegenseitiges Fangen der Hände, Umfassen und Zupacken der Finger	Stimulierung mithilfe der Finger am ganzen Körper	»ch« Fauchen in verschiedenen Lautstärken und Tonhöhenvariationen
Pferd	die Arme zeigen das Halten der Zügel an	die Arme werden kräftig auf und ab bewegt	gleichzeitige Vibration von Armen und Schultern	»hüh« »hopp-hopp«
Trompete	die Hände zeigen die Bewegung beim Musizieren mit der Trompete an	im gegenseitigen Wechsel gibt die geballte Hand einen Impuls am Mund des Gegenübers	verstärktes Klopfen oder Vibrationen am Mund	»tut-tuuut«
Vogel	Daumen und Zeigefinger öffnen und schließen sich wie ein Schnabel	die zuschnappenden Finger stimulieren zusätzlich den Arm des Kindes	die Arme zeigen die Flügelbewegung an, der ganze Körper kommt in Bewegung	»piep« »tschiiieep«
Weinen (z.B. beim Puppenspiel)	die Finger zeigen den Verlauf der Tränen an	festes Abstreichen der Finger an den Wangen	anschließendes Tränen abtrocknen mit tupfen und wischen oder Nase putzen	das Weinen der Puppe mit verschiedenen Vokalen und Lauten nachahmen

Gebärden spüren Kinder, die es bevorzugen, ihren Körper, insbesondere ihre Gelenke, intensiv zu spüren, können dies auch beim gemeinsamen Gebärden erfahren: Beim Spiel mit den Fahrzeugen und besonders bei der Gebärde für »Auto« (die Hände zeichnen die Lenkbewegung nach) genießen es diese Kinder, wenn die Hände am Ende mit Schwung auf ein Kissen stoßen. Hier bieten die gesamt-körperliche Bewegung sowie der Aufprall einen starken Stimulus und eine zusätzliche vestibuläre Information.

Außerdem kann die Aktion mit einem gespielten »Zusammenstoß« der Fahrzeuge erweitert werden. Hierbei werden die Fäuste vor dem Oberkörper zueinander geführt. Die Therapeutin nimmt die Hände des Kindes und bringt diese mit einem besonders kräftigen Impuls zusammen. Gebärden ohne Kontaktpunkt werden oft nur ungenügend imitiert. Deshalb sollte versucht werden, bei Bedarf einen Zielpunkt hinzuzufügen: Bei der Gebärde für »Hupe« wird die geballte Hand auf Brusthöhe gehalten und zeichnet dort das Drücken einer Hupe nach. Die Faust wird als Kontrapunkt angeboten, um diese Bewegung zu unterstützen und zu erleichtern.

8.4 Gebärden erleichtern den Einstieg in die gesprochene Sprache

Die ersten Laute oder Worte, schwer artikulierbare Begriffe oder auch der gezielte Wortabruf in bestimmten Situationen gelingen vielen Menschen mit Autismus nur unzureichend.

Gebärden helfen beim gegenseitigen Verstehen. Wenn Kinder deutliche Einschränkungen im Bereich der Stimmgebung und/oder der Artikulation zeigen, unterstützen die Gebärden den Laut oder das gesprochene Wort. Therapeutinnen und Eltern können so unverständliche Worte besser zuordnen. Sie können gezielter auf Äußerungen reagieren. Das Kind fühlt sich verstanden und der sprachliche Austausch kann sich weiterentwickeln.

Beim gemeinsamen Gebärden können Kinder zudem erstmals Dynamik und Wirksamkeit von Sprache und sprachlichem Austausch erleben: Auf Fragen oder Aufforderungen der Therapeutin erfolgt eine Aktivität, welche das Kind spüren, sehen und hören kann, und an der es sich beteiligen kann. So wird ein nonverbaler Dialog möglich.

Mithilfe der körperlichen Impulse gelingt der Fokus auf die gemeinsame Handlung und die intensive Konzentration auf diesen einen Moment wird leichter. So werden Wort-, Stimm- und Artikulationsabruf leichter möglich und das gewünschte Wort hörbar.

Wenn sich die Interaktion im weiteren Verlauf der Therapie festigt, können die Gebärden vermehrt durch Zeigegesten und allgemeine Gestik ersetzt werden. Mimik, Gestik und gesprochene Sprache erfolgen nun zeitgleich und ermöglichen einen nochmals lebendigeren und vielfältigeren Austausch.

Sobald das Kind den Blick für sein Gegenüber jedoch verliert, sollten die Gebärden wieder vermehrt eingesetzt werden, um den multimodalen Austausch erneut zu stärken.

9 Sprache und Sprachanbahnung

Die gesprochene Sprache ist eine vielschichtige, hochkomplexe Fähigkeit, welche stets in Bezug zu einem Gegenüber, in einem bestimmten Umfeld und in Verbindung mit sich selbst erlebt, erworben und angewandt werden muss.

> »Für den Spracherwerb ist es nicht nur wichtig, wie die Mutter mit dem Kind spricht, sondern dass sie zugleich mit ihm schaut, zeigt, spielt – handelt« (Zollinger, 2000, S. 57).

Menschen mit Autismus soll der Einstieg in die Sprache und die Differenzierung der sprachlichen Fähigkeiten mithilfe spezifischer Angebote ermöglicht werden.

Abb. 9.1: Therapiebausteine bei Komm!ASS® in Bezug auf Interaktion und Sprache

> »Ich habe lange Zeit nicht begriffen, wieso wir autistischen Menschen nicht ordentlich sprechen können. Ich kann nie das sagen, was ich eigentlich möchte. Stattdessen kommt Wortmüll aus meinem Mund, vollkommen sinn- und zusammenhanglos. Das hat mich früher total fertiggemacht, und obwohl ich es eigentlich nicht wollte, habe ich alle Menschen beneidet, die einfach drauflossprechen, ohne sich dafür anstrengen zu müssen. Wir haben zwar dieselben Gefühle wie alle anderen, aber es gelingt uns nicht, sie auszudrücken« (Higashida, 2018, S. 37).

Damit der Einstieg ins Sprechen gelingt, benötigen betroffene Kinder, aber auch Jugendliche und Erwachsene besonders kleinschrittige Hilfen, welche immer wieder in das Gesamtsystem eingefügt werden. Selbst minimale Entwicklungsschritte müssen erlebbar werden, sodass die Kinder deren Bedeutung spüren, um somit die Motivation für weiteres Lernen aufrechterhalten zu können.

9.1 Hilfen für den Einstieg und die Festigung von Laut- und Sprachimitation

Ein Kind, das Sprache erlernt, muss zunächst erkennen, dass bestimmte Laute und Lautkombinationen zugehörig zu bestimmten Objekten, Personen, Situationen und Emotionen sind. Die Kopplung von Impulsen, wie das gemeinsame Spiel, das Gebärden und das begleitende Sprechen stellen hier einen wichtigen Baustein dar.

Kinder mit Autismus benötigen zum Erlernen von Fähigkeiten zusätzlich häufige Wiederholungen. Das Anbieten von Lauten, Worten und Sätzen sollte deshalb hochfrequent und stets wiederkehrend in Therapie und Alltag angeboten werden.

Zudem müssen einzelne Bausteine auch in ähnlichen Situationen einsetzbar sein, jede Anwendung, jede Wiederholung aber auch jede Variation festigen das Sprachverständnis und folglich den eigenständigen Abruf der Laute und Worte.

> **Praktische Tipps: Einfache Spielaktionen, die mit Sprache begleitet werden können**
>
> - Beim Einräumen der Bausteine werfen wir diese gemeinsam und mit viel Schwung in eine Kiste. Dies begleiten wir sprachlich mit »zack« oder »hopp«. Das Stapeln des Turmes wird ebenfalls kommentiert: »und hoch«, »drauf« oder ähnliches.
> - Wenn alle Steine verstaut sind, schließen wir die Kiste: »zu« und räumen sie weg: »und weg«. Auch das Schließen der Tür, das Zumachen der Schuhe oder des Reißverschlusses kann entsprechend begleitet werden.
> - Das Treppensteigen zuhause oder unterwegs wird sprachlich begleitet, bei jeder Stufe erklingt »tapp, tapp, tapp«.

Bei nichtsprechenden, bereits erwachsenen Menschen mit Autismus werden viele Handlungen ebenfalls sprachlich intensiv begleitet. Mithilfe eines hochfrequenten und stetig wiederkehrenden Anbietens von einfachen und

Spracheinstieg bei Erwachsenen

prägnanten Lauten und Worten kann der Spracherwerb eventuell auch hier noch angestoßen werden. Wenn das Gesprochene mit den unterschiedlichen Emotionen verknüpft wird, erhöht sich die Aufmerksamkeit für diese Äußerung und bietet somit eine besondere Anregung zum Lernen. Unter zusätzlichem Einsatz wohltuender propriozeptiver oder vestibulärer Impulse verstärkt sich die Aufmerksamkeitslenkung auf diesen Moment und der Spracheinstieg kann auch bei Erwachsenen noch gelingen.

> **Gut zu wissen: Berührende Ideen zum Spracheinstieg**
>
> *Das »Kribbel-Krabbel«-Spiel:*
> Das geliebte Durchkneten der Arme wird stets mit einem gesprochenen »Kribbel krabbel« begleitet. Nach einigen Stunden, wenn die Handlung und die Worte mehrfach zeitgleich gespürt und gehört wurden, kann es sein, dass das Kind seinen Arm ausstreckt, sobald die Therapeutin die Worte spricht.
>
> *Symbolspiel mit der Puppe:*
> Das Spiel mit der Puppe ist für die Kinder ein wichtiges Spiegelbild ihres kindlichen Alltages (▶ Kap. 7.3.2). Um zu verdeutlichen, dass die Windel stinkt, wird die Handlung nicht nur mit einem Zuhalten der Nase begleitet, sondern auch mit einfachen und prägnanten Kommentaren wie »iiih« oder »pfui«. Die Äußerung darf zusätzlich melodisch variiert werden. Ähnlich ist der Ablauf beim Gebrauch des Töpfchens oder beim Ausziehen der Socken. Die Kinder sollen deutlich sehen und erfahren, dass der Geruch kaum auszuhalten ist, dass die gesamte mimische Muskulatur sich zusammenzieht, dass sich der ganze Körper vor Unwohlsein einmal schüttelt. Wenn die Kinder ein berührendes, mit Emotionen besetztes Phantasiespiel erleben, gelingt die Fokussierung auf die bedeutungstragenden Informationen in der jeweiligen Situation.

Je mehr berührende Emotionen das Spiel begleiten und je spannender dies gestaltet wird, umso eher wird der Mensch im Autismus-Spektrum eigene Ideen und Erweiterungen einbringen und dafür bald neue Worte benötigen.

Bedingt durch die Schwierigkeiten beim Spracherwerb benötigt jeder Entwicklungsschritt eine gute Ausdauer, Motivation und vor allem verschiedene Möglichkeiten zur Regulation. Bereits der Weg in die Sprache und auch jeder noch so kleine Baustein müssen Freude bereiten. Sprache soll ein Spiel, aber auch ein Werkzeug werden, welches immer wieder positive Erlebnisse ermöglicht und womit sich neue Türen öffnen. Regulations- und auch Belohnungssysteme müssen deshalb immer eng mit der Handlung selbst und auch mit dem gewünschten Ziel verbunden werden. Bei jedem mühsam produzierten Laut darf ein körperlicher Impuls die Bildung begleiten oder folgen. Jedes schwer auszusprechende Wort wird von entsprechenden Stimulationen begleitet oder es folgt eine gemeinsame spannende Interaktion mit besonderen Klängen oder spannenden visuellen Informationen.

Auch das gesprochene Lob kann solch ein Motivationsträger sein. Zu Beginn nehmen viele autistische Menschen diese auditive Motivationshilfe häufig (noch) nicht wahr. Erst im weiteren Verlauf, wenn Fokuswechsel gezielt möglich sind, stellt ein »Super!« oder »Toll gemacht!« eine Unterstützung für das Kind dar. Dann kann das zusätzlich ausgesprochene Lob mit der Zeit den körperlichen Impuls ersetzen.

Abb. 9.2:
Das Stapeln des Turmes wird mit Lauten oder Worten begleitet

9.2　Auswahl der Laute und Worte

Die Auswahl der zu Beginn angebotenen Laute und Worte orientiert sich am Alltag der Kinder. Die Wortauswahl gleicht dabei, wie in der physiologischen Sprachentwicklung und wie bereits bei den Gebärden beschrieben, dem ersten Wortschatz bei unauffällig entwickelten Kleinkindern.

Die Auswahl orientiert sich zudem an der »Lallphase« der neurotypischen Kinder und somit an den ersten Worten in der kindlichen Sprachentwicklung um den 10. Lebensmonat. Die Laute sind zumeist einfach zu bilden und die Lautkombinationen starten mit einem möglichst großen Kontrast u. a. bezüglich der Mundöffnung (ma-ma, ba-ba…).

Baby- oder Comicsprache

Auch in der »Babysprache« werden besonders gut zu hörende und einfach zu bildende Worte und Laute angeboten, damit den Kindern die sprachliche Imitation leichter fällt: Essen wird mit »mhhh-jam« kommentiert und auch in anderen Lauten und Worten finden sich viele Vokale in Verbindung mit einem auditiv prägnanten und zugleich leicht zu bildenden Konsonanten: »Baby«, »Ball«, »Bär« etc. Ein Satz wie: »Die Windel ist dreckig!« kann zu Beginn von vielen der betroffenen Kinder nicht ausreichend differenziert gehört und verstanden werden. Bei einem lauten »Iiiih… pfui », horchen die Kinder auf und können die Lautäußerungen auch bald zuordnen.

Wenn Eltern mit ihren Kleinkindern im Park unterwegs sind, ist dort nicht das Wort »Ente« zu hören, sondern »schau, quack-quack!«. Dies ist viel eindringlicher vom Klang und hat somit einen größeren Aufforderungscharakter zur Imitation. Beim Nachsprechen gelingt der Einstieg nochmals leichter, wenn auch dieses zunächst mit wenig differenzierten artikulatorischen Fähigkeiten verbunden ist: Ein »Miau« oder auch »Mau« können leichter gebildet werden als das Wort »Katze«. Zum Teil beschreibt der Laut den Gegenstand oder das dazugehörige Geräusch gleichzeitig und erleichtert die Verbindung von Sprache und Bedeutung, wie z. B. »ding-dong« oder »brummm«.

Durch eine besondere Laut- und Stimmgebung wird die auditive Information nochmals interessanter und somit besser hörbar. Das Wiehern des Pferdes, das Krähen des Hahnes und das Brüllen des Löwen sind Laute, die besonders eindringlich erklingen und somit auch einen hohen Aufforderungscharakter zum Mittönen bieten.

Einige Kinder imitieren besonders gerne Fremdsprachen. Hier sind die besonderen und fremden Lautkombinationen beim Hören sowie auch bei der eigenen ganz anderen Artikulation Motivationsträger.

Die ausgewählten Laute und Worte sollten zusätzlich eine inhaltliche Relevanz für das Kind haben. Beispielsweise kann das Haustier der Familie, das Kuscheltier oder das Lieblingsspielzeug des Kindes in die Auswahl miteinbezogen werden. Dies erleichtert die Integration von Emotionen.

Verzerren und verändern erlaubt

Die gesprochene Sprache darf in dieser Therapiephase verändert und intensiviert, verzerrt und potenziert werden, sodass die Kinder aufhorchen, hinhören und mitmachen. Geräusche, Laute und Worte müssen klingen, scheppern, bewegen und berühren. Ein einzelner Vokal, der länger gesprochen wird, eine Stimme, die sich nach oben bewegt oder ein leichtes »Quietschen« der Stimme unterscheiden sich stark von der alltäglichen Sprache und rücken somit stärker in den Fokus.

Später, wenn die Lenkung der Aufmerksamkeit auf die Sprache gelungen ist und die Kinder beginnen, nachzuahmen und nachzusprechen, kann das intensive Anbieten der Sprache wieder zurückgenommen werden. Dann entsprechen die Sprachstrukturen der Therapeutin zunehmend der Alltagssprache.

9.3 Stimmmodulationen

Neben der Auswahl und der Aussprache kann auch die Stimme selbst mithilfe von Tonhöhe- und/oder Lautstärkevariationen einen zusätzlichen Stimulus bieten. Sie kann je nach Tier oder je nach Situation vielfältig moduliert werden: hoch und schrill, dann wieder dumpf und kräftig. Spiele mit dem Rohrtelefon (in einen Schlauch aus dem Baumarkt hineinsprechen), das Tönen in die hohle Hand oder in eine Muschel und auch Variationen der Sprechgeschwindigkeit lassen Sprache besonders erklingen und rücken sie somit in den Fokus.

Je mehr (prägnante) Variationen eingebracht werden, umso eher wird es gelingen, dass das Kind diese unterscheiden hört. Im Folgenden kann es dann vielleicht auch »leisere« Zwischentöne wahrnehmen, welche in der Interaktion eine große Bedeutung haben. Das Kind lernt die Vielfalt und Variabilität von Sprache verstehen und ggf. diese auch eigenständig zu nutzen.

9.4 Visuelle, taktile und propriozeptive Hilfen zur Lautbildung

Zeigen die Kinder eingeschränkte artikulatorische Fähigkeiten, können visuelle und taktile Informationen unterstützen: Die Therapeutin kann ihre Artikulation leicht verlangsamt und etwas überzeichnet ausführen. Einzelne Laute können isoliert und somit gezielt angeboten und gefestigt werden. Mithilfe der gut sichtbaren artikulatorischen Bewegung gelingt die korrekte Lautimitation eventuell leichter. Ein sich stark bewegender Mund ist zudem ein zusätzlicher Impuls, um in das Gesicht seines Gegenübers zu schauen und somit auch eine Hilfestellung zum Blickkontakt.

Bei Bedarf können einzelne Laute auch gespürt werden. Dazu darf das Kind z. B. bei der Produktion von Zischlauten seine Hand an den fließenden Luftstrom halten. Die Rachenlaute (erhöhte Muskelspannung und Vibration) werden am Hals und im Brustbereich fühlbar. Wenn die Lautbildung gelingt, nutzen einige autistische Menschen dies teilweise als Möglichkeit zur Selbststimulation. Sie tönen intensiv und über einen längeren Zeitraum um sich zu spüren, sich zu hören oder auch um gehört zu werden.

Laute sehen und spüren

Zusätzlich kann die Therapeutin auch propriozeptive Hilfen im Gesicht des Kindes geben, wie eine Druck- oder Zugbewegung. Der Fokus wird damit gezielt auf bestimmte Bereiche oder Bewegungsmuster gelenkt und unterstützt direkt die Artikulation. Gekoppelt mit Vibrationsimpulsen kann zudem auch hier einer vermehrten Anspannung entgegengewirkt werden, um das Lernen neuer mundmotorischer Bewegungsabläufe zu erleichtern.

> **Fallbeispiel: Rosanna, 3 Jahre, Rubinstein-Taby-Syndrom (Teil 2/2)**
>
> Keine gesprochene Sprache, stark verkürzte Konzentrationsspanne, starker Bewegungsdrang
>
> Rosanna beobachtet nach wenigen Stunden immer wieder mit wachsendem Interesse meinen Mund. Wenn beim Eisenbahnspiel das Geräusch der Lok erklingt und ich begleitend ein »Sch-sch« erklingen lasse, schaut sie gespannt auf meine Lippen. Interessiert beobachtet sie, wie sich meine Lippen nach vorne stülpen. Mit ihrer Hand ertastet sie, erst an meinen und dann an ihrem Mund, die Veränderungen. Vorsichtig versucht sie, das Geräusch nachzuahmen, aber noch ist nur ein leises Pusten zu hören.
>
> Ich nehme ein Auto aus der Kiste, stelle es zwischen uns und lasse das Auto hin- und herfahren, begleitet mit einem Geräusch: »brrrumm«. Rosanna fokussiert sich auch hier auf den Laut. Ich nehme ihre Finger und führe diese an meine Lippen. Jetzt kann sie auch diese Bewegung ertasten und zusätzlich eine Vibration spüren. Rosanna versucht, den Laut nachzuahmen: »wwwumm«. Noch gelingt es ihr nicht. Ich nehme ihre Finger und tippe damit an ihre Oberlippe, lasse diese vibrieren. Da beginnt Rosanna erneut zu pusten, ihre Lippen »ploppen« ein wenig und beginnen zu flattern – jetzt ist das Motorengeräusch zu hören. Eigenständig wiederholt sie die Stimulation mit ihren Fingern und das Lippenflattern gelingt noch einmal. Rosanna lacht mich stolz an.

9.5 Sprache, Sprechen und Handeln zeitgleich

Interaktion und Kommunikation beinhalten ständige Fokuswechsel und zeitnahes sowie zeitgleiches Agieren und somit ein gutes Zusammenspiel verschiedener Wahrnehmungsbereiche. Bei der Produktion der eigenen Sprache müssen Wortabruf, Stimmbildung und Artikulation eng ineinandergreifen. Wenn das Kind die (gemeinsame) Handlung stets unterbrechen muss, um seinen Fokus auf die Sprache des Gegenübers zu lenken, wehren autistische Menschen Sprache zum Teil aktiv ab, indem sie sich von diesem wegdrehen, sich die Ohren zuhalten oder den auditiven »Störimpuls« gezielt ignorieren. Wenn der Abruf der eigenen Sprache zudem eher einem »Kraftakt« gleicht und keine Bereicherung ist, wird sich diese nicht oder nur schwer entwickeln.

Einfache Sprache — Damit Sprache einen Mehrwert darstellt, muss diese unbedingt an die spezifischen Bedürfnisse und die Erlebenswelt des Kindes angepasst werden. Auch im Alltag benötigt das Kind immer wieder Angebote, die ausreichend spannend und motivierend sind. Die Familie, Therapeutinnen, Erzieherinnen und weitere Kontaktpersonen sollen diese Aktivitäten zusätzlich mit

»einfacher« Sprache begleiten. Wenn es ausreichend Spannendes zu hören und zu imitieren gibt und das Kind Zuspruch erlebt, kann der Einstieg auch spät verzögert noch gelingen.

Menschen mit Autismus, die über ein gut entwickeltes Sprachsystem verfügen, wenden Sprache eher eindimensional an. Aus zeitgleichem oder zeitnahem Sprechen, Handeln, Zuhören und auch aus der Beobachtung des Gegenübers wird entweder Sprechen oder Handeln oder Zuhören oder Anschauen. Sprachlicher und vor allem kommunikativer Austausch bedeutet jedoch, dass alle Bereiche je nach Situation gezielt abrufbar sind und diese auch miteinander kombiniert werden. Auch guten Sprecherinnen im Spektrum ist dies nicht oder nur eingeschränkt möglich.

Sprechende Menschen mit Autismus

Die gesprochene Sprache autistischer Menschen zeichnet sich zum Teil durch einen vorwiegend monotonen Redefluss aus, zudem weist sie eher die Merkmale eines Vortrages auf und ist gekennzeichnet durch ein starres Festhalten an bestimmten Worten oder auch ganzen Geschichten. Der Hyperfokus auf die eigenen Ideen und die eigene Sprache verhindert einen Dialog und lebendig geführte Unterhaltungen.

Sprachliche Stereotypien

Zudem gibt es immer wieder Situationen, in denen der Zugriff auf Sprache nicht (mehr) möglich ist. Worte, die in der Therapie oder im Selbstgespräch sicher abgerufen werden können, sind im Alltag nicht zu hören.

> »Nicht selten kommt es vor allem bei Mädchen und Frauen – und bei weiter eskalierendem Streit schlussendlich auch bei Männern – zu dissoziativen Stressreaktionen. Die Betroffenen gehen aus dem Kontakt, hören auf zu sprechen, werden mutistisch und ›frieren ein.‹« (Tebartz van Elst, 2018, S. 85)

Auch das Anwenden stereotyper Äußerungen und verschiedener Floskeln, welche für die jeweilige Aktion oft nicht relevant sind, zeigen die Schwierigkeiten der multimodalen Anwendung von Sprache. So dienen Echolalien häufig eher der Regulation und der eigenen Strukturierung, als dass sie Teil einer Interaktionshandlung sind. Hohe Erwartungshaltungen (u. a. von den Betroffenen selbst) lassen die Stressbelastung in vielen Situationen nochmals stärker ansteigen und verstärken die Notwendigkeit von Regulationshandlungen.

Um den sprachlichen Austausch auch in belastenden Situationen zu ermöglichen und um diesen nicht mit verstärktem Unwohlsein gleichzusetzen, müssen zusätzliche entspannende Mechanismen Anwendung finden. Wenn mithilfe gezielter Stimulationen Interaktion nicht mit erhöhter Erregung verbunden wird, stärkt dies Selbstwirksamkeit, Selbstbewusstsein und die Bereitschaft (weiterhin) den kommunikativen Austausch zu suchen.

> **Gut zu wissen: Zusatzdiagnose Mutismus**
>
> Eine zusätzliche Abklärung oder Abgrenzung zur Diagnose Mutismus sollte bei Kindern mit Autismus erfolgen, wenn die Sprache im Alltag oder in bestimmten Einzelsituationen nicht abrufbar ist.

> Das Wort Mutismus wird vom lateinischen »mutus« abgeleitet und bedeutet in diesem Zusammenhang »stumm«. Menschen mit der Diagnose Mutismus sind jedoch nicht stumm im Sinne von »unfähig zu sprechen«, sondern der Sprachabruf gelingt in bestimmten Situationen nicht.
>
> So berichten Eltern von selektiv/elektiv mutistischen Kindern, dass sie meist in der vertrauten heimischen Umgebung ungehemmt mit allen Mitgliedern der Kernfamilie sprechen. Im Kindergarten oder in der Schule, wenn das Erregungspotential steigt und eine verstärkte Erwartungshaltung hinzukommt, gelingt der Abruf auf Sprache nicht. Das Kind »verstummt« und zeigt sich auch bezüglich seiner gestischen und mimischen Ausdrucksfähigkeiten wie »versteinert«.

Elektronische Kommunikationshilfen

Elektronische Kommunikationshilfen aus der Unterstützten Kommunikation können Kindern den notwendigen und gewünschten Austausch ermöglichen, wenn der Zugriff auf Sprache (noch) nicht oder nur in einigen wenigen Situationen gelingt.

Um langfristig ein Zusammenspiel der verschiedenen Wahrnehmungs- und Kommunikationsebenen zu erreichen, ist das Anstoßen der multimodalen Impulsverarbeitung, der zentralen Kohärenz und der exekutiven Funktionen unabdingbar. Handeln und Sprechen können so Bestandteile der Kommunikation und somit des täglichen Erlebens in vielen verschiedenen Situationen werden.

Gebärden nicht nur zur Sprachanbahnung

Das handlungsbegleitende Sprechen und auch Gebärden sollten daher sowohl bei nicht sprechenden als auch bei bereits sprechenden Menschen mit Autismus Anwendung finden.

Fallbeispiel: Tom, 6 Jahre, im Autismus-Spektrum

Sprachabruf nur mit Verzögerung möglich, Stimming durch Wippen des Oberkörpers, Wedeln der Hände und monotones Summen

Heute spielen wir mit der Eisenbahn, gemeinsam stecken wir die Schienen zusammen. Dann holt Tom die Lok aus der Kiste und lässt diese auf seiner Handfläche hin und herfahren.

Ich nehme Toms freie Hand und beginne sie zu massieren. Er löst den Blick von der Lok und schaut mich aufmerksam an. Nun nehme ich seine andere Hand, in der er die Lok hält, und drücke und knete sie fest. Zeitgleich spreche ich: »Achtung, fertig…« und intensiviere nochmal die Massage. Tom schaut auf seine Hände. Jetzt beuge ich mich noch ein wenig tiefer zu ihm hinunter, damit er wieder mein Gesicht fokussieren kann und rufe »looos«.

Eine Zielsetzung in diesem Setting ist, dass Tom meine Sprache innerhalb der Spielangebote gezielter wahrnimmt und dass der eigenständige Sprachabruf leichter fällt. Besonders bei der Artikulation hat Tom noch Schwierigkeiten. Ich spreche das Wort »los« besonders deutlich und lasse meine Zunge, bei weit geöffnetem Mund an der Oberlippe starten. Tom schaut auf die Bewegung der Zunge, er schaut noch einmal und noch einmal. Erst nach einigen Sekunden gelingt es ihm, einen ähnlich klingenden Laut ertönen zu lassen. Er benötigt drei weitere Versuche, bis Stimmgebung und Artikulation koordiniert gelingen: »Looos!« ruft er, gemeinsam mit mir.

Jetzt schaut er sich etwas verwirrt im Raum um und es ist ihm anzusehen, wie er sich bemüht, wieder den Anschluss an unser Spiel zu finden: »Was war gerade die Aufgabe?«, scheint Tom zu denken. »Der Kugelbaum an der Seite? Nein, die Eisenbahn? Ja, da ist sie.« – Tom ist die Erleichterung anzusehen. Ich begleite die Situation immer wieder mit körperlich entspannenden Impulsen und aufmunternden Worten, damit er nicht aufgibt und sich immer wieder auf die schwierigen Fokuswechsel einlässt.

Die Kinder im Kindergarten warten nicht darauf, bis Tom wieder zum Spiel zurückkehrt und hören nicht auf seine verzögerten sprachlichen Äußerungen. Im Kindergarten und auf dem Spielplatz sind die Fokuswechsel sehr schnell, vieles passiert zeitgleich oder zeitnah. Deshalb sitzt Tom oft abseits und beschäftigt sich mit einem vertrauten Spielzeug. Wenn die Erzieherin ihn etwas fragt, antwortet er nicht. Im Alltag hat er noch keinen Zugriff auf die Worte, welche er in der Therapie oder daheim schon beherrscht.

Tom benötigt noch viele Übungsstunden und viele Fokuswechsel, damit Sprechen und Handeln gleichzeitig und im schnellen Wechsel möglich werden.

9.6 Mit Sprache weitere Handlungen erlernen

Wenn Sprache verstanden wird, wenn sie selbstständig abrufbar ist, verbunden mit der eigenen Handlung, kann dies auch eine weitere Hilfestellung für Kinder mit Autismus darstellen: Durch das sprachliche Begleiten und Benennen einer Handlung (der eigenen, wie auch die des Gegenübers) kann die Fokussierung auf die jeweilige Aktion leichter fallen. Auch das Miteinbeziehen bedeutungstragender Informationen sowie die Bewältigung der Aufgabe können somit gelingen.

Wenn ein Kind motorisch unsicher die Treppe hinaufgeht und gleichzeitig die Lampen an der Decke betrachtet oder mit seinen Händen vor dem Gesicht wedelt, ist eine Lenkung der Aufmerksamkeit auf das Treppensteigen hilfreich: So könnte vielleicht das sprachlich begleitende »Tapp-tapp« eines Elternteiles die Konzentration auf den nächsten Schritt, auf die eigenen Füße oder die folgende Treppenstufe unterstützen. Die Bewegung kann dann konzentrierter und flüssiger ausgeführt werden. Später ist es vielleicht möglich, dass sich das Kind selbstständig unterstützt, indem es die Aktivität ebenfalls sprachlich begleitet.

Sprache ermöglicht Fokussierung

Fallbeispiel: Bastian, 5 Jahre, im Autismus-Spektrum

Sprachabruf deutlich verzögert, keine Unterhaltung möglich

In unserer ersten Stunde spielen wir ein kleines Tierlotto mit je neun Bildern. Bastian schaut auf den Tisch, auf die Karten und überlegt, welche er auswählen soll. Er schaut auf seine Hand, betrachtet diese und hebt sie an. Dann bewegt er sie und nimmt sich eine Karte. Er dreht die Karte um, schaut noch einmal, überlegt und benennt das Tier. Dann schaut Bastian auf seine Vorlage und legt die gezogene Karte darauf ab.

Eigentlich ein regelrechter Spielverlauf. Jedoch benötigt Bastian für das Ziehen und Ablegen einer einzigen Karte fast fünf Minuten! Bastian ist die gesamte Zeit sehr bemüht und konzentriert. In seinem Kindergarten möchte jedoch kaum ein Kind mit Bastian spielen, da er für jeden Ablauf sehr viel Zeit benötigt und die anderen Kinder darauf nicht warten möchten.

In der nächsten Stunde nehme ich mithilfe körperlicher Führung Bastians Hand, gemeinsam ziehen wir (zügig!) die erste Karte und drehen sie um. Zeitgleich begleite ich die Handlung sprachlich: »Ich sehe einen … Eeee … sel.« – Bastian soll dabei das Tier am Ende des Satzes einfügen, wobei ich ihn mit einer Anlauthilfe zusätzlich unterstütze. Bastian gelingt es, sich zeitlich leicht versetzt einzubringen. Schon nach einigen wenigen Wiederholungen kann ich die Anlauthilfe weglassen und auch die körperliche Führung beim Aufnehmen und Ablegen der Karte etwas zurücknehmen. Nach weiteren acht bis zehn Therapieeinheiten übernimmt Bastian ohne weitere Hilfen das schnellere Tempo im Spiel und auch beim Sprechen.

Sein Vater erzählt einige Wochen später, dass jetzt ein erster sprachlicher Austausch möglich wird. Wenn Bastian bis dato z. B. im Auto etwas kommentiert hatte, fehlte dem Vater oft der Zusammenhang. Bastians Äußerungen kamen teils erst eine halbe Stunde nach dem Impuls, so dass sein Vater nicht an die Situation anknüpfen konnte.

Jetzt reagiert Bastian zeitnah und kommentiert Alltagsbeobachtungen entsprechend zügig. Wenn er während der gemeinsamen Autofahrt im Vorbeifahren eine Baustelle entdeckt und benennt, versteht sein Vater die Situation und kann reagieren.

Eines Tages steht Bastian vor einem Schrank in meinem Therapieraum und möchte ein Spiel herausholen. Bevor Bastian die einzelnen Handlungen tätigt, spricht er sie laut aus: »Ich mache den Schrank auf. Ich hole das Spiel heraus.« Bastian setzt seine neugewonnene Fähigkeit, den schnelleren Wort- und Satzabruf ein und stößt sich damit im Alltag selbstständig an. Mit dem Benennen gelingt es ihm, seine ebenfalls stark verlangsamten körperlichen Aktivitäten etwas zu beschleunigen.

10 Emotionen und Empathie

Emotionen sind vorwiegend körperliche Reaktionen auf bestimmte Situationen oder Erlebnisse. Die Bedeutung dieser, und wie sie das eigene Handeln und das tägliche Miteinander beeinflussen, ist weitreichend. Empathie ist das Erkennen dieser Emotionen bei unserem Gegenüber und die folgende adäquate Resonanz darauf, häufig mit einem *Mitfühlen* dieser Emotionen und eventuell mit einer entsprechenden Hilfestellung verbunden.

In den ersten Lebensjahren lernt das Kind durch einen intensiven Austausch mit seinen engsten Bezugspersonen eigene Emotionen wahrzunehmen und zu verstehen, wie ein Lächeln, einen Wutausbruch oder auch Verwunderung. In der weiteren Entwicklung sind das Erkennen und der Umgang mit den (eigenen) Emotionen sowie empathische Reaktionen auf die Gefühle des Gegenübers eine wichtige Grundlage für ein stabiles soziales Netzwerk, den familiären Zusammenhalt, den Freundeskreis und den Umgang mit weiteren vertrauten Personen. Wie das persönliche Befinden in einer bestimmten Situation ist und welche (körperlichen) Reaktionen folgen, hängt dabei von verschiedenen Faktoren ab: Bisher Erlebtes und Erlerntes, besonders im Hinblick auf die frühe soziale Interaktion, die eigene (Körper-)Wahrnehmung und auch die Tagesform beeinflussen Intensität, Einordnung, Bewertung und Beeinflussbarkeit der Emotionen sowie die Reaktionen darauf. Negative Gefühle sind dabei häufig mit einem intensiveren Spürerlebnis verbunden als positive.

> **Die physiologische Entwicklung der Emotionen**
>
> Schon in der embryonalen Phase sind die Emotionen der Mutter und die damit verbundene muskuläre Anspannung, die Durchblutung der inneren Organe, der veränderte Herzschlag und auch die Schwankungen im Hormonspiegel für den Embryo wahrnehmbar. Auch die folgenden Reaktionen der Mutter, ob und wann Entspannung folgt, erlebt der Embryo zum großen Teil mit.
>
> Als Säugling vermitteln Eltern ihr Wissen und ihren Umgang mit Emotionen im Zuge der frühen und aufbauenden sozialen Interaktion. Sie spiegeln die ersten Reaktionen des Säuglings, versuchen diesen eine Bedeutung zu geben, sie zu intensivieren, zu regulieren oder seine aufkommenden Gefühle zu lenken. Beim Weinen benennen die Eltern Schmerzen oder Hunger, sie reagieren mit einem verständnisvollen Blick

> und versuchen das Kind mit einem Streicheln oder Wiegen zu beruhigen. Beim Lachen spiegeln sie das Mundbild des Säuglings und setzen ihre Stimme ein, zeigen ihre eigene Freude über diese Situation und verstärken so das Wohlgefühl des Kindes. Das Gefühl des Ausgeliefertseins reduziert sich, je häufiger die verschiedenen Emotionen im täglichen Austausch in den Fokus rücken. Das Kind lernt seine Empfindungen einzuordnen und damit umzugehen. Es erlebt, dass sein Gegenüber *mitfühlt*, es unterstützt und ihm hilft. So vermittelt die Mutter dem Säugling nicht nur, dass sie seinen Hunger und seinen Unmut erkennt und dass sie ihn versteht, sondern sie lenkt seinen Blick zusätzlich auf die Zubereitung der Flasche und damit auf das baldige Ende des unangenehmen Gefühls.
>
> Teilweise erreichen Menschen aus dem Autismus-Spektrum einige der beschriebenen Entwicklungsschritte in Bezug auf die Emotionen nicht oder aber sie sind in besonderen Erregungssituationen nicht abrufbar.

Die meisten Menschen können ihre eigenen Gefühle nicht bewusst mit einem bestimmten Körperempfinden verbinden, trotzdem können diese passend zugeordnet und benannt werden. Erst bei genauerer Betrachtung zeigt sich, das u. a. viele Redensarten die körperliche Empfindung passend beschreiben: Bei Aufregung ist die »Anspannung« spürbar, ähnlich einem Knoten im Magen oder einem Kloß im Hals, bei Verliebtheit sind es die »Schmetterlinge« im Bauch, bei Wut ist der Druck im gesamten Brust- und Bauchraum zu fühlen, begleitet mit einer flachen Atmung.

> »Gefühle ohne Körpererleben gibt es nicht. Sie sind immer mit körperlichen Aktivitäten, und seien es noch so schwache und kaum bemerkbare, verknüpft. […] Gefühle verändern den Atem und das vegetative Nervensystem und rufen Veränderungen im gesamten Körper hervor.« (Baer, 2020, S. 13)

In einigen Situationen erlebt das Kind die verschiedenen Emotionen zeitnah und im Wechsel. So freut es sich gerade über ein ausgepacktes Geschenk, ist im nächsten Moment traurig, dass das Zerreißen des Papiers vorbei ist und lacht dann wieder, da es ja ein neues Spiel in der Hand hält. Die unterschiedlichen Emotionen und die damit verbundenen unterschiedlichen Körperreaktionen innerhalb einer kurzen Zeit zu verarbeiten, ist neu und anstrengend für das Kind. Die Überforderung zeigt sich zum Teil erst später, wenn es abends weinend im Bett liegt und nicht zur Ruhe kommt. Im weiteren Verlauf der Entwicklung lernt das Kind, wie sich Wut und Frust, Trauer oder Freude in den verschiedenen Situationen anfühlen, erlebt unterschiedliche Intensitäten dieser Emotionen und deren Wechsel. Jedes Erlebnis, jede Erfahrung hilft, die Emotionen besser einzuordnen und entsprechend darauf zu reagieren.

10.1 Haben Autisten Gefühle?

Auch wenn die Reaktionen auf ein bestimmtes Geschehen oder Erlebnis von Menschen mit Autismus häufig anders sind als bei Menschen ohne Autismus, sind diese ebenfalls eine Folge davon. Das gezeigte Verhalten im Zusammenspiel mit ihrer persönlichen Wahrnehmung entspricht ihrem Empfinden und somit ihren Gefühlen.

Die eingeschränkte Körperwahrnehmung und besonders das Spüren der inneren Organe (viszerale Wahrnehmung) erschweren oder verzerren jedoch dieses Empfinden. Die Reaktionen unterscheiden sich somit bezüglich Auslöser, Intensität und in der Bewertung (ob positiv oder negativ, freudig oder beängstigend) oft stark von denen neurotypischer Menschen. Durch das Nicht-Erleben von Turn-Taking und wechselseitiger Interaktion werden zudem auch das Einordnen, das Benennen und die adäquaten Reaktionen auf die eigenen Emotionen nicht ausreichend gelernt. Die zusätzliche Schwierigkeit, mehrere Informationen komplex und flexibel zu verarbeiten, führt dazu, dass viele emotionale Situationen für Betroffene und Begleiter eine große Belastung darstellen. So ist es möglich, dass auf eine freudige Situation ein Wutausbruch folgt, hingegen auf Verlust oder Trauer ein lautes Lachen. Fragen dazu, wie sich Freundschaft oder Verliebtheit, Enttäuschung oder ein Misserfolg anfühlen, können nicht beantwortet werden.

Zusätzlich kommt es durch die vorhandene Hyper- wie auch Hyposensibilität dazu, dass emotional Erlebtes entweder zu einer Überforderung führt oder dass kaum eine Reaktion erfolgt – weshalb einige Betroffene als »gefühlskalt« beschrieben werden. Für Menschen mit Autismus bedeuten die vorwiegend in Extremen erlebten Gefühlsreaktionen eine regelrechte »Berg- und Talfahrt« der Befindlichkeiten. Eben war noch alles in Ordnung, die Erregung, das Bauchgrummeln, die Angst vor der neuen Situation war nicht spürbar, und in der nächsten Sekunde ist die Erregung so stark, dass es zum Overload mit Schreien, um sich Schlagen oder heftigem Weinen kommt.

»Gefühlskalt«

10.2 Die eigenen Emotionen verstehen

Emotionen sind nicht nur mit einem bestimmten Körpergefühl verbunden, sondern sie verändern auch nach außen hin erkennbar die Mimik, den Klang der Stimme oder zeigen sich durch eine bestimmte Wortwahl. Wenn Menschen mit Autismus zu Beginn ihre eigenen Gefühle erkennen und erleben lernen sollen, entsprechend der Situation und in verschiedenen Abstufungen, müssen auch die dazu gehörigen Merkmale verstärkt in den Fokus rücken.

Dazu können emotionale und aufregende Momente vom Gegenüber intensiv vorgeführt werden: durch eine überzogene Körpersprache, eine besonders ausdrucksvolle Mimik, eine überdeutliche Betonung und beschrieben durch eine klare Wortwahl. Sie können anschließend gemeinsam nochmals als Spiel variiert und erlebbar werden. Dazu müssen besonders die positiven Gefühle verstärkt (visualisiert) werden, damit diese eher *sanftere* Empfindung ebenfalls erlebbar wird. Das Erleben von Wut dagegen ist ungleich intensiver und gelingt somit leichter.

So ist es z. B. möglich, beim Abschied einer vertrauten Person die Hand auf den Bauch zu legen, um zu verdeutlichen, dass es sich dort gerade ganz »komisch« anfühlt. Die Trauer kann mit einer passenden Mimik oder Geste, wie dem Abstreichen über die Wange, sichtbar gemacht werden. Betonung, Stimmlage und Wortwahl können dies noch einmal unterstreichen, wie »mein Magen grummelt, weil ich so traurig bin«. Es kann versucht werden, an besonders schöne Erinnerungen anzuknüpfen, wie das gemeinsame Lachen, welches sich wie ein »Beben« im Bauch anfühlt, bei dem sogar die Mundwinkel fast bis zu den Ohren reichten und das Lachen selbst ganz laut zu hören war. Auf teils unerwünschte Ereignisse, wie z. B. die Ferien, kann mit einem Aufstampfen, einem Faustballen und mit einem lauten Ruf reagiert werden: »Das ist so gemein, dass die Schule jetzt schließt, ich bin echt sauer!« Zusätzlich zum besseren Verstehen wirkt das Zulassen und Intensivieren der Körpersprache regulierend. Die Kinder lernen, mit Emotionen, egal ob Trauer, Freude oder Ärger, umzugehen und diese zu verarbeiten. Wenn Gefühle früher und spezifischer wahrgenommen werden, erkennt auch ein Gegenüber diese besser und kann seine Reaktionen sowie mögliche Hilfen passender und zeitnah anbieten. Überforderungen, Missverständnisse und ein folgender *Overload* oder *Meltdown* können so vermieden oder abgeschwächt werden. Wenn zudem der Fokus mehr auf wohltuende Empfindungen wie Glück, Freude oder Verbundenheit gelenkt wird, wirkt sich dies positiv auf das Entspannungssystem (parasympathisches System) aus und festigt zusätzlich das Selbstwertgefühl.

10.3 Empathie verstehen lernen

Damit Menschen mit Autismus die Gefühle der anderen verstehen lernen, muss zuerst das eigene Empfinden, wie oben beschrieben, wahrnehmbar und verstehbar werden. Wenn diese eigenen Emotionen gefühlt und zugeordnet werden können, kann dies auch beim Gegenüber gelingen. Folgend werden Empathie und empathische Reaktionen möglich. Ohne die Verbindung zum eigenen körperlichen Erleben können die Gefühlsregungen anderer zwar wahrgenommen werden, es folgen jedoch keine passenden Reaktionen: Wenn die Mutter vor Erschöpfung weint und ihr Kind dieses Schluchzen spannend findet, ist es möglich, dass es mit einem Lachen auf diese Emotion reagiert. Wenn ein Geschwisterkind sich über etwas freut, das Kind mit Autismus jedoch weder das Lächeln noch die Gestik dazu erkennt, wird ein gemeinsames Freuen und somit eine freudvolle Begegnung kaum möglich sein. Auch der von der Mutter freudig erwartete Besuch führt aus Sicht des Kindes dazu, dass die Mutter aufgeregt ist, lauter spricht oder lacht. Diese Veränderung nimmt das Kind häufig wahr, empfindet sie jedoch als beängstigend oder verwirrend, folgend steigt auch seine Anspannung, es schreit oder weint und zieht sich in sein Zimmer zurück.

Wenn es gelingt, das Gefühl für den eigenen Körper zu verbessern, wird es möglich, die Freude und die positive Aufregung der anderen mitzufühlen, als ein schönes Kribbeln, eine angenehme Erregung. Wenn Eltern und Begleiter zusätzlich ihre eigenen Empfindungen deutlicher und damit erfahrbarer machen, indem sie vielleicht freudig durch die Wohnung tanzen oder äußern, dass der Besuch der Oma ein Eis zum Mittagessen bedeutet, und dass das Eis ja *soooo* kalt ist, kann das Kind das Empfinden des Gegenübers auch selbst spüren.

Die Freude des anderen fühlen

Fallbeispiel: Tim, 5 Jahre, im Autismus-Spektrum

Zu Beginn der Therapie war es Tim noch nicht einmal möglich, ein einfaches Steckspiel zu spielen. Er wühlte am liebsten in einer Kiste herum, räumte diese aus und wieder ein. Zuhause waren *Knuddeln* und *Toben* seine bevorzugten Beschäftigungen. Andere gemeinsame Aktivitäten waren kaum möglich. Im ersten Kontakt versteckt sich Tim hinter seinem Vater, die körperliche Nähe beruhigt ihn zwar ein wenig, doch sein Blick wandert unruhig durch den Raum und zeigt seine anhaltende Erregung.

Hilfestellungen und Entwicklungen: Der Kugelbaum, die Seifenblasen und einige erste Massagen wecken Tims Interesse, er entspannt sich. In den folgenden Stunden zeigt sich, dass Tim besonders die Eisstimulationen liebt. Wir tupfen oder streichen das Eis an die unterschiedlichsten Körperstellen, das geschmolzene Wasser lassen wir anfangs über seine und später auch über meine Hände laufen. Die Lenkung der Aufmerksamkeit gelingt auch im Puppenspiel mithilfe der Creme, einer festen Haarbürste und der *stinkenden* Windel zunehmend. Immer wieder schaut mich Tim wach und zugewandt an und freut sich über meine Spielangebote.

Nach zwei Jahren Therapie, an einem heißen Tag, nehme ich wieder einmal das Eis mit in die Stunde. Ich streiche damit über seine Arme und Beine, über seine Wangen und die Lippen. Es gelingt ihm, seine Zunge dabei mehrmals gezielt herauszustrecken. Der Blickkontakt erfolgt dabei ganz spontan: Wir schütteln uns, wenn Tim mit dem Eis in Kontakt kommt und lachen dabei laut. Dann halte ich das Eis an meine Wange und mache zusätzlich ein überraschtes Gesicht. Tim schaut mich an, seine Augen werden groß, er hält sich die Hand vor den Mund. In diesem Moment weiß ich, dass Tim meine Empfindungen mitfühlen kann. Er kennt dieses Kribbeln, wenn das Eis die Haut berührt und es sich »schaurig-schön« anfühlt. Zu dieser Zeit war Empathie in den meisten anderen Spiel-Situationen noch nicht möglich. Das Eis ist aber so eindrücklich berührend, dass Tim hier die ersten Erfahrungen machen kann, die Emotionen des Gegenübers nicht nur wahrzunehmen, sondern diese auch einzuordnen. Vielleicht bietet er mir beim nächsten Mal sogar eine passende Hilfe an und trocknet mit dem Tuch meine Wange ab.

Abb. 10.1: Mit Handpuppen eigene und fremde Gefühle und Bedürfnisse anzeigen lernen

Besonders bei den Emotionen zeigt sich erneut, dass Interaktion stets mit dem eigenen Körperempfinden sowie mit gemeinsam erlebtem Empfinden wie Freude, Angst oder Wut verbunden ist. Verständnis und passende Reaktionen in Bezug auf eigene und fremde Empfindungen sind wichtige Bausteine, um gemeinsame Freude und Austausch zu ermöglichen, Freundschaften zu knüpfen und diese zu erhalten.

> Asperger um 1930: »Ich will nicht nur ›von außen stoßen‹, Anweisungen gebend, kühl und enthoben beobachtend, sondern ich spiele und rede mit dem Kind, ich schaue dabei mit wachen Sinnen ebenso in das Kind wie in mich selber, in meine eigenen dabei aufsteigenden Gefühlsreaktionen, in all das, was sich im Gespräch zwischen uns zweien begibt.« (Silberman, 2017, S. 100)

11 Die ersten Stunden – Therapieeinstieg

Die erste Begegnung, der erste Kontakt ist der erste Schritt in eine Beziehung, die in den nächsten Stunden, Wochen und Monaten gefestigt werden soll. Ein spannendes erstes Spiel, berührende Momente und vielleicht ein gemeinsames Lachen sollen aufzeigen, dass dieser Kontakt etwas Besonderes zu bieten hat.

Abb. 11.1:
Positiv berührende Angebote im Therapieraum

11.1 Struktureller Ablauf einer Therapiestunde

Die Komm!ASS®-Therapie umfasst in der Regel 45 Minuten Beschäftigung mit dem Kind zuzüglich 15 Minuten Zeit für ein Gespräch mit den Eltern. Die Therapie wird ein- bis zweimal wöchentlich durchgeführt, wobei eine Erhöhung der Frequenz auf drei oder vier Wochenstunden, besonders zu Beginn, empfehlenswert ist.

45 Minuten Therapie

Videodokumentation — Es empfiehlt sich, die Therapien auf Video aufzunehmen, damit der Verlauf einzelner Stunden und besonders prägnante Momente nochmals angeschaut und analysiert werden können – auch mithilfe weiterer Kolleginnen, Betreuerinnen oder der Eltern.

11.2 Inhaltlicher Ablauf einer Therapiestunde

Jede Stunde verläuft anders. Spezifische (Körper-)Impulse, das Bündeln der Informationen und deren Variationen sind die Konstanten in der Therapie. Ob dies im direkten Austausch, mithilfe verschiedener Spielmaterialien oder auch im Zusammenhang mit einem komplexen Spiel, wie z. B. dem Versorgen der Puppe, geschieht, hängt vom individuellen Entwicklungsstand und der Tagesform des Kindes ab.

Beziehungsaufbau — In den ersten Stunden liegt die Gewichtung eher auf Körperspielen und Bewegungselementen. In den folgenden Einheiten kommen stetig mehr Spiele hinzu, bei denen auch feinmotorische, visuelle und auditive Elemente angeboten und miteinander verknüpft werden (Steckspiele, Sound-Puzzles, Sound-Würfel etc.). Das Anbieten der körperlichen Impulse bleibt über mehrere Monate oder auch Jahre fester Bestandteil der Therapie.

Fallbeispiel: Davie, 7,5 Jahre, im Autismus-Spektrum

Als Davie zu mir in die Praxis kommt, hat er schon einiges an Therapieerfahrung. Er hat in den letzten Jahren gelernt, Gegenstände nach Form oder Farbe zuzuordnen, Arbeitskästen abzuarbeiten und er liebt Steckspiele jeglicher Art. Seine Mutter wünscht sich, dass Davie auch im Kontakt mit anderen Kindern offener wird und sich hier nicht so häufig zurückzieht.

Ich setze mich auf den Boden, viele spannende Materialien liegen bereit und ich lade Davie ein, diese zu erkunden. Zu Beginn ist es schwer, eine Aktivität zu finden, bei der er eine gemeinsame Handlung zulässt. Trotz unterschiedlicher Angebote wie Eis, Novafon und den Seifenblasen toleriert er stets nur ein oder zwei Wiederholungen, dann wendet er sich anderen Dingen zu. Beim Kugelbaum, beim Steckigel und einem Puzzle gelingt zwar die Durchführung des Spiels, ein Zureichen von Murmeln, Holz- oder Puzzleteilen, ein Einfordern, Abklatschen oder gar Blickkontakt gelingen jedoch nicht. Es ist deutlich zu erkennen: Davie nimmt mich zwar wahr, aber er versucht, wenn möglich, Interaktion zu vermeiden. Immer wieder wendet er sich Spielen oder Spielsteinen zu, die abseits liegen und mit denen er (fast) ungestört spielen kann.

Als er sich erneut dem Kugelbaum zuwendet, verspreche ich ihm, dass er mit diesem gleich noch einmal spielen kann. Vorher möchte ich ihn jedoch im Sitzsack nochmal aufsetzen. Ich fasse Davie mit einem festen Griff an seinen Oberarmen, hebe ich einige Zentimeter hoch und setze ihn mit Schwung wieder in den Sitzsack. Davie hält inne – als scheine er sich zu fragen: »Was ist das?«. Noch einmal nehme ich ihn ganz fest, hebe ihn mit seinem ganzen Körper hoch und lasse ihn dann wieder los. Jetzt ist die Reaktion nochmals deutlicher, Davie wirft mir einen kurzen fragenden Blick zu. Zur Abwechslung hole ich jetzt eine feste Bürste. Ich nehme seine Hand und streiche für einen kurzen Moment damit fest über die Handinnenfläche. Wieder zeigt Davie positive Verwunderung. Beim nächsten Mal ist sogar ein kurzes Lachen zu hören. Später umfasse ich seine gestreckten Beine und schiebe diese mit einem prägnanten Druckimpuls Richtung Becken, auch diese Stimulation beantwortet er mit einem lächelnden Blick. Nach je drei, vier Wiederholungen lässt das Interesse an den körperlichen Stimuli nach und die Impulsgebung muss abgeändert werden. Einige Minuten später gelingt trotz unterschiedlicher Variationen keine Interaktion mehr. Jetzt überlasse ich Davie den Kugelbaum zum alleinigen Spiel und tausche mich über das Erlebte mit der Mutter aus.

Bereits in der Folgestunde werden Davies Bemühungen, Interaktion gezielt zu vermeiden, weniger. Besonders in Bezug auf die Materialien zur Körperstimulation zeigt sich, dass Davie sich auf die Impulse und damit auch ein wenig auf seine Therapeutin freut.

Wenn die Aufmerksamkeit über einen längeren Zeitraum gelenkt und gehalten werden kann, dürfen auch komplexer gestaltete Spiele in die Therapie eingeführt werden. Das Versorgen der Puppe, der Aufbau und ein erstes Spiel mit der Eisenbahn, Kochen mit der Spielküche und folgend eine gemeinsame Esssituation sind Spiele, die oft eine direkte Verbindung zum Alltagsgeschehen der Kinder aufweisen und deshalb den Übertrag des Erlernten in dieses ermöglichen.

Nach solch einer komplexen und somit besonders anstrengenden Therapiesequenz sollte eine Aktivität folgen, bei der die körperliche Stimulation und damit das Spüren des eigenen Körpers wieder im Vordergrund stehen. Anschließend kann wieder ein Spiel ausgewählt werden, bei dem vor allem visuelle, auditive und/oder feinmotorische Fähigkeiten erforderlich sind, wie ein Steckspiel oder ein Sound-Puzzle. Eine körperliche Stimulation erfolgt je nach Bedarf begleitend.

Die Schwierigkeit und die Zielsetzung der Aufgaben dürfen und sollen von Sequenz zu Sequenz wechseln. Die vielfältigen Angebote, ihre spezifische Abfolge und die Regulationsmechanismen werden dabei ständig an die aktuellen Bedürfnisse angepasst.

Eine lebendige Interaktion und ein (freudiger) Austausch mit dem Kind sind stets das fokussierte Ziel im Therapieverlauf. Wenn dies nicht mehr gelingt und sich das Kind nur noch isoliert mit den Materialien oder auch den eigenen Händen beschäftigt, wird die Einheit beendet. In den nächsten Stunden wird sich das Kind dann mit neuer Energie auf weitere Interaktionsmomente einlassen können.

Gemeinsame Freude

> **Gut zu wissen: Die Impulsgebung passt sich an die frühen physiologischen Interaktionsangebote an**
>
> Die angebotenen Impulse, die Kopplung und die Variationen dieser entsprechen häufig dem, wie Eltern in den ersten Lebenswochen und -monaten mit ihren Säuglingen agieren:
>
> Blickkontakt wird möglich, indem die räumliche Distanz verringert und die Mimik besonders ausgeprägt angeboten wird. Das Spielzeug wird ebenfalls zumeist nah vor dem Gesicht des Kindes und teils mit dynamischen Bewegungen präsentiert.
>
> Wenn der Säugling gluckst oder lautiert, gehen Eltern in den Blickkontakt und motivieren mit Lauten und Worten das Kind, zu einer ausgeprägteren Mimik und zur anhaltenden Lautproduktion. Dabei sprechen sie im Wechsel hoch und tief, laut oder leise, mal schnell, mal langsam. Laute und Worte werden stark vereinfacht und entsprechen einer Art »Babysprache« oder »Comicsprache«.
>
> In Situationen, die für das Kind unangenehm und belastend sein können, wie Zähneputzen oder Wickeln bieten sie eine liebevolle Berührung, einen Kuss oder ein Lächeln. So trösten und ermutigen die Eltern ihr Kind und sprechen ihm gut zu: »Du hast es gleich geschafft!« oder »Jetzt ist es vorbei!« Sie helfen ihrem Kind zu verstehen, dass auch unangenehme Situationen zu bewältigen sind und es sich danach wieder beruhigen kann.
>
> Im Tagesverlauf bieten die Eltern dem Kind mithilfe von klopfenden und streichelnden Fingerbewegungen oder durch »Pusten« oder »Prusten« der Lippen propriozeptive und taktile Impulse, um in den Kontakt zu kommen und um lebendig zu interagieren. Wenn das Kind auf dem Wickeltisch strampelt, wird auch dies zum Austausch genutzt. Die Mutter nimmt die Beine des Säuglings, bewegt und massiert sie. Ein »Treten« z. B. auf dem Wickeltisch wird nicht als Abwehr erlebt, sondern als eine Aufforderung, den eigenen Körper zu spüren und die Eltern antworten mit einem passenden »Gegendruck«. Wenn die Erregung des Kindes ansteigt und die körperliche Unruhe steigt, nehmen die Eltern das Kind hoch, wiegen es in den Armen oder lassen es auf den Oberschenkeln bzw. Schultern reiten. Hat der Säugling Blähungen oder Verstopfung, strampelt er besonders kräftig und überstreckt seinen gesamten Körper. Eltern nehmen ihn dann bäuchlings auf den Arm und wiegen ihn zur Beruhigung, klopfen auf seinen Rücken und laufen im Raum umher. Immer wieder erfährt das Kind propriozeptive, vestibuläre oder taktile Stimuli im Austausch mit seinen Bezugspersonen.
>
> Im Laufe der folgenden Monate und Jahre verändern sich die Angebote der Eltern. Zusätzlich zu den Impulsen in Bezug auf die Körperwahrnehmung des Kindes werden mehr auditive und visuelle Informationen angeboten, wie ein Lob oder ein zustimmendes Lächeln. Je älter die Kinder werden und auch bei weiteren Kontaktpersonen

nehmen die unmittelbar berührenden Angebote zumeist ab und Interaktion vollzieht sich vorwiegend mit Blicken, Gesten und Worten.

Ähnlich den beschriebenen Abläufen, wie sie bei Eltern mit Kindern zu Beginn der Interaktionsentwicklung beobachtbar sind, benötigen Menschen mit Autismus körperbezogene Hilfen zum Erleben einer freudvollen und sicheren Interaktion. Bedingt durch die veränderte Wahrnehmung und Informationsverarbeitung, die nicht ausreichenden exekutiven Funktionen sowie die verminderten Kompetenzen zur Regulation und Konzentration sollten die Angebote diesen Schwierigkeiten entsprechen. So spiegeln einige Angebote in der Therapie die Kontaktaufnahme der Eltern auf dem Wickeltisch wider, allerdings sind diese je nach Situation und Befindlichkeit nochmals intensiver. Wenn die Impulse dem psychischen, wie auch dem physischen Entwicklungsstand entsprechen, wird das positive Wahrnehmen des eigenen Körpers und des Gegenübers möglich.

11.3 Die erste Stunde

Im Vorfeld erfolgt ein einleitendes Gespräch am Telefon. Dabei werden erste Informationen ausgetauscht und die Eltern erfahren Einzelheiten zum Ablauf des persönlichen Kennenlernens. Dieses erfolgt dann in der jeweiligen Einrichtung und hat folgende Zielsetzungen:

- Erstkontakt mit dem Kind
- Erfassung der bisherigen Entwicklung des Kindes (Anamnese) und bereits durchgeführter Therapien
- Aufklärung der Eltern, diese erfolgt ggf. an einem späteren Termin

Ziele der ersten Stunde/n

Bereits beim Erstkontakt steht das Kind mit seinen Bedürfnissen im Mittelpunkt. Die Therapeutin wendet sich als erstes dem Kind zu und versucht, mit verschiedenen Angeboten und Materialien Momente der gemeinsamen Aufmerksamkeit zu schaffen.

Jedes Kind hat individuelle Bedürfnisse und Interessen und doch gibt es (neben dem Körper, den Händen oder der Stimme der Therapeutin) eine »Schatzkiste« an einfachen, aber effektvollen Materialien, die den Erstkontakt erleichtern.

Hilfreiche Materialien

Praktische Tipps: Materialien, die sich besonders für den Erstkontakt eignen

- Trampolin, Schaukel und/oder Pezziball
- Schreibtischstuhl, Lagerungsrollen, Kissen in verschiedenen Größen

- Bälle mit verschiedenen Oberflächen, Strukturen und unterschiedlichem Gewicht
- Vibrations- und Massagegeräte, Bürsten in verschiedenen Stärken
- Eis und Creme
- Seifenblasen, Kugelbahn
- Klingelbälle, Klangbaum, Klangschalen
- Sound-Puzzles, Sound-Würfel
- weitere Effektspielzeuge wie Leuchtbälle oder Rasselstäbe
- Musikinstrumente usw.

Mithilfe dieser Materialien sollte versucht werden, die Aufmerksamkeit des Kindes zu wecken.

Die Absprache mit den Eltern sollte entweder an einem gesonderten Termin erfolgen oder wenn möglich von einer weiteren Therapeutin etwas abseits, mit Blick auf das Therapie-Setting durchgeführt werden. Dabei können wichtige Fragen zum bisherigen Verlauf, zur Therapie und zu den Zielsetzungen abgeklärt werden.

Bei älteren Kindern, wenn das Kind bereits über ein gutes Sprachverständnis verfügt oder sich besonders leicht ablenken lässt, sollte der Austausch mit den Eltern auf jeden Fall bei einem separaten Termin erfolgen.

11.3.1 Erstkontakt mit dem Kind

Einige Kinder wenden sich bereits beim Betreten des Raumes, z. B. bedingt durch negative Erfahrungen, von der Therapeutin ab. Andere Kinder nehmen ihr Gegenüber kaum wahr und erkunden ausschließlich den Therapieraum. Wiederum andere klammern sich an ein Elternteil, schreien oder weinen. Trotz aller Unterschiede soll jedes Kind zeitnah erleben, dass es sich im Kontakt mit einer Therapeutin wohlfühlen kann.

Der Erstkontakt sollte so gestaltet werden, dass es ausreichend Möglichkeiten zum Staunen, Freuen und Regulieren gibt. Das Kind darf spüren, dass das Gegenüber eine bereichernde Ansprech- und Spielpartnerin ist und dass es hier Bestätigung und Lob erfährt.

Aktive Kontaktaufnahme

Bei Komm!ASS® wendet sich die Therapeutin dem Kind vom ersten Moment an zu. Es werden ausgewählte faszinierende Materialien oder Aktivitäten angeboten. All diese interessanten Spiele darf das Kind gemeinsam mit seinem Gegenüber entdecken. Während dieser Interaktion sammelt die Therapeutin erste Erkenntnisse, welche Entwicklungsschritte in Bezug auf einen lebendigen Austausch das Kind bereits erworben hat, welche besonderen Schwierigkeiten dabei zu beobachten sind und welche »Anknüpfungspunkte« es gibt.

Viele Kinder nehmen fasziniert die neuen, spannenden Materialien wahr und würden den Raum am liebsten alleine erkunden. Dabei würden sie einiges entdecken, was nicht zum Spielen geeignet ist, wie einen Stecker an der Telefonanlage, den Rollladengurt oder den Lichtschalter. Diese Aktivität muss dann von der Therapeutin unterbrochen werden. Somit wäre die erste Interaktion mit dem Kind ein »Nein!«, es erfährt eine Unterbrechung seiner gerade im Fokus stehenden Aktivität.

Mithilfe einer frühzeitigen und aktiven Kontaktaufnahme sollen die ersten gemeinsamen Momente positiv erlebt werden. Dabei soll die erhöhte Erregung der Kinder im direkten Erstkontakt mithilfe regulierender Impulse bereits beim Eintreten des Kindes in den Therapieraum vermindert werden. Ein Verschieben der Kontaktaufnahme auf einen späteren Zeitpunkt (um mehrere Minuten oder auch Therapieeinheiten) würde den Zeitpunkt der Erregung nur hinauszögern. Mit den passenden Angeboten ist eine Wohlspannung des Kindes bereits nach kurzer Zeit möglich. Angst und Abwehr sollten im Erstkontakt, wenn möglich nicht oder kaum spürbar sein.

Stressreduktion beim Erstkontakt

Fallbeispiel: Daniel, 7 Jahre, im Autismus-Spektrum

Kaum gezielter Sprachabruf möglich, stetiges lautes Tönen, starker Bewegungsdrang

Daniel läuft in den Raum und schaut sich um. Ich gehe zu ihm hin, sage »Hallo«. Dazu nehme ich kurz seine Hand und gebe ihm ein »High five«. Daniel hält inne, schaut auf seine Hand und bewegt seine Finger.

Ich zeige ihm die Sound-Würfel. Daniel nimmt sie mir ab und versucht, sie zusammenzusetzen. Ich mische mich ein und wir schieben sie gemeinsam in der richtigen Kombination zusammen. Jetzt ertönt aus dem Würfel das Grunzen des Schweins. Ich fasse mit meiner Hand an meine Nase und grunze ebenfalls. Daniel schaut auf die Würfel, wir schieben sie nochmal zusammen und wieder ist das Geräusch zu hören. Ich nehme seine Hand und wir berühren kurz, aber kräftig seine Nase. Daniel schaut zuerst verwundert, aber dann lächelt er. Und nochmal schieben wir die Würfel zusammen: »Ch-ch«. Zwei bis drei Wiederholungen sind noch möglich, dann bemerke ich, wie Daniels Körperspannung ansteigt. Er beginnt mit den Füßen zu »tänzeln«.

Ich nehme einen Schaumstoffball und rolle einmal kurz und kräftig über seine Füße. Daniel schaut, tänzelt und hält inne, als ich ihm nochmal den Ball zeige. Ich wiederhole die Stimulation und begleite diese sprachlich mit »rollen, rollen, rollen«. Daniel steht wieder ruhig vor mir. Ich lege den Ball weg, hole nochmals die Sound-Würfel und nehme seine Hände zur Unterstützung. Wir drehen die Sound-Würfel zum nächsten Tier, dem Pferd: »Hühühü!«. Ich zeige ihm, wie unsere Arme die Zügelbewegung beim Reiten nachahmen und schüttele ihn dabei kräftig durch. Daniel lacht. Vier Mal hören und gebärden wir das Wort »Pferd«.

Dann wendet er sich von mir ab und läuft zum Trampolin. Ich folge Daniel, nehme seine Hände und unterstütze ihn nicht nur beim Hüpfen, sondern bringe mich mit ein: »Hüpfen, hüpfen«, zwischenzeitlich klatschen wir uns abwechselnd ab. Nach einigen Wiederholungen lasse ich Daniel mit Schwung neben dem Trampolin aufkommen.

Ich setze mich auf den Boden, Daniel steht neben mir. Ich ziehe den Kugelbaum heran, nehme die Murmelkiste und lasse diese laut klappern. Gemeinsam öffnen wir die Kiste. Ich hole eine Kugel heraus und lege sie in Daniels Hand, welche ich zusätzlich kräftig massiere: »Achtung, fertig…looos!« Zeitgleich lenke ich seinen Arm nach oben und führe die Murmel an das Startloch. Jetzt kann die Kugel herunterrollen: »Plopp, plopp, plopp«. Dabei klopfe ich mit meinen Fingern immer wieder auf Daniels Fußrücken. Daniels Blick wechselt ein paar Mal von der Kugel auf seine Füße. Er tänzelt ein wenig und lächelt. Wir wiederholen das Spiel. Beim dritten Anzählen geht Daniels Arm alleine nach oben. Erst bei der fünften Wiederholung lässt die Aufmerksamkeit nach und Daniel schaut zwischenzeitlich in Richtung Fenster, wo die Sonne hereinscheint. Ich nehme für die nächste Wiederholung drei Kugeln auf einmal. Jetzt klappern sie besonders laut und Daniel folgt wieder begeistert unserem Spiel.

Als Daniels Aufmerksamkeit erneut nachlässt, hole ich die Seifenblasendose. Als erstes zeige ich ihm die Gebärde für »Seifenblasen« ganz nah vor seinen Augen. Doch Daniel schaut nicht hin, das Licht am Fenster ist interessanter. Als die ersten Seifenblasen fliegen, schaut er auf. Ich lasse einige mit meinem Finger zerplatzen. Daniel schaut mich kurz an, dann versucht er selbst, einige anzutippen. Als alle verschwunden sind, möchte ich mit Daniel gemeinsam die Gebärde ausführen. Ich nehme kurz seine Hand und führe diese zu seinem Mund, dem gewünschten Ausgangspunkt der Gebärde, zeitgleich rufe ich »Bubbles«. Schnell lasse ich die Seifenblasen fliegen und Daniel schaut auf die schillernden Kugeln.

Noch zweimal wiederholen wir das Spiel: Ich nehme seine Hand und gebärde mit ihm gemeinsam »Seifenblasen«, dann puste ich. Daniel läuft zwischenzeitlich einmal einige Schritte weg, aber bei jedem Pusten kommt er wieder näher und schaut fasziniert zu. Wenn die »Glitzerkugeln« zerplatzen, begleite ich dies mit viel Gestik und Mimik.

Im Laufe der Therapieeinheit läuft Daniel immer wieder durch den Raum. Dann kehrt er zu mir zurück und schaut mich erwartungsvoll an. Wenn wir die Seifenblasen gemeinsam platzen lassen, spreche ich zudem »plopp, plopp, plopp…«. So bekommt Daniel eine weitere auditive Information zu unserem Spiel. Einmal scheint es, als ob Daniel mitsprechen wolle.

Bald fällt es Daniel zunehmend schwerer, meinen Angeboten zu folgen. Das letzte Spiel, ein Steckspiel, räumen wir deshalb mit besonders viel Krach und Schwung ein. So lässt er sich noch einmal auf die gemeinsame Aktivität ein.

Geschafft!

»Das hast du super gemacht, gib mir ein ›High five‹!« Daniel klatscht mich ab, dann läuft er zur Mutter. Er lacht und tönt. Eine tolle erste Stunde!

Beziehung aufbauen

Eine intensive und vertrauensvolle Beziehung ist sowohl Ausgangspunkt als auch Ergebnis einer positiv berührenden Therapiemethode. Das Kind darf sein Gegenüber sehen, hören aber auch spüren, und erlebt diesen Kontakt als angenehm. Die Therapeutin bringt sich immer wieder in das Bewusstsein und die Wahrnehmungswelt des Kindes ein.

Jegliche Angebote für das Kind sollten so präsentiert werden, dass es sich lohnt, zu kommunizieren. Die Therapeutin nimmt die Aktivitäten des Kindes auf, beteiligt sich an ihnen und erweitert sie. Mithilfe eines körpernahen Kontaktes können zudem die Signale des Kindes besser wahrgenommen und darauf reagiert werden.

Aktivitäten des Kindes aufnehmen

»Da dieses in der Regel über keine gesprochene Sprache verfügt und Mimik und Gestik meist nicht konventionell einsetzt, ist die Interpretation vitaler Lebenszeichen von höchster Bedeutung. Diese sind allerdings oft kaum sichtbar und werden folglich leicht übersehen, wenn man sich an den üblichen kommunikativen Zeichen orientiert. Eine veränderte Muskelspannung, Atem-Rhythmus-Variationen, ein Flattern der Augenlider, eine Kinnmuskulatur, die die Haut kräuselt, eine veränderte Stimmgebung bei der Ein- oder Ausatmung, können solche Anzeichen sein. Ebenso ein vermehrter Speichelfluss, plötzliche Augenbewegungen oder eine Pupillenerweiterung sind als Vitalzeichen einer veränderten Wahrnehmungs- oder Befindlichkeitssituation von großer Bedeutung. So werden Interesse, Angst oder freudige Spannung angezeigt« (Fröhlich, 2015, S. 10).

Vitale Lebenszeichen

Die Bewegungs- und Spielmöglichkeiten erlebt das Kind stets in Verbindung mit der Therapeutin. Trampolin, Klangbaum und Sound-Puzzle werden nicht zum hyperfokussierten Solospiel oder zur alleinigen Stimulation genutzt, sondern sind Materialien, die Austausch, gemeinsame Freude sowie auch Regulation im Austausch möglich und erlebbar machen.

Abb. 11.2:
Die Klänge der Zungentrommel können gehört und gefühlt werden

11 Die ersten Stunden – Therapieeinstieg

Der Impuls sollte so gesetzt werden, dass die Neugier größer ist als die Angst

Viele Kinder schauen bereits in der ersten Stunde immer wieder auf, sehen ihr Gegenüber, die »Impulsgeberin«, (verwundert) an und nehmen es bewusst wahr.

Berührendes erstes Setting

Bei einigen Kindern ist eine lebendige Interaktion bereits über einen kurzen Zeitraum möglich, anderen gelingen Annäherung und Austausch nur für einen Moment. Doch fast immer gibt es bereits beim ersten Kontakt einen interessierten Blick zur Therapeutin, ein gemeinsames Lachen oder zumindest ein Lächeln. Das Kind erlebt, dass die Therapeutin mit ihren Interaktionsangeboten das Besondere und Berührende in diesem Setting ist.

> »Möglicherweise erlebt das Kind zum ersten Mal, dass jemand mit Verständnis auf sein Verhalten reagiert. Dieses Verständnis geht so weit, dass es noch mehr von dem bekommt, was es braucht. Bisher hat es immer nur erlebt, dass ihm etwas weggenommen wurde. Jetzt macht es eine völlig neue Erfahrung. Sein Gegenüber reagiert mit Wohlwollen und Akzeptanz. Daher antwortet es mit Neugierde statt mit Widerstand und ein kleines Fenster öffnet sich für den Aufbau von Kontakt« (Büker, 2016, S. 80 f.).

Wenn sich ein »Unwohlsein« des Kindes häufiger zeigt, sollte die Therapeutin das Setting mit einer abschließenden Massage oder einem anderen positiv berührenden Impuls beenden.

Selbst- und fremdverletzendes Verhalten beim Erstkontakt

Rückzug der Therapeutin?

Wenn das Kind gleich beim ersten Kennenlernen (selbst-)verletzende Verhaltensweisen zeigt, nehmen Therapeutinnen häufig Abstand und möchten dem Kind Zeit geben, damit es »in Ruhe« ankommen kann. Doch trotz Rückzug zeigen einige Kinder weiterhin eine starke Stresssymptomatik: Sie wedeln mit den Armen, lautieren aufgeregt und schlagen (um) sich. Sie fühlen sich unwohl in der neuen, aufregenden Umgebung und sind auf der Suche nach Impulsen, die sie beruhigen. Ohne Hilfen von außen kann es sein, dass die Anspannung der Betroffenen die gesamte Stunde anhält bzw. im weiteren Verlauf noch zunimmt.

Die Therapeutin sollte deshalb von Beginn an auf das Kind zugehen und ihm zeigen, dass es hier viele Angebote gibt, die Freude bereiten und die wohltuend sind. Wenn das Kind in Not ist, benötigt es die Erfahrung, dass es gesehen und unterstützt wird.

Fallbeispiel: Timon, 7 Jahre, im Autismus-Spektrum

Zeitweise Ausschluss aus einer Schule für geistig Behinderte, starke körperliche Unruhe, ausgeprägtes selbstverletzendes Verhalten

Die Mutter berichtet, dass eine Beschulung und auch andere Therapiemaßnahmen zurzeit nicht möglich sind, da sich die selbstverletzenden Verhaltensweisen situationsbedingt verstärken und Timon dann nicht mehr zu beruhigen ist. Mehrere Therapeutinnen und Lehrerinnen lehnen die Arbeit mit Timon mittlerweile ab, da sie Angst um ihn und um die eigene Gesundheit haben.

Als Timon das erste Mal in die Therapie kommt, gebe ich mir einen Moment, um sein Verhalten und somit seine individuelle Wahrnehmung besser einschätzen zu können. Er tönt laut, läuft auf Zehenspitzen im Zimmer herum und wedelt mit den Händen, sein ganzer Körper ist in Hochspannung. Als ich mich ihm zuwende, dreht er sich sofort weg und läuft mit dem Kopf gegen die Wand. Im Verlauf der ersten Minuten stößt er abwechselnd mit der Stirn gegen die Wand, gegen das Fenster und an die Kante seines iPads.

Als sich Timon dem Drehstuhl zuwendet, sich darüber lehnt und leicht zu schaukeln beginnt, gehe ich zu ihm, hebe ihn auf den Stuhl und biete ihm für einige wenige Sekunden verschiedene Dreh- und Druckimpulse an, begleitend spreche ich »plopp« oder »hui«.

Timon hält inne, wendet sich mir zu und in einem »dialogähnlichen Austausch« fordert er mich zur Wiederholung dieser starken propriozeptiven und vestibulären Impulse auf. Daraufhin leite ich die Wiederholung mit der Gebärde und dem Wort »nochmal« ein.

Durch die vorangehende Beobachtung (die Aktivität beim alleinigen Untersuchen des Stuhles) weiß ich, dass Timon insbesondere Stimulationen sucht, die das vestibuläre und das propriozeptive System betreffen. Ob er zusätzlich meine Stimme hört oder ihn andere Informationen erreichen, weiß ich in diesem Moment nicht. Anscheinend kann ich ihm jedoch einige für ihn regulierende Impulse bieten, da die sonst von ihm ausgeführte Stimulation »Kopfschlagen« nicht mehr notwendig ist und sich seine gesamtkörperliche Spannung reduziert.

Nach fünf Minuten bricht Timon das Spiel ab und läuft wieder im Raum umher.

Dann entdeckt er den Spielteppich. Innerhalb weniger Sekunden hat er störendes Material beiseitegeschoben und krabbelt unter den Teppich. Mit seinem Kopf schlägt er jetzt fest auf den Boden.

Timon ist erneut auf der Suche nach einem Stimulus, der ihm hilft, seinen Körper intensiv zu spüren. Ich gehe zu ihm, lege meine Hände auf den Teppich, dort, wo sich Timons Oberkörper befindet, und gebe ihm damit einen festen Impuls. Als ich sehe, dass er lächelt, beginne ich, seinen Körper zusätzlich mit einer Schaukelbewegung in Schwingung zu bringen. Später beziehe ich auch seine Beine mit ein, indem ich diese begleitend mit verschiedenen Geräuschen und Lauten abklopfe.

Immer wieder hält Timon in seinen Bewegungen inne. Er hebt den Kopf und schaut mich aus den Augenwinkeln an. Er lächelt und fordert durch starkes Wippen Wiederholungen ein.

Die Schläge mit dem Kopf auf den Boden haben aufgehört. Timon liegt kurzzeitig ganz flach und entspannt auf dem Boden.

Timon zeigt in dieser Stunde mithilfe der intensiven körperbezogenen Impulse und trotz vielfältiger weiterer Informationen seit langer Zeit wieder entspannte Momente und gleichzeitig freudvolle Interaktion.

Da jedes Kind anders agiert und reagiert und sich sowie seine Umwelt ganz individuell wahrnimmt, sollte bereits im Erstkontakt auf die spezifischen Signale des Kindes eingegangen werden (▶ Kap. 3). Viele Kinder suchen in ihrem Alltag sehr starke körperbezogene Informationen, wobei sie sich oder andere verletzen und in stressbesetzten Situationen kaum zu beruhigen sind.

Ein möglichst positiver Erstkontakt zum Kind und ein erstes Erleben seiner Stärken und Vorlieben sowie die parallel mit den Eltern ausgetauschten Informationen sind für alle Beteiligten ein guter Einstieg in die gemeinsame Arbeit.

11.3.2 Anamnese

Eine ausführliche Anamnese erleichtert das zielgerichtete Arbeiten und kann Prognosen für die weitere Entwicklung ermöglichen. Neben den bekannten Parametern in einem Erstgespräch bei Kindern mit Entwicklungsverzögerungen oder starken Beeinträchtigungen sollte insbesondere der Bereich der Wahrnehmungsbesonderheiten ausführlich besprochen werden.

Die Erkenntnisse, welche Auslöser häufig zu einer Überforderung führen, wie sich das Kind bei Erregung verhält und welche Beschäftigungen es bevorzugt, helfen, das Kind besser zu verstehen und die Impulsgebung in der Therapie spezifisch und individuell zu gestalten.

Aufnahmen aus dem Alltag — Videoaufnahmen, die das betroffene Kind in alltäglichen Spiel- und Erregungssituationen daheim, im Kindergarten, in der Schule oder in der Einrichtung zeigen, stellen eine wertvolle Ergänzung in der ersten Datenerfassung dar.

Nicht alle belastenden Situationen werden von den Eltern zu Beginn der Therapie benannt.

> **Beispiel: Nahrungsaufnahme**
>
> Eltern berichten häufig in der ersten Stunde, es sei alles in Ordnung, das Kind esse »normal«. Auch beim Zähneputzen gäbe es nichts Auffälliges.
> Erst später erfahren wir, dass das Essen stark selektiert wird, dass das Kind kaum kauen kann, dass das Trinken vergessen wird und dass die Verdauung große Probleme bereitet. Die Belastungen des Magen-Darm-Traktes wirken sich auch auf das Allgemeinbefinden aus und beeinflussen somit die Reaktionen und das Verhalten des Kindes. Viele Eltern haben zum Teil Angst vor der negativen Bewertung einiger ihrer »besonderen« Alltagsabläufe. Deshalb berichten sie oft erst Monate später, dass das Zähneputzen nur möglich ist, wenn zeitgleich das Handy auf der Ablage liegt oder wenn eine zweite Person das Kind festhält.

»In Aufnahmegesprächen erwähnen Eltern sehr häufig diese Verhaltensweisen [Autostimulationen – Anm. der Autorin] zunächst gar nicht [...wenn] bei den Eltern nachgefragt wird, spielen diese sie in ihrer Häufigkeit und Intensität oft zunächst herunter. Erst wenn die Eltern merken, dass durch die Interventionen Veränderungen zu erkennen sind, reden sie offen darüber« (Büker, 2016, S. 76).

Manchmal wird den Eltern auch erst später bewusst, wie anders viele Situationen im Alltag ablaufen und dass das gezeigte Verhalten in engem Zusammenhang zur besonderen Wahrnehmung ihres Kindes steht.

Um die Alltagssituationen und besonders die Schwierigkeiten und Besonderheiten ausreichend zu erfassen, sollte deshalb zeitnah eine besonders ausführliche Anamnese durchgeführt werden. Gerade das Erfassen und Verstehen der komplexen Zusammenhänge ermöglichen dann eine individuell angepasste Therapie.

Ausreichend Zeit einplanen

Erklärungen in Bezug auf aktuell beobachtbare Verhaltensweisen helfen den Eltern, ihr Kind im Verlauf stetig besser zu verstehen und es somit zielgerichtet im Alltag unterstützen und begleiten zu können.

Ein ausführlicher Anamnese- und Befundbogen ist im letzten Teil des Buches zu finden (▶ Anhang). Dieser kann zu Beginn der Therapie sowie auch im weiteren Verlauf immer wieder als Strukturierungs- und Übersichtshilfe genutzt werden. Zum Teil ermutige ich Eltern, auch den Begleitenden in der Tageseinrichtung solch eine Auflistung zur Verfügung zu stellen.

11.3.3 Aufklärung der Eltern

Auch wenn Eltern vor dem ersten Treffen darauf hingewiesen werden, dass der Erstkontakt bunter, dynamischer und in einem engeren Kontakt zum Kind erfolgt, als sie es gewohnt sind, ist die tatsächliche Intensität und die Präsentation der Impulse für viele überraschend. Aufkommende Zweifel oder sogar Abwehr lösen sich jedoch zumeist nach einigen Minuten auf, wenn die Eltern sehen und spüren, dass ihr Kind ruhiger wird oder sich freudig erregt auf einige Angebote einlässt.

Im Gespräch mit den Eltern werden die Ursachen der Besonderheiten, die Methoden des Therapiekonzeptes sowie die möglichen Ziele erläutert. Die Beobachtungen der laufenden Therapiestunde zusammen mit den Daten aus der Anamnese und den Hintergründen zur Therapie erleichtern den Eltern das Verständnis für das Verhalten und für die individuelle Entwicklung ihres Kindes.

> **Gut zu wissen: Elternwunsch: »Mein Kind soll sprechen!«**
>
> Der häufig geäußerte Wunsch vieler Eltern ist, dass ihr Kind sprechen lernt.
>
> Die Bedeutung der Interaktion und der nonverbalen Kommunikation ist vielen Eltern nicht bewusst. Sprache wird gleichgesetzt mit Dialog und Selbstbestimmung. Zudem ist die gesprochene Sprache jederzeit ohne Hilfsmittel anwendbar und wird von außenstehenden Personen meist verstanden.

Verbale Sprache ≠ lebendige Kommunikation

> Auch bei Komm!ASS® ist die Anbahnung bzw. Verbesserung der Sprachentwicklung der Kinder ein wichtiges Ziel. Die gesprochene Sprache muss allerdings stets im Zusammenhang mit der Dialogfähigkeit gesehen werden. Wenn die Fähigkeiten der Interaktion nicht ausreichend erarbeitet bzw. gefestigt werden können, ist der lang ersehnte Austausch trotz gesprochener Sprache (noch) nicht möglich. Wenn Kinder jedoch Interaktion lebendig (er-)leben, ist es von geringerer Bedeutung, dass z. B. der Wortschatz noch nicht altersgemäß ist.
>
> Wenn ein wechselseitiger Austausch zwischen Eltern und Kindern möglich wird, ein Miteinandersprechen, ein Aufeinanderhören und das Einbeziehen des anderen in das eigene Denken, ist dies wichtiger als der aktive Wortschatz, eine differenzierte Aussprache oder grammatikalische Strukturen.
>
> So berichten Eltern, dass sie nach einigen Monaten mit ihrem Kind in den Supermarkt zum Einkaufen gehen können, ohne Angst zu haben, dass ihr Kind bei Nichterfüllung eines Wunsches den gesamten Markt »zusammenschreit«, da es jetzt auch in Stresssituationen Möglichkeiten gibt, sich auszutauschen.
>
> Ein junger Mann mit Autismus, der während der Autofahrt häufig seine »Klangbälle« spontan durch das Auto warf, wollte sie häufig sofort zurückbekommen. Dafür griff er der Mutter zum Teil ins Lenkrad. Nach acht Monaten Therapie hört, versteht und akzeptiert er die Äußerungen der Mutter, dass er sich gedulden muss, bis sie den nächsten Rastplatz anfährt und ihm dort seine Bälle zurückgeben kann.
>
> Die Eltern werden im Verlauf der Therapie immer wieder auf die Bedeutung eines echten wechselseitigen Austausches hingewiesen.

11.4 Dokumentation der (ersten) Stunde/n

Im Anschluss an die erste Stunde sollte mithilfe der Informationen aus dem Anamnesegespräch und ggf. der Videos eine Auswertung erfolgen. Dabei werden die verschiedenen Wahrnehmungsbesonderheiten, Kompetenzen und Ressourcen der Kinder deutlich.

Im Laufe der folgenden Stunden können die Impulse und spezifischen Hilfen somit gezielter erfolgen und die Regulation sowie die Interaktion mit dem Kind erleichtern.

Befundbogen Dabei sollte die Therapeutin das Kind, dessen Verhalten und die Reaktionen auf ihre Angebote stets aufmerksam beobachten: Welche Impulse erreichen das Kind und wie reagiert es auf die jeweiligen Information oder die Aktivität? Wie lange und wie stark kann ein Stimulus angeboten werden? In welchen Situationen erfolgt eine positive Reaktion und wann zeigt das Kind Anzeichen von Stress, Frustration und Abwehr? Welches Verhalten zeigt das Kind in besonders belastenden Situationen und mit welchen Hilfen ist das Kind zu beruhigen? Gelingt es dem Kind mithilfe passender Impulsgebung zugewandt zu interagieren? Wie stark darf die Handlung des Kindes beeinflusst werden und lässt sich das Kind in bestimmten Situationen helfen? Kann das Kind eigene Bedürfnisse zurückstellen und den Blick auf die Wünsche des Gegenübers richten?

11.5 Therapieplanung

Eine differenzierte Planung der einzelnen Therapiestunden ist in der Arbeit mit Kindern im Autismus-Spektrum nicht möglich. Aufgrund verschiedener Ereignisse, wie z. B. verspätetes Erscheinen zur Therapie, Ausfall der Schulbegleiterin ist die Tagesform und somit die Abrufbarkeit der verschiedenen Fähigkeiten starken Schwankungen unterlegen. Die Ziele und das Vorgehen müssen deshalb ständig an den therapeutischen Prozess angepasst werden.

Jeder Mensch kennt Situationen, in denen er sein erworbenes Wissen und seine Fähigkeiten nicht abrufen kann, da »Störfaktoren« dies verhindern. Bei Kindern mit verschiedenen Einschränkungen und Wahrnehmungsbesonderheiten gibt es besonders viele dieser Störfaktoren: So können Veränderungen im gewohnten Ablauf, wie Schulferien oder eine Umleitung, Veränderungen in Bezug auf den eigenen Körper, wie bei einem leichten Infekt oder auch bei Körperwachstum, einen starken Einfluss auf das Abrufen von bereits erworbenen Fähigkeiten haben. Auch die Möglichkeit zur Fokussierung und insbesondere die Frustrationstoleranz werden von scheinbaren Kleinigkeiten stark beeinflusst. *Störfaktoren*

Auch wenn die letzte Therapieeinheit besonders positiv verlief, kann es sein, dass anschließend eine Einheit folgt, in der das, was vorher möglich war, nicht geleistet werden kann und abgewehrt wird. So ist es möglich, dass in einigen Stunden ausschließlich die Hilfen zur Regulation im Vordergrund stehen ohne eine weitere Zielsetzung. Dann wieder folgt auf eine besonders schwierige Stunde eine Einheit, in der Kind und Therapeutin in einem lebendigen und freudigen Austausch sind und trotz komplexer Aufgabenstellungen die gesamte Stunde lang kaum Anspannung zu spüren ist. *Erwartungshaltung*

Möglichst am Ende jeder Therapiestunde erfolgt eine Absprache mit den Eltern. Hier ist ausreichend Zeit, um sich über aktuelle Beobachtungen und Fragestellungen auszutauschen. Bei den älteren Klientinnen kann diese Absprache auch zu einem späteren Zeitpunkt, in einem gesonderten Gespräch und ggf. ohne deren Beisein, z. B. am Telefon, erfolgen. Somit ist ein ausführlicher und konzentrierter Austausch mit den Bezugspersonen möglich, ohne eine Belastung für die Klientinnen zu werden. *Elternabsprache*

Je nach Bedarf bzw. in regelmäßigen Abständen ergänzen ausführliche Elterngespräche die Therapie. Hier dokumentieren Videosequenzen aus den ersten und den folgenden Stunden die Fortschritte des Kindes und können somit Anhaltspunkte und Zielsetzungen für den weiteren Verlauf anzeigen. Auch die Schwierigkeiten und Bedürfnisse aus dem Alltag können so differenzierter in die Therapieplanung einfließen.

12 Entwicklungsverläufe

Welche Entwicklungsschritte im Lauf der Therapie möglich werden, welche Fähigkeiten sich in Bezug auf Kognition, aber vor allem auf Interaktion und Sprache entwickeln, ist kaum vorhersehbar. Auch mit jahrelanger Erfahrung, mit vielen unterschiedlichen Kindern und Jugendlichen ist jeder Mensch ganz individuell zu sehen. Jede Einzelne weist spezifische Voraussetzungen und unterschiedliche Ressourcen zur Weiterentwicklung auf und benötigt stets angepasste Hilfen und Unterstützungen.

Die andere Wahrnehmung und Wahrnehmungsverarbeitung beeinflussen die gesamte Entwicklung und das Er-Leben der Betroffenen. Je früher Interventionen greifen, desto wahrscheinlicher wird es, dass das Erlernte in Therapie und Alltag flexibel angewandt werden kann. Je später die Hilfestellungen erfolgen, aber auch je ausgeprägter die Einschränkungen der verschiedenen Einzelbereiche sind, umso schwieriger wird es, tiefgreifende Änderungen zu erreichen.

Die Neuroplastizität des Gehirns ermöglicht ein lebenslanges Lernen. Deshalb sollten Menschen im Autismus-Spektrum auch noch nach dem 18. Lebensjahr Möglichkeiten zur Förderung bekommen, wenn sie es wünschen und wenn die gesteckten Ziele die Lebensqualität weiter verbessern könnten. *Lebenslanges Lernen*

Die Förderung der Selbstständigkeit ist häufig vorrangiges Ziel der Unterstützungen. Vor dem Erleben von Autonomie müssen die Kinder jedoch Bindung, Sicherheit und Unterstützung erleben können. Erst eine tragfähige Beziehung ermöglicht Mut und Neugier für neue Schritte und bietet die Grundlage für die folgende Stärkung der Eigenständigkeit autistischer Menschen.

Bereits eine geringe Verbesserung der Interaktions- und Sprachentwicklung erleichtert das Miteinander von autistischen Menschen und ihrem Umfeld. Wenn grundlegende Bedürfnisse und Befindlichkeiten wie Überforderung, aber auch freudige Erregung besser angezeigt und verstanden werden, stärkt dies die Lebensqualität. Auch bei kognitiv und sprachlich funktional gut entwickelten Kindern, Jugendlichen und Erwachsenen kann die gezielte Interaktionsförderung helfen, die Pragmatik der Sprache weiter zu entwickeln. Die Modifizierung der Austauschmöglichkeiten stellt einen wichtigen Schritt in ein selbstbestimmteres und freudvolleres Leben dar. Autistische Menschen sollten erleben dürfen, dass sie gesehen, gehört und verstanden werden. *Jeder Schritt zählt*

»Wieso ist birger wieder so allein
Er ändert sich zu langsam
es merkt keiner

leider ermißt keiner wie mühsam es ist asoziales in soziales zu verändern
etwas unsinniges eisern in sinnerfülltes zu verwandeln
ändern erfordert größere energie als euch richtig klar ersichtlich ist
ein solcher vorgang wird von allen wirklich jederzeit erwartet
aber keiner fragt wie schwer das ist
ich feiger ereifer wirklich einmal erfolgreich zu sein
6.10.91«
(Selin, 2009, S. 56)

12.1 Neue Fähigkeiten zu Lasten von bereits Gelerntem

Im langfristigen Verlauf ist häufig eine deutliche Verbesserung unterschiedlicher Fähigkeiten zu beobachten. Zeitweise scheint es jedoch zur Stagnation oder zu Rückschritten zu kommen.

Wenn Neues erlernt wird, zeigt sich, dass zuvor Erlerntes in anderen Bereichen nicht mehr oder nur noch teilweise abrufbar ist. Dies hängt damit zusammen, dass die zu erwerbende Fähigkeit oft die gesamte Aufmerksamkeit erfordert. Erst zu einem späteren Zeitpunkt gelingt es, alte und neue Fähigkeiten parallel abzurufen und anzuwenden.

Bei Menschen mit Schwierigkeiten der Wahrnehmungsverarbeitung ist das kurzzeitige »Verlernen« von Fähigkeiten bedingt durch die vorwiegende Monowahrnehmung nochmals stärker ausgeprägt. Das Kind kann eventuell seine sprachlichen Fähigkeiten nicht mehr abrufen oder zeigt ein unsicheres Bewegungsmuster, da es temporär ausschließlich visuelle Informationen fokussiert und diese verarbeitet.

Entwicklung oder Rückschritt? Besonders für Eltern erscheinen manche Entwicklungen deshalb zunächst negativ und sind daher mit Ängsten und Enttäuschungen verbunden. Eine genauere Betrachtung der Aktivitäten und Reaktionen des Kindes hilft dabei, zu erkennen, welcher Schritt und welche Fähigkeiten im Fokus stehen und warum bestimmte Verhaltensweisen auftreten. Das gemeinsame Erörtern und Besprechen dieser extremen Schwankungen im Entwicklungsverlauf erleichtert den Eltern das Verständnis und sollte deshalb immer wieder in Form von Elterngesprächen einen festen Platz im Therapieverlauf finden.

12.2 Neue Fähigkeiten führen zu neuen Belastungen

Die neu erlernten Fähigkeiten stellen auch für das Kind eine Herausforderung dar, es spürt seinen eigenen Körper anders und selektiert Informationen aus seiner Umwelt neu. Fühlen, Hören, Sehen, Schmecken und Riechen werden verändert wahrgenommen. Diese Impulse müssen (neu) eingeordnet, miteinander verbunden und abgespeichert werden. Das Kind verbindet Informationen mit sich selbst, erlebt sich im Austausch mit seinem Gegenüber und bringt sich mehr und mehr in das Geschehen ein.

Die umfassenden Veränderungen stoßen weitere Prozesse und Entwicklungen an und rufen neue Reaktionen hervor. Kinder, die sich einige Wochen und Monate nach Therapiebeginn ruhiger und ausgeglichener gezeigt haben, schlafen wieder unruhiger, entwickeln verstärkt Ticks oder Stimulationen und werden teils unruhiger als zu Beginn der Therapie. Sie äußern ihren Unmut lautstark, kommen kaum zur Ruhe und auch extreme Schrei- und Beißattacken treten (wieder) gehäuft auf.

In dieser Phase ist es wichtig, den Kindern Hilfen anzubieten, um die vorhandene Unruhe und den erhöhten Stresspegel wieder zu verringern. Hilfreiche Stimulationen, ausgeführt vom Gegenüber und angepasst an die persönlichen Bedürfnisse, helfen den Kindern bei der Regulation: massieren, schaukeln, boxen, Spiele im Schwimmbad oder in der Waschschüssel, aber auch Musik oder ein geliebtes Spiel – alle Aktivitäten, die ein Wohlgefühl auslösen, sind willkommen.

Regulationen anstatt Ermahnungen

Ein Ablenken von belastenden Informationen und das Hinlenken zu entspannenden oder faszinierenden Impulsen sollen helfen, den Alltag zu bewältigen und wieder positiv zu erleben. Das Kind spürt, dass Kontakt und Austausch auch in schwierigen Phasen Geborgenheit gibt und dass es unterstützt wird.

Eltern und Therapeutinnen sollten in diesen besonders belastenden Phasen versuchen, den Blick auf das schon Erreichte und die weiteren möglichen Entwicklungsschritte zu lenken. Jede Veränderung bedeutet zumeist Entwicklung. Ausprägung und Dauer dieser kräftezehrenden Phasen sind bei jedem Kind individuell. Zudem zeigt sich bei vielen Kindern nach vier bis sechs Wochen eine deutliche Veränderung im Verhalten und in Bezug auf sein Selbstbewusstsein sowie seine Interaktionsfähigkeiten.

Vermehrtes Schreien und eine erhöhte Unruhe können auch Anzeichen für den nächsten Entwicklungsschritt sein, die Autonomiephase.

Vermehrte Unruhephasen

12.3 Bildung des Selbstbewusstseins und der Selbstwirksamkeit

In der physiologischen kindlichen Entwicklung beginnt ungefähr mit dem zweiten Lebensjahr die Autonomiephase. Erste »Trotzreaktionen« kennzeichnen dabei den Beginn der Identitätsentwicklung, welche sich wiederum auf die weiteren Interaktions- und Kommunikationsfähigkeiten auswirkt. Ein gestärktes Selbstbewusstsein sowie das Erleben der Selbstwirksamkeit helfen bei der Entwicklung von Konzentrations- und Regulationsfähigkeiten.

Auch Kinder mit Autismus können dieses Selbst-Bewusstsein und die damit verbundenen Fähigkeiten erwerben und somit weitere Entwicklungsschritte machen. Bedingt durch das Anbieten der Impulse im Austausch mit dem Gegenüber erlebt sich das Kind erstmals als Teil einer Interaktion. Es entdeckt seine eigenen Bedürfnisse, nimmt andere Personen wahr und bemerkt, dass diese ebenfalls Wünsche und Ziele haben.

Das Kind erlebt, dass sein Handeln eine Reaktion hervorruft und dass es selbst auf Aktionen anderer gezielt reagieren kann. Das Kind ist seiner Umwelt nicht mehr ausgeliefert, sondern wird selbst in dieser wirksam. Es möchte sich im Kontakt spüren und erfährt dabei Möglichkeiten und Grenzen. Dieses »Austesten« findet zumeist im Kontakt mit vertrauten Personen statt und kann deshalb für das Umfeld und den gesamten Tagesablauf der Familie sehr belastend sein.

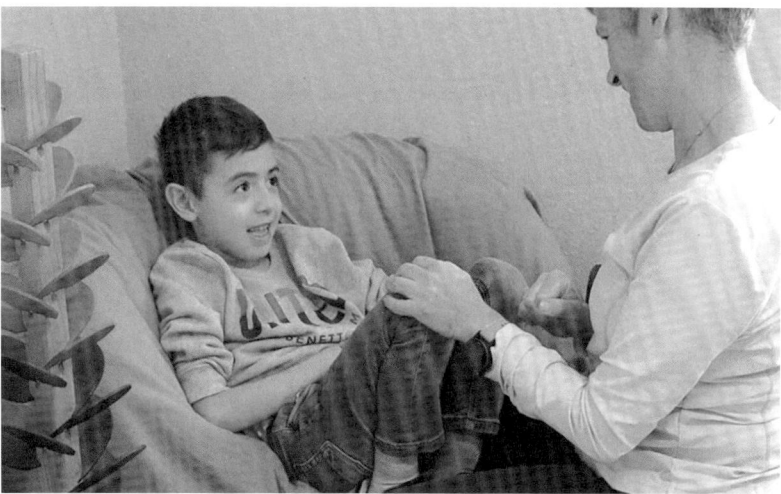

Abb. 12.1: Das Kind erlebt sich zunehmend als aktiver Teil der Interaktion

Entwicklungsstufen

Die Identitäts- und Interaktionsentwicklung der Kinder mit Autismus lässt sich in verschiedene Stufen unterteilen, welche sich vorübergehend überschneiden und je nach Kind unterschiedlich stark ausgeprägt sind:

- aktive Abwehr
- aktives gemeinsames Spiel
- Bedürfnisbefriedigung – das eigene Wohl steht im Fokus
- Provokation
- Symbol- und Rollenspiele
- Explorations-/Entdeckerphase

12.3.1 Aktive Abwehr

Auf der ersten Stufe der Identitätsentwicklung zeigen die betroffenen Kinder vor allem oppositionelles Verhalten, im Sinne eines »Dagegen-Seins«. Das Kind spürt teilweise zum ersten Mal, dass es etwas bewirken kann, dass sein Handeln eine Reaktion hervorruft.

In dieser Phase kann es sein, dass alles, was dem Kind angeboten wird, jedes Material oder Spielangebot, abgewehrt wird. Auch »nichts« anzubieten, ruft seinen Unmut hervor. Das Kind spürt, dass sein »Nein« etwas auslöst und sucht gezielt diese Konfrontation. Solche »Trotzreaktionen« erleben auch Eltern neurotypischer Kinder – bei Kindern mit Autismus ist jedoch die Ausprägung deutlich intensiver.

»Nein« – ein besonders starkes Wort

Bedingt durch die andere (Körper-)Wahrnehmung schreit das Kind lauter, länger und durchdringender. Körperliche Auseinandersetzungen werden oft mit erheblich mehr Spannung sowie erhöhter Kraft ausgeführt. Das Kind zeigt mit starker Erregung seinen Unmut und hat dabei wenig Gefühl für den eigenen Körper und nochmals weniger für die Befindlichkeiten des Gegenübers. So kann es passieren, dass beim Abwehren eines Spielangebotes das Material mit viel Schwung durch den Raum oder auch gegen die Therapeutin geworfen wird. Das Suchen der Grenzen wird selbst zur Grenzerfahrung. Selbst- und fremdverletzende Situationen sind nicht selten.

Durch die emotionale Erregung, die sich innerhalb einer eskalierenden Situation weiter erhöht, spüren die Betroffenen sich nochmals schlechter und ein Eingehen auf die Bedürfnisse des Gegenübers ist nicht mehr möglich. Dies ist eine Belastungsprobe für das Kind, die Eltern und alle Kontaktpersonen.

Die beschriebenen Prozesse in dieser Phase scheinen nach außen, als sei die Entwicklung des Kindes rückschrittig. Diese »aktive Abwehr« ist aber eine positiv zu bewertende Weiterentwicklung. Das Kind setzt sich selbstbestimmt mit seinem Gegenüber auseinander, es zieht sich bei Angst oder Unmut nicht in seine Welt zurück oder reagiert nur aus der Not heraus. Es sucht gezielt die Konfrontation, einen besonders spannenden kommunikativen Austausch. Dieses destruktiv geprägte Gegeneinander ist für die Kinder besonders spannend. Das Wort »Nein« ist in dieser Phase häufig das erste Mal zu hören und weist auf die Bedeutung von Sprache und sprachlichem Austausch für eine selbstbestimmte Interaktion hin.

Austausch mit dem Gegenüber

> »Dieses ›Nein‹-Wort bedeutet zwar meist eine Einschränkung, es hat jedoch gleichzeitig etwas Faszinierendes, da es immer etwas bewirkt und auf diese Weise die Macht der Wörter erahnen lässt« (Zollinger, 2002, S. 25).

Über einen Zeitraum von mehreren Wochen kann das Konfliktpotential stetig ansteigen. Zudem zeigen die Kinder durch die häufigen Auseinandersetzungen und die damit verbundene emotionale Belastung eine verringerte Stresstoleranz und sind teilweise kaum noch zu beruhigen. In der Therapie und im Alltag ist es deshalb wichtig, stets gut abzuwägen, wann es erforderlich ist, Grenzen zu setzen, und wann die Therapeutin oder die Eltern das Kind eher regulieren sollten.

Manchmal kann es sein, dass zu Beginn einer Autonomiereaktion das Setzen von Grenzen erforderlich ist. Im weiteren Verlauf jedoch, wenn das Kind sich emotional überfordert zeigt, ist ein Angebot zur Regulation notwendig, wie eine kräftige Umarmung, ein Wiegen oder eine beruhigende Massage.

12.3.2 Aktives gemeinsames Spiel

»Ja« zur Interaktion

Wenn das Kind spürt, dass der neu erlernte »Austausch« auch positiv gelingen kann, dass es schöner ist, »Ja« zu sagen, dass es ein Gewinn sein kann, der Aufforderung des Gegenübers nachzukommen und dass gemeinsame Freude emotional positiv berührt, verringert sich das Konfliktpotential in der Therapie.

In dieser Phase bringt sich das Kind stets aktiver in die verschiedenen Aktivitäten oder Spiele ein und die gemeinsame Handlung kann variationsreicher gestaltet werden. Das Kind zeigt sich offen für neue Impulse, Materialien und Spielideen. Gemeinsames Lachen und auch der mimische Austausch gewinnen zunehmend an Bedeutung. Das Kind ist stolz auf seine Erfolge und möchte sie mit anderen teilen. Lob und Anerkennung werden wichtig und sollten sowohl körperlich wie auch sprachlich häufig wiederholt werden. Insbesondere beim Loben ist es wichtig, dass das Kind mit Autismus diese Hilfe wahr- und sie als eine positive Verstärkung annimmt.

Abb. 12.2: Neue Spiele können gemeinsam entdeckt werden

12.3.3 Bedürfnisbefriedigung – das eigene Wohl steht im Fokus

In der weiteren Entwicklung beginnt das Kind seine neu erlernten Fähigkeiten im Austausch mit dem Gegenüber einzusetzen, um sich somit einen Vorteil zu verschaffen.

Das Kind hat erkannt, dass es im Alltag verschiedene Angebote gibt und dass ihm einige davon besonders gefallen. Es möchte deshalb die Tätigkeiten oder Aktivitäten durchsetzen oder durchführen, die es bevorzugt. Es wehrt nicht eine Handlung ab, sondern wählt gezielt etwas aus.

»Ich will das!«

Diese Phase ist von einem starken Egoismus seitens des Kindes gekennzeichnet. Es fokussiert sich ausschließlich auf seine Bedürfnisse und Wünsche, mit dem Wissen, dass es verschiedene Auswahlmöglichkeiten gibt. Es »schimpft« und »diskutiert« bevorzugt mit einer deutlichen Körpersprache, um seine Ziele durchzusetzen.

So kann es sein, dass das Kind die gesamte Therapiestunde nur massiert werden möchte oder auf der Schaukel verbringen will. Sobald ein zusätzlicher Impuls hinzukommt oder das Spiel unter- bzw. abgebrochen wird, erfolgt starker Protest. In diesen Momenten gelingt meist ein guter Blickkontakt, die Kinder schauen ihr Gegenüber »böse« an oder sehen gezielt in eine andere Richtung.

Die Therapeutin sollte dem Kind in dieser Phase einerseits immer wieder die eigenen Ziele und Bedürfnisse aufzeigen und andererseits unterstützend zur Seite stehen, wenn das Kind bei starker Erregung zusätzliche Hilfen zur Regulation benötigt. Mit der Zeit lernt das Kind, seine eigenen Bedürfnisse und die Wünsche sowie das Verhalten des Gegenübers aufeinander abzustimmen. Die daraus resultierenden Erkenntnisse bestimmen den nächsten Entwicklungsschritt.

12.3.4 Provokation

In der Provokationsphase schauen die Kinder ganz genau auf ihr Gegenüber und auf dessen mögliche Reaktionen auf ihr Verhalten. Diese Phase ist geprägt von folgendem Motto: »Du willst das? Dann mache ich etwas anderes!«. Sie antworten damit nochmals differenzierter auf die Aktionen und Angebote der Therapeutin und der Eltern: Deren übliche Verhaltensweisen sowie aufgestellte Regeln werden wahrgenommen und mit einer gegensätzlichen Aktivität beantwortet. Nicht die eigenen Wünsche sind Initiator, sondern die möglichen Reaktionen des Gegenübers auf ein gezeigtes Verhalten.

Der Austausch und die Interaktion zwischen den Beteiligten zeigen sich stetig intensiver. Das provozierende Verhalten ist ein Spiel mit dem (inneren) Erleben des Gegenübers und seinen Reaktionen. Ein erster Schritt zur Theory of Mind – auch für Kinder mit Autismus.

Eine Reaktion hervorrufen

Häufig bedarf es vieler Wiederholungen dieser intensiven Auseinandersetzungen, bis die Kinder spüren, wann die Grenzen dieses herausfordernden

Verhaltens erreicht sind und die Bedürfnisse der anderen Beachtung finden sollten oder wann es z. B. wichtig ist, den Aufforderungen der Mutter oder der Lehrerin (doch) nachzukommen.

Die Kinder benötigen hier ein zunehmend differenziertes Bewusstsein für den eigenen Körper, um aufkommende Frustrationen, aber auch Emotionen wahrnehmen und regulieren zu können.

12.3.5 Schauspiel

Das wachsende (Selbst-)Bewusstsein für ihren Körper und das Sich-Erleben als selbstständiges Individuum führen zu einem selbstbestimmten Verhalten, welches die Kinder immer gezielter einsetzen. Bald versuchen sie, andere gezielt aufzuheitern, hereinzulegen oder sie nehmen eine fremde Rolle an, um diese zu beeindrucken. Dies geschieht entweder zum eigenen Vorteil oder um gemeinsam über das Schauspiel und die Reaktionen zu lachen.

Die Kinder nehmen neue Identitäten an und können verschiedene Aktionen sowie Verhaltensweisen ausprobieren: In einem Moment werden sie zu einem »Kleinkind« und müssen umsorgt und »verhätschelt« werden, in anderen Momenten sind sie ein starker Ritter oder ein wütender Hund, der mit aller Kraft etwas verteidigen muss oder auch bewusst angreift.

Das ausführliche Erleben verschiedener Identitäten verbessert die Fähigkeit, Emotionen mit der passenden Gestik, Mimik und Sprache zu verbinden, diese je nach Situation gezielt anzupassen und Entsprechendes auch beim Gegenüber erkennen zu können.

Das Spiel mit dem Gegenüber

Die Kinder versuchen sich auch an weiteren Verhaltensweisen wie Lügen oder Austricksen des Gegenübers. Dabei werden die manipulativen Fähigkeiten zunehmend vielschichtiger und gleichen sich den Verhaltensweisen der neurotypischen Kinder an.

Diese Erweiterungen im Verhalten der Kinder sind nicht nur in der Interaktion mit einem Gegenüber beobachtbar, sondern auch in Bezug zur Umgebung.

12.3.6 Explorations- und Entdeckerphase

Kinder mit Autismus zeigen sich mit jedem Entwicklungsschritt offener und lernen, sich neuen Impulsen zu öffnen sowie Dinge anders zu handhaben als bisher üblich. Folglich beginnen sie, voller Neugier ihre Umgebung selbstständig zu entdecken, dies zeichnet die Explorations- und Entdeckerphase aus.

In dieser Phase vergrößert sich der Aktionsradius der Kinder deutlich. Sie suchen und untersuchen neue Räume und schauen in Schränke oder Schubladen, die früher nicht wahrgenommen wurden. In der Therapie können neue Materialien und Handlungen eingeführt werden, ohne dass die Kinder Anzeichen von Stress oder Abwehr zeigen. Fördereinrichtung,

12.3 Bildung des Selbstbewusstseins und der Selbstwirksamkeit

Kindergarten, Schule und auch der Alltag daheim stecken voller spannender Möglichkeiten und Erfahrungen. Die Neugier birgt jedoch auch große Gefahren für die »Entdeckerinnen«.

Wenn Kleinkinder in ihrer physiologischen Entwicklung beginnen, die Umwelt zu erkunden, erwarten Eltern diesen Schritt und sind darauf vorbereitet. Im frühen Kleinkindalter werden mögliche Gefahrenquellen deshalb gesichert oder entfernt, zudem schauen die Betreuungspersonen häufiger auf die Aktivitäten der Kinder.

Gefahren der Explorationsphase

Die um Monate oder Jahre verspätete Entwicklung führt dazu, dass mögliche Gefahrenquellen bei Eltern und Betreuerinnen nicht mehr präsent sind. Die Kinder sind deutlich größer und stärker, haben einen größeren Aktionsradius und zum Teil Kompetenzen erworben, welche neue Möglichkeiten eröffnen, und können so zu einer schwer berechenbaren Gefahr für sich selbst werden.

Lebensgefahr!

> **Praktische Tipps: Mögliche Gefahrensituationen für Kinder in der Explorationsphase**
>
> - Nicht gesicherte, auch höhere Steckdosen können erreicht werden.
> - Töpfe können von der (hinteren) Herdplatte gezogen werden.
> - Türklinken, Schubladen oder Griffe von (Putz-)Schränken oder der Haustür werden problemlos erreicht.
> - Die Kinder sind schneller und stärker, wenn sie die ersten Fang- und Versteckspiele im Alltag ausprobieren.
> - Die Kinder klettern höher und fallen tiefer.
> - Verschlüsse, welche fest verschlossen sind, können geöffnet werden.
> - Wenn das Kind wegläuft, merken andere erst spät, dass etwas nicht stimmt – ein zehnjähriger Junge alleine im Straßenverkehr erregt kaum Aufmerksamkeit.
>
> Besondere Achtsamkeit und ein bereits zu Beginn gut aufgeklärtes Umfeld sind in dieser Phase (lebens-)wichtig!

Auch wenn Kinder die verschiedensten Handlungen bis zu diesem Zeitpunkt nicht getätigt und nie Interesse an bestimmten Gegenständen gezeigt haben, kann es sein, dass sie diese im nächsten Moment ausprobieren möchten. Dinge, die vorher für die Kinder »unsichtbar« waren und somit keine Gefahr darstellten, werden auf einmal zum begehrten Zielobjekt. Sie haben zu diesem Zeitpunkt kein oder wenig Gespür für Gefahren. Ihr Fokus liegt auf dem Entdecken der Neuigkeiten und nicht auf den möglichen Konsequenzen ihrer Handlung.

Der rückvergewissernde Blick zur Mutter fehlt (noch) bei der Entdeckung ihrer Umwelt. Die Kinder finden das Neue so spannend, dass sie keine Rückmeldung suchen. Da auch das Verknüpfen mit Erfahrungswerten noch unzureichend ist, sollte das Kind zu diesem Zeitpunkt besonders gut beaufsichtigt werden.

Wenn Eltern, Betreuerinnen und Therapeutinnen bei autistischen Kindern diesen »Forscherdrang« beobachten, müssen alle Beteiligten über mögliche Gefahren der Explorationsphase informiert sein und auch der Betreuungsschlüssel sollte angepasst werden.

Fallbeispiel: Maja, 8 Jahre, kognitive Einschränkung, im Autismus-Spektrum

Zu Beginn der Therapie kaum Interaktion, keine sprachlichen Äußerungen, stets auf der Suche nach starken Informationen, zum Teil auch selbstverletzendes Verhalten, geringe Frustrationstoleranz

Maja zeigte von Beginn an, dass sie besonders intensive Impulse benötigt, um sich spüren und regulieren zu können. Nach einigen Monaten Therapie waren gute Fortschritte in der Interaktion zu beobachten, Maja wirkte »wacher« und sie begann die Welt »neu« zu entdecken: An einem Sonntagmorgen wunderten sich die Eltern, dass es im Kinderzimmer noch so ruhig war. Normalerweise war Maja schon früh zu hören oder kam zügig in das Schlafzimmer der Eltern, um auf sich aufmerksam zu machen.

Alarmiert stand die Mutter auf. Sie entdeckte Maja im Badezimmer. Hier saß sie inmitten von Cremedosen, Haarfestiger, Shampoo, Zahncreme und Nagellack. Sie hatte sämtliche Behältnisse geöffnet und den Inhalt um sich herum verteilt: an den Fliesen, im Waschbecken, in der Badewanne, an ihrer Kleidung und an ihrem Körper. Entspannt und zufrieden fühlte sie die verschiedenen Konsistenzen und roch an den Substanzen.

Die Mutter war entsetzt und verärgert. Doch gleichzeitig war sie auch erleichtert, dass Maja nichts passiert war. Sie hatte (noch) nichts in den Mund genommen oder abgeleckt.

Es dauerte mehrere Stunden, bis die Spuren im Badezimmer wieder beseitigt waren. Ab diesem Zeitpunkt versuchte die Familie, die umgebenden Gefahrenquellen noch besser im Blick zu haben. Einige Türen wurden ab diesem Tag zeitweise abgeschlossen.

Gefahren der oralen Explorationsphase

Eine besondere Aufmerksamkeit innerhalb der Entdeckerphase gilt der oralen Exploration. Durch den Wunsch, die Umwelt mit allen Sinnen zu entdecken sowie durch den erweiterten Fokus auf den Mundbereich (bedingt durch die hier zusätzlich durchgeführten Stimulationen) wird auch dieser zur weiteren Erkundung genutzt.

In ihrer physiologischen Entwicklung nehmen Kinder im ersten und zweiten Lebensjahr viele Dinge in Greifnähe in den Mund. In der oralen Phase untersuchen sie mithilfe von Lippen und Zunge die eigenen Finger oder Füße sowie greifbare Gegenstände und saugen daran oder kauen darauf herum. Eltern wissen um diese Entwicklungsphase und sichern verschluckbare Kleinteile, Gegenstände mit scharfen Kanten oder weitere Materialien, die nicht in den Mund genommen werden dürfen, vor dem Zugriff der Kinder.

Wenn diese Phase jedoch erst stark verzögert erreicht wird – im späten Kindergarten- oder Schulalter – ist die Aufmerksamkeit für diesen Entwicklungsschritt kaum mehr vorhanden und das Vermeiden jeglicher Gefahrenquellen und -situationen zudem kaum mehr möglich. Im Alltag gibt es eine Vielzahl von Materialien, die stark gesundheitsgefährdend sein können, wenn sie in den Mund gesteckt werden. Je älter, größer und schneller die »Entdeckerinnen« sind, umso schwieriger ist es, ausreichende Vorsichtsmaßnahmen zu treffen.

Erstickungsgefahr!

> **Praktische Tipps: Mögliche Gefahrensituationen für Kinder in der oralen Explorationsphase**
>
> - Das Zerbeißen von zuvor ungefährlichen Gegenständen (Kugelschreiber, Kunststoffboxen, Holz- und Plastikgegenstände) stellt durch mögliches Absplittern oder Zerbrechen jetzt eine Gefahr dar.
> - Das Essen weggeworfener Materialien, die auf der Straße liegen, wie alte Kaugummis, Zigarettenkippen und anderer Müll kann zu Vergiftungen führen.
> - Spielmaterialien, die für Kinder im entsprechenden Lebens-/Entwicklungsalter gedacht sind, können verschluckbare Kleinteile enthalten. Für ältere und somit größere »Entdeckerinnen« kann auch die große Kugel eines Spieles zum Ersticken führen.
> - Auch abnehmbare Kleinteile, wie z. B. eine ausgedrehte Glühbirne aus einem elektronischen Laternenstab können zur Gefahr werden.
> - Ein gut versteckter Geldbeutel oder eine Tablettendose können genommen und geöffnet werden (Geldstücke und auch Tabletten haben zumeist einen spannenden metallischen oder bitteren Geschmack).
> - Der intensive Geschmack von Desinfektionsmittel ist für einige Kinder besonders reizvoll. Desinfektionsspender stehen seit der Corona-Pandemie an vielen Stellen bereit. Auch Seifenblasenflüssigkeit bietet einen besonderen Geschmack.
>
> In der Phase der oralen Exploration wird das Umfeld häufig von den neuen Verhaltensweisen überrascht und kann sie erst nach einigen selbst erlebten gefährlichen Situationen einschätzen und so vorausschauend agieren.

12.3.7 Besondere Konfliktsituationen bei der Identitätsentwicklung

Innerhalb der beschriebenen Phasen der Identitäts-, Interaktions- und Kommunikationsentwicklung gibt es immer wieder Situationen, in denen das Kind nur noch seine eigenen Bedürfnisse fokussiert und diese vehement durchsetzen möchte. Das Austesten von Grenzen innerhalb der Therapie erfordert ein gutes Einfühlungs- und Urteilsvermögen der Therapeutin und ein gezieltes Antworten auf diese Verhaltensweisen. So müssen Grenzen klar angezeigt werden, ohne die wertschätzende Bindung zum Kind zu verlieren.

Kinder mit Autismus benötigen auf die jeweilige Situation und auf ihre Wahrnehmungsbesonderheiten abgestimmte Impulse: Einen leisen Zuruf können sie eventuell nicht hören, einen leicht zweifelnden Gesichtsausdruck nicht erkennen und ein sanftes Halten nicht spüren. Oft sind die vorsichtig gesetzten Impulse für die Kinder zusätzlich verwirrend oder gar schmerzhaft.

Therapeutinnen, Eltern und Begleitende müssen ihre Signale und Hilfen deshalb gut an die jeweiligen Bedürfnisse anpassen. Für viele autistische Menschen sind eine klare Stimme sowie ein gut erkennbarer Gesichtsausdruck, verbunden mit einem körperlich individuellen Impuls, hilfreiche und annehmbare Unterstützungen.

Fallbeispiel: Benjamin, 13 Jahre, im Autismus-Spektrum

Keine sprachlichen Äußerungen, sehr passiv, bewegungsarm

Benjamin zeigt schon in den ersten Stunden ein zwanghaftes Spucken. Dieses Verhalten ist auch für eine erfahrene Therapeutin eine Herausforderung. Benjamin spuckt, wenn er überfordert ist, wenn er sich sehr freut und oft auch ohne ersichtlichen Grund.

Mithilfe von körperlichen Stimulationen und gezielter Impulsgebung wird diese Verhaltensweise von Woche zu Woche weniger und ist bald nicht mehr zu beobachten. Er lächelt häufiger und freut sich auf die wöchentliche Therapiestunde.

Nach einem dreiviertel Jahr Therapie wird Benjamin deutlich selbstbewusster und erlangt stetig mehr Selbstwirksamkeit. Dies zeigt sich in einer der folgend beschriebenen Stunden:

Zu Beginn unseres Settings hole ich das bewährte Material und setze mich zu Benjamin. Dieser schaut das Material an, dann zu mir und spuckt mir daraufhin ins Gesicht. Ich antworte auf diese Verhaltensweise mit einem deutlichen »Nein«. Dann biete ich ihm ein anderes Spiel an. Doch auch diese Wahl ist nicht die richtige und Benjamin versucht erneut zu spucken.

Im weiteren Verlauf wird deutlich, dass sein Verhalten nicht durch die Spielwahl begründet ist, sondern dass Benjamin entdeckt hat, dass sein »Spucken« eine Reaktion auslöst und er etwas bei seinem Gegenüber bewirken kann.

Ich nehme körperlichen Abstand und ziehe mich mit einem Spiel alleine an den Schreibtisch zurück. Benjamin richtet sich daraufhin auf, lacht kurz und spuckt dann, auch aus dieser Entfernung zielgerichtet in mein Gesicht – wir hatten in den letzten Monaten Mundmotorik ausreichend trainiert.

Da weder ein Abwenden noch ein mündliches Verbot seine weiteren zielgerichteten Aktionen verhindern, setze ich als letzte Konsequenz einen propriozeptiven Stimulus. Ich halte Benjamin die Hand vor den Mund – nicht mit dem Ziel, dass es ihn schmerzt, ihn zu demütigen oder um zu demonstrieren, dass ich stärker bin als er, sondern um ihm zu zeigen, dass hier eine Grenze erreicht ist.

Benjamin muss lernen, dass er andere nicht anspucken darf, nur, weil es ihm Spaß macht. Ich versuche, ihm zu verdeutlichen, dass ich bereit bin, auf seine Wünsche einzugehen, aber dass sein Spucken nicht toleriert wird.

Auch Eltern fällt es oft schwer in diesen belastenden Situationen nah und emotional am Kind zu sein und trotzdem mit ausreichend Abstand zu reagieren. Ihr »Stopp« wird ignoriert und auch andere Interventionen greifen nicht. Bereits über einen längeren Zeitraum hat das Kind oft die Grenzen und das Schmerzempfinden seiner Eltern überstrapaziert. Die Therapeutin sollte versuchen, die Eltern zu ermutigen, dass sie ihre Reaktionen bei solchen Konflikten bewusst wahrnehmen und bei Bedarf anpassen. Sie dürfen und müssen dem Kind Grenzen deutlich aufzeigen, mithilfe von starkem Körperkontakt oder mit lauten, klaren Äußerungen. Sie sollten jedoch nicht aus dem Affekt heraus reagieren. Die Antworten dürfen sich nicht mit Wut, Verletzung oder Verzweiflung mischen.

Reaktionen aus dem Affekt vermeiden

Viele dieser Entwicklungsschritte weisen erneut auf die besondere Belastung hin, welche das Spektrum Autismus für Betroffene, Eltern, Therapeutinnen und Betreuerinnen mit sich bringt. Mithilfe eines besseren Verständnisses für die teils destruktiv wirkenden oder gefährlichen Verhaltensweisen und mit dem Wissen um dessen Bedeutung, können der Umgang und auch das »Überstehen« von besonders belastenden Situationen gelingen.

Am Ende dieser Entwicklung wird das Kind die verschiedenen Wünsche und Standpunkte von anderen und auch seine eigenen wahrnehmen, sich darüber austauschen und auch eigene Bedürfnisse (zeitweise) zurückstellen können. Wessen Bedürfnisse in welcher Situation im Fokus stehen und Beachtung finden, sollte individuell bewertbar sein. Dabei ist es wichtig, auch bei der »Nicht-Erfüllung« von Wünschen noch ansprechbar zu sein, das Zurückstellen der eigenen Bedürfnisse nicht als (lebens-)bedrohlich zu empfinden. Erst wenn das Kind die verschiedenen Phasen der Identifikations- und Interaktionsentwicklung (er-)lebt und versteht, kann es sich zu einem gleichwertigen und lebendigen Kommunikationspartner entwickeln.

12.4 Therapiedauer

Die Therapie von Menschen mit Autismus ist eine über Jahre angelegte Intervention, abhängig davon, wann die Therapie beginnt, welche Voraussetzungen mitgebracht werden, wie viel Erfahrung die Therapeutinnen aufweisen und inwieweit Eltern und Begleitpersonen mitwirken. Um

Langfristig angelegte Intervention

Interaktions- und Kommunikationsfähigkeiten bei Menschen mit Autismus anzubahnen, lebendig zu gestalten und diese auch in den Alltag zu übertragen, vergehen meist mehrere Jahre. Erst folgend sollten Pausen im Therapieverlauf oder auch das Beenden der Therapie überlegt werden.

Dabei kann im ersten Schritt vorerst die Therapiefrequenz herabgesetzt werden. Der weitere Verlauf zeigt, ob eine Therapiepause bzw. eine Beendigung der Therapie möglich ist. Bei wieder auftretenden, verminderten Regulationsmechanismen bzw. einer Verschlechterung der Interaktionsmöglichkeiten sollte die Maßnahme fortgesetzt werden.

Langfristig angelegte Evaluationen könnten die unterschiedlichen Verläufe differenzierter darstellen und so die weiteren Therapieempfehlungen im Hinblick auf Intervalltherapie, Pausen und dauerhafter Begleitung mit größeren Abständen zwischen den Therapieeinheiten spezifizieren.

13   Ergänzungen für Therapeutinnen

Die Begleitung von Menschen im Autismus-Spektrum, die in vielen Entwicklungsschritten meist schwer beeinträchtigt sind, sich selbst und ihre Umwelt ganz anders wahrnehmen und auf die angebotenen Hilfen unterschiedlich reagieren, ist eine physisch und auch psychisch anstrengende Arbeit.

Die Komm!ASS®-Therapie stellt bedingt durch die Dynamik und Vielfalt der Stimulationen sowie durch die Nähe und enge Beziehung zur autistischen Person eine besondere Herausforderung dar. Auch wenn die Belastungen dieser Arbeit enorm hoch sind und Therapeutinnen immer wieder mit schwierigen Situationen konfrontiert werden, überwiegen doch die positiven Momente: die Freude, wenn der Mensch im Autismus-Spektrum die gesetzten Impulse seines Gegenübers und seiner Umwelt zielgerichteter aufnehmen und verarbeiten kann, wenn positiver lebendiger Austausch, gemeinsames Spielen und Lachen möglich werden. Dies hilft, schwierige Momente und die besonderen Aufgaben zu bewältigen.

Herausforderungen für Therapeutinnen

13.1   Die ersten Stunden für Therapeutinnen

Ein umfangreiches Fachwissen und ein gutes Einfühlungsvermögen sind wichtige Voraussetzungen für die Arbeit mit Menschen im Autismus-Spektrum. Um die spezifischen Bedürfnisse und Fähigkeiten besser verstehen und passend darauf reagieren zu können, helfen auch Erfahrungen aus vorangegangenen Begegnungen.

Bedingt durch fehlende Kenntnisse sind Angebote, Hilfen, aber auch Lob für das jeweilige Kind oder die Situation nicht passend. Häufig werden ausschließlich visuelle und auditive Impulse angeboten. Ein aufmunterndes Wort, ein Fingerzeig oder eine mündliche Aufgabenstellung werden vom Kind jedoch gerade in den ersten Stunden nicht gehört, gesehen oder verstanden und erweisen sich somit als nutzlos. Eine notwendige Anpassung der Aktivitäten auf die verschiedenen Verhaltensweisen, besonders das Anbieten von Regulationshilfen, erfolgt bei »Anfängerinnen« in der Therapie oft zu spät, erst dann, wenn die Erregung schon sehr stark angestiegen ist.

Die Unsicherheit in der Interaktion führt dazu, dass die Therapeutin körperlich eher Abstand zu den Kindern einnimmt. Damit sind die Signale

Mut zu engem Kontakt

der Betroffenen jedoch nochmals schwerer zu erfassen und die Hilfen können nur undifferenziert erfolgen.

Damit ein vertrauter und tragfähiger Kontakt, eine wechselseitige Beziehung möglich wird, ist zu Beginn etwas Mut erforderlich. Aber je intensiver und körperlich näher die Therapeutin mit ihrem Gegenüber agiert, umso eher können Signale wahrgenommen und Angebote angepasst werden. Mit jedem Kontakt wird es der Therapeutin leichter fallen, das Richtige zum passenden Zeitpunkt anzubieten und lebendige Interaktion zu ermöglichen.

Materialien und Vorgehensweisen üben

Vor den ersten Stunden kann es für unerfahrene Therapeutinnen hilfreich sein, neue Materialien und Herangehensweisen bei neurotypischen Kindern anzuwenden, um somit mehr Sicherheit zu erlangen und flexible Reaktionen zu ermöglichen. Unsicherheit von Seiten der Therapeutin überträgt sich oft auf die Kinder und erschwert das gemeinsame Arbeiten. Je größer der Ideenschatz, je vielfältiger die Impulssetzungen und je spezifischer die Intensität, umso besser kann auf die jeweilige Tagesform oder die Entwicklungsstufe der autistischen Person eingegangen werden.

> **Gut zu wissen: Der Sitzsack**
>
> Besonders zu Beginn der Therapie erfolgen die verschiedenen Angebote und Interaktionen vorwiegend auf dem Boden. Auf einem Stuhl an einem Tisch ist ein körpernahes Arbeiten nur bedingt möglich. Die verschiedenen Angebote können im freien Raum gezielter erfolgen, der Sitzsack bietet hier eine besondere Hilfestellung:
>
> Wenn der Sitzsack ausreichend groß und flexibel ist, werden die Kinder regelrecht von ihm »umfasst« und somit am Rücken und auch seitlich stabilisiert und gehalten. So gelingt Aufrichtung und Ausrichtung des Kindes nach vorne. Der Blickkontakt zum Gegenüber wird häufiger. Zudem kann die Therapeutin, wenn sie sich zusätzlich nah vor dem Kind positioniert, das Kind von ablenkenden Informationen abschirmen. Die Fokussierung auf die Interaktion und das gemeinsame Spiel gelingen leichter. Die Angebote der Therapeutin sind mithilfe des Sitzsackes nah und unmittelbar zu erleben. Die körperlichen Stimulationen des Kindes können durch die Stabilisierung des Körpers spezifischer und ggf. mit mehr Druck erfolgen. Viele Kinder setzen sich bereits nach einigen wenigen Stunden selbstständig in den Sitzsack oder springen begeistert und schwungvoll auf »ihren« Platz.
>
> Erst zu einem späteren Zeitpunkt kann auf die Sitzhilfe verzichtet werden. Sobald die Spiele mit weniger körperlichen Impulsen, teils frei auf dem Boden sitzend oder auch am Tisch möglich sind, sollte sich das Setting entsprechend abwechseln.

13.2 Multi-Tasking für Therapeutinnen

Vor allen in den ersten Stunden zeigen sich die besonderen Herausforderungen dieser Arbeit. Diese intensive und lebendige Therapiemethode erfordert viele zeitgleich und zeitnah gesetzte Impulse und eine besondere Methodik der Therapeutinnen:

- eine liebevolle, zugewandte Haltung gegenüber dem Kind
- stetige Stabilisierung der Körperhaltung/Körperspannung des Kindes im Sitzsack
- schwungvolle Begleitung der Bewegungen im Raum (Hüpfen, »Engelchen flieg«…)
- Massagen oder Vibrationen der unterschiedlichen Körperbereiche
- Anbieten von körperlichen Impulsen zeitgleich zu einer weiteren Aufgabe, wie ein Steckspiel, währenddessen das Kind bäuchlings auf dem Pezziball liegt (▶ Abb. 6.4)
- Führen der Hand des Kindes bei den Aufgaben, eventuell mit zusätzlicher Vibration
- sprachliches Begleiten der Handlung und Untermalung mit Geräuschen
- Anbieten von Gebärden, im ständigen Partnerwechsel ausgeführt
- die stetige Fokussierung von Seiten der Therapeutin, damit Momente voller Aufmerksamkeit entstehen
- Wechsel der Impulse, Materialien und Modalitäten, je nach Bedarf
- ein temporeiches Arbeiten
- klare Strukturen

Die gesamte Therapie wird intensiv für Kontakt und Austausch genutzt. Eine Vielzahl von Aufgaben wird in einem engen Zeitrahmen absolviert. Pausen, um durchzuatmen, sich Dinge zu notieren oder auch um Materialien herbeizuholen, sind in den ersten Stunden kaum möglich. Diese Arbeit erfordert somit eine anhaltende gute Konzentration und Fokussierung auch von Seiten der Therapeutin.

13.3 Rituale

Jeder Mensch und auch Therapeutinnen haben ihre Gewohnheiten und Vorlieben, die die Durchführung von Tätigkeiten erleichtern. So benötigen automatisierte Abläufe keine oder weniger bewusste Aufmerksamkeit. In manchen Situationen ist es jedoch erforderlich, das eigene Handeln kritisch zu betrachten und gegebenenfalls zu ändern.

Kriterien zur Selbstbeobachtung:

- Wird dem Kind das Spielzeug immer nur von einer Seite angeboten?
- Wird häufiger der zugewandte Arm des Kindes massiert?
- Werden bestimmte Spiele oder ein Therapieraum gewählt, weil das eigene Empfinden für dieses Material oder die Umgebung im Vordergrund steht?
- Werden bestimmte Verhaltensweisen stetig geblockt, aus Angst die Kontrolle zu verlieren – wie z. B. Aktionen am Boxsack oder auf dem Trampolin?
- Habe ich meine Angebote an die aktuelle Entwicklung des Kindes angepasst?

Eine ausreichende Reflexion der eigenen Arbeit, der positiven Momente sowie der schwierigen Situationen sollte im Anschluss an die Therapie erfolgen. Mithilfe von Videos und Gesprächen mit Kolleginnen und Eltern können das eigene Handeln und somit die therapeutischen Fähigkeiten stetig optimiert werden. Und wenn eine Veränderung der eigenen »Rituale« für das Kind von Vorteil ist, dann sollte diese erfolgen.

Die Therapeutin lernt mit jedem Kind dazu

Mit jeder durchgeführten Stunde zeigt sich, wie individuell Wahrnehmung ist, was unterschiedliche Impulse beim Gegenüber auslösen und wie verschiedene Hilfen angenommen werden. Es wird deutlicher, was Stimme, Mimik, die eigene Sprache oder die körperlichen Hilfen bewirken und wie diese gezielt eingesetzt werden können, um immer wieder diese besonderen Momente mit den Kindern zu erleben.

13.4 Emotionale Therapiearbeit

In der Therapie wird autistischen Menschen eine Vielzahl von Hilfen und Unterstützungen angeboten. Dafür muss sich die Therapeutin intensiv in die Erlebens- und Gefühlswelt der Kinder einfühlen. Sie hält dabei, genau wie das Kind, teilweise vor Aufregung die Luft an oder »explodiert« nach der erfolgreich absolvierten Aufgabe voller Stolz und Freude. Es ist grundlegend, dass die Therapeutin in der Therapie die unterschiedlichen Reaktionen und Gefühlsregungen der Kinder wahrnimmt, diese spiegelt und darauf reagiert. Mit diesem emotionalen Austausch kann das Kind bei Bedarf frühzeitig und passend unterstützt werden.

Aggressivität und Abwehr aushalten lernen

Andererseits muss in Situationen, in denen das Kind Widerstand oder sogar gerichtete Aggressivität zeigt, die Reaktion der Therapeutin ruhig und bewusst erfolgen. Besonders im Hinblick auf die Autonomiephase sollte die Antwort auf Provokationen oder Manipulationen das Geschehen zwar deutlich erkennbar machen, jedoch möglichst rational erfolgen. Emotionen sowie Strukturen und Grenzen sollen aufgezeigt werden, aber nicht aus der eigenen Verletzung heraus motiviert. Dieses Auf und Ab der Gefühle, das Zu- und wieder Abwenden des autistischen Menschen und das Mitziehen in schwierigen Situationen erfordern eine gute emotionale Stabilität der Therapeutin.

13.5 Belastende Therapiearbeit

Damit diese Arbeit auf Dauer gelingt, sollte nach den Therapien ausreichend Zeit eingeplant werden, um die eigene (An-)Spannung wieder zu reduzieren. Der eigene Körper und die eigenen Bedürfnisse sollten dann wieder in den Fokus rücken dürfen.

Die therapeutische Begleitung autistischer Kinder ist nicht gleichzusetzen mit der Arbeit mit neurotypischen Kindern, welche eine Teilleistungsstörung oder sonstige Entwicklungsverzögerungen zeigen. Die beschriebene Arbeit benötigt mehr Zeit und Energie für die Kinder, für die Begleitung der Eltern und die Vor- und Nachbereitung der Stunden. Ein guter Austausch mit dem Umfeld kann dabei helfen, die belastende Seite dieser Arbeit zu mindern. Weitere Therapeutinnen, Erzieherinnen, Lehrerinnen und Integrationskräfte sollten dabei ein Netzwerk zur Unterstützung bilden, damit die Kinder die Hilfen bekommen, die sie dringend benötigen.

Ausgleich suchen

> »Aber ich bitte euch, all die unter euch, die den ganzen Tag mit uns zusammen sind, verliert nicht die Nerven im Umgang mit uns. Denn wenn ihr das tut, ist es als würdet ihr unserem Leben jeglichen Wert absprechen – und das nimmt uns die Energie, die wir brauchen, um tapfer weiterzumachen. Am schlimmsten quält uns aber die Vorstellung, dass wir anderen Menschen Kummer bereiten. Mit unseren eigenen Problemen können wir einigermaßen umgehen, aber der Gedanke, dass wir, so wie wir sind, andere Menschen unglücklich machen, ist vollkommen unerträglich für uns« (Higashida, 2018, S. 62 f.).

Ein konzeptionell und organisatorisch auf diese Therapiemethode ausgerichtetes Arbeitsumfeld sowie regelmäßige Supervisionen sind weitere entlastende Rahmenbedingungen, die positive Entwicklungen und Begegnungen ermöglichen und dazu beitragen, dass die Arbeit langfristig Freude bereitet.

Nachwort

Ich wünsche mir einen lebendigen Austausch mit allen Berufsgruppen, die mit Menschen im Autismus-Spektrum arbeiten; mehr Zeit für Weiterentwicklung, mehr Offenheit für neue Ideen und Ansichten, neue Therapiekonzepte und Hilfestellungen, stets zum Wohl der Kinder.

Mein Ziel ist es, dass es dem autistischen Menschen gut geht und dass im Miteinander ein »Wohlgefühl« entsteht und dass das Leben in einer bunten und komplexen Welt lebenswert wird.

Der Alltag bietet häufig ein Zuviel an Impulsen und Informationen, es gibt immer Veränderungen, die Eltern und Begleitende nicht abwenden können, und dies bedeutet Angst und Stress für die Betroffenen. Deshalb ist es wichtig, ihnen die Möglichkeit zu geben, Impulse und Informationen besser zu verarbeiten. Ich möchte, dass sie erfahren, wie schön das Miteinander und der Austausch sein können, und dass sie deshalb freudig den Kontakt suchen.

Ich wünsche mir lebendige Begleitende für Kinder, Jugendliche und Erwachsene in der Therapie, an Förderstellen, an Schulen, in Heimen und in der häuslichen Umgebung. Ich freue mich über mehr Unterstützung, mehr Hilfen und mehr Lebensfreude sowie Lebensqualität für Menschen mit ganz besonderer Wahrnehmung.

Die Methoden, die in Komm!ASS® zum Einsatz kommen, sind bereits überwiegend empirisch gesichert. Verschiedene wissenschaftliche Studien zu Komm!ASS® sind in Arbeit. Weitere Anfragen zu Master- oder Doktorarbeiten und weiteren wissenschaftlichen Studien sind herzlich willkommen.

Seit November 2012 wird das Konzept in vielen Städten in Deutschland, Österreich und der Schweiz gelehrt und erfolgreich angewandt. Mithilfe von Grund- und Aufbaukursen, Vorträgen und Workshops wird das Wissen an Interessierte weitergegeben.

Therapeutinnen, die an Komm!ASS®-Fortbildungen teilgenommen haben, berichten, dass sie ihre Therapien nun lebendiger und in einem engeren Kontakt gestalten und dass die Kinder in den folgenden Stunden, Wochen und Monaten intensiver und freudvoller Beziehung(en) wagen.

Ich wünsche mir, dass ich stetig mehr Menschen ermutigen und begeistern darf, körpernah, lebendig und in einer tiefen Beziehung mit Menschen im Autismus-Spektrum zu arbeiten und zu leben.

Weitere Infos unter: www.fobi-komm-ass.de

Literaturverzeichnis

Abshagen, C., Federkeil, L., Funke, U. (2019a). Systemische verhaltenstherapeutische Analyse eines neuen Therapieansatzes zur Interaktions- und Sprachanbahnung bei Autismus-Spektrum-Störungen. Poster präsentiert bei der 12. Tagung der Wissenschaftlichen Gesellschaft Autismus-Spektrum, Augsburg, im Februar 2019.

Abshagen, C., Federkeil, L., Funke, U. (2019b). Systemische verhaltenstherapeutische Analyse eines neuen Therapieansatzes zur Interaktions- und Sprachanbahnung bei Autismus-Spektrum-Störungen im Vergleich mit evidenzbasierten Therapieprogrammen. Poster präsentiert beim XXXVI. Kongress der Deutschen Gesellschaft für Kinder- und Jugendpsychiatrie e. V., Mannheim, im April 2019.

Affolter, F., Bischofberger, W (2007). *Nichtsprachliches Lösen von Problemen in Alltagssituationen bei normalen Kindern und Kindern mit Sprachstörungen*. Villingen-Schwenningen: Neckar-Verlag.

Autismus Deutschland e. V. (o. J.). Was ist Autismus? Zugriff am 03.08.2023 unter www.autismus.de/was-ist-autismus.html.

Ayre, A. (2016). *Bausteine der kindlichen Entwicklung*. Berlin, Heidelberg: Springer.

Baer, U. (2020). *Das große Buch der Gefühle*. Weinheim: Beltz.

Büker, U. (2014). *Kommunizieren durch Berühren*. Düsseldorf: Verlag selbstbestimmtes Leben.

Bushnell, I. W. R. (2001) Mother's face recorgnition in newborn infants: learning and memory. *Infant and Child Development* 10, 67–74.

Cherek, R. (o. J.). Workshop: Körperwahrnehmung und Materialerfassung im Wasser. Zugriff am 24.11.2018 unter www.cherek-reiner.de/mediapool/116/1169702/data/workshop.pdf.

Fröhlich, A. (2015). *Basale Stimulation – ein Konzept für die Arbeit mit schwer beeinträchtigten Menschen*. Düsseldorf: Verlag selbstbestimmtes Leben.

Goddard Blythe, S. (2005). *Greifen und BeGreifen* (6. Auflage). Freiburg: VAK-VerlagsGmbH.

Goren, C. C., Sarty, M., Wu, P Y. (1975). Visual following and pattern discrimination of face-like stimulie by newborn infants. *Pediatrics* 56 (4), 544–549.

Grandin, T. (2008). *Ich sehe die Welt wie ein frohes Tier* (3. Auflage). Berlin: Ullstein.

Higashida, N. (2018). *Warum ich euch nicht in die Augen schauen kann* (6. Auflage). Hamburg: Rowohlt.

Hofer, A. (2009). *Das Affolter-Modell®*. Entwicklungsmodell und gespürte Interaktionstherapie. München, Bad Kissingen, Berlin, Düsseldorf, Heidelberg: Pflaum-Verlag.

Jansen, F., Streit, U. (Hrsg.). (2015) *Fähig zum Körperkontakt*. Berlin, Heidelberg: Springer.

Kubesch, S. (2019). *Exekutive Funktionen und Selbstregulation* (2. Auflage). Bern: Verlag Hans Huber.

Rohleder, N., Nater, U. M., Wolf, J. M., Ehlert, U. & Kirschbaum, C. (2004). Psychosocial stress-induced activation of salivary alpha-amylase: an indicator of symathetic activity? *Annals of New York Academy of Sciences*, 1032, 258–263. doi:10.1196/annals.1314.033.

Schuster, N. (2007). *Ein guter Tag ist ein Tag mit Wirsing*. Berlin: Weidler Buchverlag.

Selin, B. (2009). *Ich will kein inmich mehr sein* (10. Auflage). Köln: Kiepenheuer & Witsch.

Silberman, S. (2017). *Geniale Störung* (1. Auflage). Köln: Dumont Verlag.
Snippe, K. (2013). *Autismus – Wege in die Sprache* (1. Auflage). Idstein: Schulz-Kirchner Verlag.
Tebartz van Elst, L. (2018). *Autismus und ADHS* (2. Auflage). Stuttgart: Kohlhammer.
Theunissen, G. (Hrsg.) (2016). *Autismus verstehen*. Stuttgart: Kohlhammer.
Vero, G. (2014). *Autismus – (m)eine andere Wahrnehmung* (1. Auflage). FeedARead.com Publishing.
Zöller, D. (2001). *Autismus und Körpersprache. Störungen in der Signalverarbeitung zwischen Kopf und Körper*. Berlin: Weidler Buchverlag.
Zollinger, B. (2000). *Spracherwerbsstörungen* (6. Auflage). Bern, Stuttgart, Wien: Verlag Paul Haupt.
Zollinger, B. (2002). *Die Entdeckung der Sprache* (5., unveränderte Auflage). Bern, Stuttgart, Wien: Verlag Paul Haupt.
Zollinger, B. (2010). Die Entdeckung der Sprache. Pädiatrie up2date 2010/3. Zugriff am 24.11.2018 unter www.uniklinik-freiburg.de/fileadmin/mediapool/07_kliniken/hno/pdf/zollinger.pdf

Stichwortverzeichnis

A

Affolter 122
Anstarren 78
Aufmerksamkeit 45, 128, 137, 145, 160, 198, 213
– einfangen 134, 141, 185
– erweitern 44, 112, 148, 151, 156
– Fokussierung 35, 69
– Intensivierung 53
– Lenkung 64, 78, 81, 86, 91, 103, 109, 124, 129, 130, 140, 143, 150, 156, 168, 183

B

Babysprache 159, 168
Basissinne 20, 84, 114
Beißen 26
Bewegungsdrang 22, 59, 87, 125, 170, 187

E

Egoismus 203
Eisstimulation 35, 50, 53, 58, 147
Emotionen 29, 30, 41, 56, 79, 90, 128, 146, 148, 149, 166, 175–178, 204
Empathie 79
Essen 17, 36, 50, 145, 161, 168, 183, 207
Exploration, orale 51, 206

F

Fernsinne 68, 101, 106, 211
Freude 183, 35, 78, 79, 82, 106, 110, 122, 130, 176, 179, 180, 189, 216

G

Gebärden 30, 42, 110, 135, 145, 155, 157–161, 163, 165
Gefahren 44, 51, 70, 205–207
Gesten 82, 91, 110, 123, 155, 156, 185

H

Hyperfokus 35, 70, 92, 115, 171

I

Interaktionsspiele 132
Isolierung 98

K

Kommunikationshilfen 172
Konzentrationsspanne 87, 94, 105, 125, 147, 170

L

Lallphase 167

M

Meltdown 71
Monowahrnehmung 40, 43, 69, 70, 82, 92, 115, 134, 160, 198
Multi-Tasking 213
Mutismus 12, 171

N

Nahrungsaufnahme 47, 48, 50, 57, 154, 192
Neuroplastizität 197

O

Overload 71, 98

P

Pica-Syndrom 37
Polywahrnehmung 43, 68, 70, 71, 83

R

Regulation 50, 59, 60, 63, 65, 91, 99, 123, 128, 166, 171, 203, 210
Rituale 85, 98, 114, 116, 213

S

Sauberkeitserziehung 29
Schmerz 17, 26, 29, 31, 32
Schwimmen 27, 34
Selbstwahrnehmung 84, 122, 137
Sensorische Integration 21
Sitzsack 120, 144, 152, 212
Sprachkompetenz 93
Sprachverständnis 51, 94, 95, 157, 165, 186
Stimming 32, 59–62, 67, 101, 106, 155
Symbolspiel 85, 88
– Puppe 88, 129, 145, 146, 166, 182

T

Trampolin 22, 24, 27, 30, 63, 102, 104, 114, 120, 127, 131, 134, 185, 189, 214
Treten 25, 32, 63
Trotzreaktionen 199, 201

V

Vibrationen 34, 50, 53, 58, 65, 102, 162

W

Wortgebärden 158

Z

Zähne putzen 52

Anhang

Befundbogen

Bitte füllen Sie den Fragebogen mit Blick auf die aktuelle Situation sowie bei besonders starken Auffälligkeiten auch auf die Vergangenheit aus.

Befundbogen	Name des Kindes	Geburtsdatum	Alter des Kindes

1 Eine andere Wahrnehmung?

Welche Regulationsmechanismen werden vorwiegend genutzt?

	in Wohlfühlsituationen	in belastenden Situationen	Regulationsmöglichkeiten von außen
erste Monate/Jahre			
aktuell			

Welche besonderen Stressbelastungen oder Gefährdungen gab/gibt es?

Belastungen	Stressbelastungen, Erkrankungen der Mutter/Eltern	Stressbelastungen beim Kind	Erkrankungen/ Einschränkungen beim Kind
Schwangerschaft			
Geburt			

Belastungen	Stressbelastungen, Erkrankungen der Mutter/Eltern	Stressbelastungen beim Kind	Erkrankungen/ Einschränkungen beim Kind
erste Wochen/ Monate			
aktuell			

Welche Besonderheiten und Schwierigkeiten waren/sind in folgenden Situationen beobachtbar?

Alltagsabläufe	Stillen/Trinken/ Essen	Schlafen	Körperpflege Waschen, Cremen, Haare, Nägel u. ä.	Beschäftigung/ Spielmaterial
erste Tage/ Wochen				
erste Monate				
aktuell				

Rahmenbedingungen, besondere Rituale zusätzliche Stimulierungen/ Regulierungen	

wichtigster Wunsch der Eltern:	

2 Die Wahrnehmungssysteme

Propriozeption – in Bezug auf Arme, Beine und Kopf (z. B.: Schlagen, Boxen, Hüpfen, Klettern u. ä.)

vorwiegend: O Impuls vermeidend   O Impuls suchend

Propriozeption	Druck	Zug	alternierend/ Vibration
Eigenstimulationen			
von außen möglich			

bevorzugte Stimulierungen	
Besonderheiten in der Körperspannung	

Propriozeption – in Bezug auf die inneren Organe

vorwiegend: O Impuls vermeidend   O Impuls suchend

Propriozeption	Schläge, Hinwerfen, Bauchlage	Dehnen + Verdrehen d. Oberkörpers	Rufen, Schreien, lautes Lachen, Aufstoßen	Sättigungsgefühl, Darm-/ Blasendruck
Eigenstimulationen				
von außen möglich?				

bevorzugte Stimulierungen	

Vestibulär (z. B.: Schaukeln, Kopf hin und her schlagen, Hüpfen u. ä.)

vorwiegend: O Impuls vermeidend   O Impuls suchend

Vestibulär	Pendelbe-wegung		Drehen		starke Rich-tungswechsel	Hüpfen, Springen
Eigenstimula-tionen						
von außen möglich?						

bevorzugte Stimulierungen	

Taktil (u. a. Abstreichen, Streicheln von Oberflächen)

vorwiegend: O Impuls vermeidend   O Impuls suchend

Taktil	über Oberflächen streichen				wechselnd	
Eigenstimulationen						
von außen möglich?						

bevorzugte Stimulierungen	

Befundbogen

Thermisch (u. a. liebt Eis, Ausziehen von Kleidung, Unwohlsein bei Wärme/Kälte)

vorwiegend: O Impuls vermeidend   O Impuls suchend

Thermisch	bevorzugte Lufttemperatur	Kleidungsauswahl	Kontakt mit Oberflächen	Eis
Eigenstimulationen				
von außen möglich?				

bevorzugte Stimulierungen	

Gustatorisch (u. a. Bevorzugung bestimmter Lebensmittel, Ablecken von Gegenständen)

vorwiegend: O Impuls vermeidend   O Impuls suchend

Gustatorisch	Essensauswahl Alltagsessen	Essensauswahl süß	Essensauswahl scharf/bitter	Abwechseln und Mischen von Geschmäckern
Eigenstimulation				
von außen möglich				

bevorzugte Stimulierungen (u. a. Hochwürgen von Nahrung, Aufstoßen) gustatorisch bis hin zum Druckimpuls	

Olfaktorisch (u. a. Bevorzugung bestimmter Gerüche, Vermeidung von Situationen/Räumen)

vorwiegend: O Impuls vermeidend   O Impuls suchend

Olfaktorisch	Gerüche aus der Umgebung	Geruchsauswahl süßlich	Geruchsauswahl bitter/scharf	wechselnde Geruchsimpulse
Eigenstimulation				
von außen möglich (Riechfläschchen?)				

bevorzugte Stimulierungen starkes »Schnüffeln« bis hin zum Hyperventilieren	

Visuell (u. a. ins Licht schauen, bestimmte Farben bevorzugend, Kontraste suchend)

vorwiegend: O Impuls vermeidend   O Impuls suchend

Visuell	allg. Lichtempfindlichkeit	Kontraste	bewegte Objekte
Eigenstimulationen			
von außen möglich			

bevorzugte Stimulierungen	

Befundbogen

Auditiv (u. a. Bevorzugung bestimmter Geräusche, Produktion eigener Geräusche)

vorwiegend: O Impuls vermeidend   O Impuls suchend

Auditiv	Geräuschempfindlichkeit	Kontraste	Töne, Geräusche/ Musik	Laute, Worte, Stimmen
Eigenstimulation				
von außen möglich				

bevorzugte Stimulierungen auditiv bis hin zum Druckimpuls?	

Mund, Kiefer, Kehlkopf, Wangen betreffend

vorwiegend: O Impuls vermeidend   O Impuls suchend

Mund, Kiefer, Wangen	Zähneputzen O Hand O elektrisch	Zähne knirschen/ Zähne klappern Druck auf Kiefergelenk	Beißen: sich und andere	Beißen auf Gegenständen (T-Shirt, Stifte ...)
beobachtbar/ Eigenstimulation				
von außen möglich/stimulierbar				

bevorzugte Stimulierungen	

vorwiegend: ○ Impuls vermeidend   ○ Impuls suchend

Mund, Kiefer, Wangen	Druck auf den Kehlkopf	Dinge in den Mund nehmen	Mimik/ Grimassieren	wechselnde Impulse
beobachtbar/ Eigenstimulation				
von außen möglich/ stimulierbar				

bevorzugte Stimulierungen	

3 Multimodale Impulsverarbeitung

○ multimodale Wahrnehmung möglich	○ vorwiegend Monowahrnehmung	○ vorwiegend Polywahrnehmung	○ häufig wechselnde Verarbeitung

Wie sind Konzentrationsfähigkeit und Lernverhalten entwickelt?

	Beobachtungsspiele (Kreisel, Kugelbahn …)	Einfache aktive Spiele (Steckspiele, Puzzle …)	Veränderungen
selbstgewähltes Ziel/Material			
ca. Dauer/Min.			
fremdbestimmtes Ziel/Material			
ca. Dauer/Min.			

Welches Lernziel ist besonders wichtig?	

Wechsel der Aufmerksamkeit – was ist möglich?

	spontan	verzögert/ eingeschränkt	bei steigender Erregung	mit Hilfestellungen*	nicht möglich
bewusst etwas auswählen					
Wechsel zwischen Gegenständen					
Wechsel zwischen Person/en und Spiel					
Wechsel/Beenden von Aktivitäten					
Vergangenes kann mit Aktuellem verbunden werden					

* Mögliche Hilfen: spannende/wohltuende Materialien, eigene Regulation, Fremdregulation, Führen

4 Interaktion und Kommunikation

Welche Interaktionsfähigkeiten sind beobachtbar?

Interaktionsfähigkeiten	spontan	verzögert/ eingeschränkt	bei steigender Erregung	mit Hilfestellungen*	nicht möglich
Blickkontakt					
mimischer Austausch					
gemeinsame Aufmerksamkeit					
erstes Turn-Taking					

Interaktionsfähigkeiten	spontan	verzögert/ eingeschränkt	bei steigender Erregung	mit Hilfestellungen*	nicht möglich
Triangulationen					
Imitation					

*Mögliche Hilfen: spannende/wohltuende Materialien, eigene Regulation, Fremdregulation, Führen

Welche Entwicklungsstufen beim Spielverhalten sind beobachtbar?

Spielverhalten	spontan	verzögert/ eingeschränkt	bei steigender Erregung	mit Hilfestellungen*	nicht möglich
funktionales Spiel					
Symbolspiel					
abwechselndes Spiel					

*Mögliche Hilfen: spannende/wohltuende Materialien, eigene Regulation, Fremdregulation, Führen

Welche Entwicklungsstufen in Bezug auf Kommunikation sind beobachtbar?

Nonverbal	unauffällig	verlangsamt/eingeschränkt	mit besonderer Anstrengung	mit weiteren Hilfestellungen*	nicht möglich
mit Handzeichen					
mit Gebärden					
Verneinung anzeigen					
Zustimmung anzeigen					

Verbal	unauffällig	verlangsamt/eingeschränkt	mit besonderer Anstrengung	mit weiteren Hilfestellungen*	nicht möglich
mit Lauten					
mit Worten					
mit Sätzen					
Echolalien					
Prosodie/ Modulationen					
Lautstärkevariationen					
Sprachverständnis	unauffällig	verzögert/ eingeschränkt	mit besonderer Anstrengung	mit Hilfestellungen*	kaum vorhanden
Einzelwörter					
einfache Anweisungen					
komplexe Anweisungen					
Verstehen von Redewendungen/Doppelbedeutungen					

* Mögliche Hilfen: spannende/wohltuende Materialien, eigene Regulation, Fremdregulation, Sprechzeichen oder Lauthilfen. Je nach sprachlichem Entwicklungsstand sind weitere spezifische sprachliche Testungen zu empfehlen.

Welche Entwicklungsstufen sind in Bezug auf Autonomieentwicklung und Dialogverhalten beobachtbar?

Geringe Ausprägung – starke Ausprägung

Autonomie-entwicklung	in der Therapie		Zuhause		in der Einrichtung		in ausgesuchten Situationen	
kein Dialog möglich								
aktive Abwehr								
aktives gemeinsames Spiel								
Bedürfnisbefriedigung								
Provokation								
Symbol-/ Rollenspiel								
ausgeglichener, lebendiger Austausch								

Entwicklung in Bezug auf die Explorationsphase! Wichtig: Gefahrenpotential beachten!

	in der Therapie	zuhause	in der Einrichtung	Ausgesuchte Situationen
Explorationsphase				
orale Exploration				

Die Fragen im Hinblick auf die frühe Entwicklung des Kindes sollten gemeinsam mit den Eltern ausgefüllt werden.
Eine Aktualisierung der Beobachtungen sollte je nach Entwicklungsstand erfolgen.

Zusatzmaterial zum Download

 Das Zusatzmaterial[5] können Sie unter folgendem Link herunterladen:
https://dl.kohlhammer.de/978-3-17-043583-4

---

5 Wichtiger urheberrechtlicher Hinweis: Alle zusätzlichen Materialien, die im Download-Bereich zur Verfügung gestellt werden, sind urheberrechtlich geschützt. Ihre Verwendung ist nur zum persönlichen und nichtgewerblichen Gebrauch erlaubt. Jede Verwendung außerhalb der engen Grenzen des Urheberrechts ist ohne Zustimmung des Verlags unzulässig und strafbar. Das gilt insbesondere für Vervielfältigungen, Übersetzungen, Mikroverfilmungen und für die Einspeicherung und Verarbeitung in elektronischen Systemen.

Ulrike Funke

Kinder im Autismus-Spektrum verstehen und unterstützen

Ein Wahrnehmungswegweiser
für Eltern und Begleitende

2023. 181 Seiten mit 10 Abb. und 2 Tab. Kart.
€ 32,–
ISBN 978-3-17-041826-4

Menschen im Autismus-Spektrum haben eine ganz besondere Wahrnehmung. Sie erleben viele Situationen und Impulse im Alltag „anders" und zeigen folglich andere oder auch besondere Reaktionen. Über- und Unterempfindlichkeiten sowie zusätzlich eine vorwiegend isolierte Wahrnehmungsverarbeitung erschweren die Beobachtungs- und die Imitationsfähigkeiten, das Lernen und besonders das tägliche Miteinander.

Im Buch werden beobachtbare Aktivitäten und Regulationsmechanismen von Kindern im Autismus-Spektrum erläutert, deren Bedeutungen erklärt und darauf aufbauend Hilfe- und Antwortmöglichkeiten gegeben. Die Angebote haben dabei stets das Ziel, die Lebensqualität der Familien zu verbessern und ein freudvolles und entspanntes Miteinander von Menschen mit und ohne Autismus zu ermöglichen.

Das Buch möchte Eltern und Begleitenden helfen, betroffene Kinder besser zu verstehen. Dabei ist nicht eine vorwiegende Reizvermeidung das Ziel sein, sondern das Anbieten von individuell passenden Impulsen, Stimulationen (Stimmings), die in fordernden und überfordernden Situationen unterstützen. Mithilfe dieser gezielten körperlichen Regulationen sollen Bindung und Beziehung intensiviert, Entwicklung ermöglicht und vor allem Wohlbefinden, Lebensqualität und Lebensfreude verbessert werden.

Auch als E-Book erhältlich.
Leseproben und weitere Informationen: **shop.kohlhammer.de**